21 世纪应用型精品规划教材·旅游管理专业

旅行社计调业务
(第 2 版)

范 贞 主编

张东娜 陈洪宏 刘宏申 副主编

清华大学出版社
北 京

内 容 简 介

本书共分为五个情境，由旅行社计调岗位认知、计调工作流程、中国内地游计调、港澳台游计调、国际游计调五个情境组成。情境的设置由简单到复杂，由一般到特殊，每一个情境都体现了完整的旅行社计调岗位工作过程。

情境一计调岗位认知，主要是认知计调工作，介绍计调人员应具备的基本素质、计调岗位职责及工作要求和计调人员礼仪。

情境二计调工作流程，主要是介绍旅游产品设计的原则、内容和流程，旅行社产品定价和计调工作流程，组团社的计价和报价方式，发团业务的主要工作流程，地接社计调和报价方式，接团业务的主要工作流程。这一情境是为以后三个情境的学习和实践打下坚实的基础。

情境三～情境五，分别讲述中国内地游、港澳台游、国际游计调工作程序和工作内容，让学生边学边做，做到教、学、做一体化。

本教材适合高职院校旅游管理专业的师生使用。

本书封面贴有清华大学出版社防伪标签，无标签者不得销售。
版权所有，侵权必究。举报：010-62782989，beiqinquan@tup.tsinghua.edu.cn。

图书在版编目(CIP)数据

旅行社计调业务/范贞主编. —2版. —北京：清华大学出版社，2019（2024.2重印）
（21世纪应用型精品规划教材. 旅游管理专业）
ISBN 978-7-302-51906-5

Ⅰ. ①旅… Ⅱ. ①范… Ⅲ. ①旅行社—企业管理—高等学校—教材 Ⅳ. ①F590.654

中国版本图书馆 CIP 数据核字(2018)第 293971 号

责任编辑：孟 攀
装帧设计：杨玉兰
责任校对：李玉茹
责任印制：宋 林

出版发行：清华大学出版社
网　　址：https://www.tup.com.cn，https://www.wqxuetang.com
地　　址：北京清华大学学研大厦 A 座　邮　编：100084
社 总 机：010-83470000　邮　购：010-62786544
投稿与读者服务：010-62776969，c-service@tup.tsinghua.edu.cn
质量反馈：010-62772015，zhiliang@tup.tsinghua.edu.cn
课件下载：https://www.tup.com.cn，010-62791865

印 装 者：涿州汇美亿浓印刷有限公司
经　　销：全国新华书店
开　　本：185mm×230mm　印 张：13.5　字　数：328 千字
版　　次：2014 年 3 月第 1 版　2019 年 6 月第 2 版　印　次：2024 年 2 月第 5 次印刷
定　　价：39.00 元

产品编号：078860-01

前　言

"旅行社计调"课程旨在引领学生整合旅行社计调岗位基础知识和技能，并将其灵活运用到计调岗位。通过阅读教材、分析案例、实作操练等方式，了解旅行社计调业务工作内容。

本书总体编写原则是理论与实践紧密结合，力求结构严谨，形式简洁。本书以对旅行社计调工作岗位的职业能力分析结果为依据，以计调工作任务和流程为主线，介绍计调岗位认知、计调工作流程、中国内地游计调、港澳台游计调、国际游计调等内容。本书再版时修改了部分案例，并且内容的选择既满足职业能力的培养要求，又考虑了应用型教育对理论知识量的需求。

本书的每一个情境均以旅行社真实任务导入内容，目的是与旅行社的行业标准和岗位标准对应，使学生的学习内容与工作内容对应，使课堂教学内容与实践操作内容一致。情境的设置由简单到复杂，由一般到特殊，体现了完整的旅行社计调工作过程，并且每一个情境都配有旅行社计调工作真实案例和实训项目，可以巩固知识的积累和技能的训练。本书在内容安排上，前后情境系统完整，前后呼应，知识连贯。

本书是校企合作编写的"成果导向"教材，在编写过程中，黑龙江中旅国际旅行社有限公司大客户中心经理李彬女士参与部分内容的编写和指导，并提供了相应案例。

本书由范贞主编，任务单和评量表由范贞设计，情境一和情境五由张东娜编写，情境二～情境四由范贞、陈洪宏和刘宏申共同编写。

本书在编撰过程中，参考和引用了国内相关教材、论著和网站上的许多宝贵资料，未能一一注明出处，在此一并表示衷心感谢。

由于编者水平有限，粗疏浅陋之处在所难免，诚望读者批评指正。

编　者

目 录

情境一　计调岗位认知…………………… 1
　子情境　了解计调岗位……………… 3
　　一、下达任务……………………… 3
　　二、填写任务单…………………… 3
　　三、任务整体评价考核点………… 4
　　四、相关知识点…………………… 4
　小结……………………………………21
　思考与能力训练………………………21

情境二　计调工作流程…………………25
　子情境一　旅游线路产品设计………26
　　一、下达任务………………………26
　　二、填写任务单……………………26
　　三、任务整体评价考核点…………27
　　四、相关知识点……………………27
　　　(一)旅行社线路产品设计………27
　　　(二)旅行社线路产品的分类……31
　　小结…………………………………44
　子情境二　旅游线路产品定价………44
　　一、下达任务………………………44
　　二、填写任务单……………………46
　　三、任务整体评价考核点…………46
　　四、相关知识点……………………46
　　小结…………………………………55
　子情境三　旅游线路产品采购………55
　　一、下达任务………………………55
　　二、填写任务单……………………56
　　三、任务整体评价考核点…………57
　　四、相关知识点……………………57
　　小结…………………………………65

　子情境四　旅游线路产品报价………65
　　一、下达任务………………………65
　　二、填写任务单……………………65
　　三、任务整体评价考核点…………66
　　四、相关知识点……………………66
　　小结…………………………………73
　子情境五　组团社计调工作流程……73
　　一、下达任务………………………73
　　二、填写任务单……………………75
　　三、任务整体评价考核点…………76
　　四、相关知识点……………………76
　　小结…………………………………80
　思考与能力训练………………………81

情境三　中国内地游计调………………83
　子情境一　函电处理…………………86
　　一、下达任务………………………86
　　二、填写任务单……………………87
　　三、任务整体评价考核点…………88
　　四、相关知识点……………………88
　　　(一)函电的处理…………………88
　　　(二)函电的管理…………………89
　　　(三)函电处理实例………………89
　　小结…………………………………93
　子情境二　中国内地主要旅游目的地景点
　　　　　　介绍及线路示例…………94
　　一、下达任务………………………94
　　二、填写任务单……………………94
　　三、任务整体评价考核点…………94
　　四、相关知识点……………………94

　　　　小结 122
　　子情境三　专线组团计调操作流程 122
　　　　一、下达任务 122
　　　　二、填写任务单 123
　　　　三、任务整体评价考核点 124
　　　　四、相关知识点 124
　　　　小结 125
　　子情境四　接待计调操作流程 125
　　　　一、下达任务 125
　　　　二、填写任务单 125
　　　　三、任务整体评价考核点 126
　　　　四、相关知识点 126
　　　　小结 135
　　思考与能力训练 136

情境四　港澳台游计调 137
　　子情境一　港澳台游计调业务
　　　　　　　操作流程 139
　　　　一、下达任务 139
　　　　二、填写任务单 140
　　　　三、任务整体评价考核点 141
　　　　四、相关知识点 141
　　　　小结 150
　　子情境二　港澳台主要旅游景点简介 ... 150
　　　　一、下达任务 150
　　　　二、填写任务单 150
　　　　三、任务整体评价考核点 151
　　　　四、相关知识点 151

　　　　小结 160
　　思考与能力训练 160

情境五　国际游计调 161
　　子情境一　出境游计调业务操作流程 ... 165
　　　　一、下达任务 165
　　　　二、填写任务单 168
　　　　三、任务整体评价考核点 169
　　　　四、相关知识点 170
　　　　小结 179
　　子情境二　入境游计调业务操作流程 ... 180
　　　　一、下达任务 180
　　　　二、填写任务单 180
　　　　三、任务整体考核评价点 181
　　　　四、相关知识点 181
　　　　小结 184
　　子情境三　我国主要出境旅游目的地
　　　　　　　景点及线路简介 184
　　　　一、下达任务 184
　　　　二、填写任务单 184
　　　　三、任务整体评价考核点 185
　　　　四、相关知识点 185
　　　　小结 194
　　思考与能力训练 194

附录　旅行社计调评量表 201

参考文献 209

情境一

计调岗位认知

【教学目标】

知识目标：认知计调工作；掌握计调人员应具备的基本素质；熟悉计调岗位职责及工作要求；知晓计调人员礼仪。

能力目标：培养较强的学习能力、总结分析能力以及团队协作能力；撰写旅行社计调岗位工作职责；编写计调人员招聘启事。

素质目标：热爱计调工作，具有较强的责任心，及与团队成员合作的精神和创新意识。

【核心概念】

计调岗位认知　计调岗位职责　计调人员基本素质　计调礼仪

案例导入

一名计调人员的博客

计调的工作十分重要,下面是计调的基本工作流程,要做好计调和外联人员必须要清楚线路,否则客人会把你问倒。

计调是旅行社完成地接、落实发团计划的总调度、总指挥、总设计。"事无巨细,大权在握",他们具有较强的专业性、自主性、灵活性。如果说"外联"是辛勤的采购员,那么计调就是"烹饪大师",经他们的巧手要把"酸、甜、苦、麻、辣、咸"的不同滋味调制出来以满足不同团队的"口味",这其中确实需要一定的技巧。计调人员要提高工作效率、避免差错,应注意以下几个方面的问题。

(1) 人性化。计调人员在讲话和接电话时应该客气、礼貌、谦虚、简洁、利索、大方、善解人意、体贴对方,养成使用"多关照""马上办""请放心""多合作"等谦辞的习惯,给人亲密无间、春风拂面之感。每个电话、每个确认、每个报价、每个说明都要充满感情,以体现合作的诚意,表达工作的信心,显示准备的实力。书写信函、公文要规范化,字面要干净利落、清楚漂亮、简明扼要、准确鲜明,以赢得对方的好感,换取信任与合作,一名优秀的计调人员,一定是这个旅行社多彩"窗口"的展示,它像"花蕊"一样吸引四处的"蜜蜂"纷至沓来。

(2) 条理化。计调人员一定要细致地阅读对方发来的接待计划,重点是人数、用房数,有无自然单间,小孩是否占床;抵达准确时间和确切地点。核查中如果发现问题,及时通知对方,迅速更改。此外,还要看看人员中有无少数民族或宗教信徒,饮食上有无特殊要求,以便提前通知餐厅;如果发现有在本地过生日的游客,记得要送他一个生日蛋糕以表庆贺。如果人数有变化,要及时进行车辆调换。条理化是规范化的核心,是标准化的前奏曲,是程序化的基础。

(3) 周到化。"五订"(订房、订票、订车、订导游员、订餐)是计调人员的主要任务。尽管事务繁杂缭乱,但计调人员头脑必须时刻清醒,逐项落实。这就像火车货运段的编组站,编不好,就要"穿帮""撞车",甚至"脱节"。俗话说:"好记性不如烂笔头。"要做到耐心周到,还要特别注意两个字:第一个字是"快",答复对方问题不可超过 24 小时,能解决的马上解决,解决问题的速度往往代表旅行社的工作水平,一定要争分夺秒,快速行动;第二个字是"准",即准确无误、一板一眼、说到做到、"不放空炮"、不变化无常。回答对方的询问，要用肯定词语，行还是不行，"行"怎么办？"不行"怎么办？不能模棱两可，似是而非。

(4) 多样化。组一个团不容易，往往价格要低质量还要好，因此计调人员在其中往往发挥很大作用。所以，计调人员要对地接线路多备几套不同的价格方案，以适应不同游客的需求，同时留下取得合理利润的空间。同客户"讨价还价"是计调人员的家常便饭。有多套方案、多种手段，计调就能在"变数"中求得成功，不能固守"一个打法"。方案要多、要细、要全，你才可"兵来将挡，水来土掩"，真正做到纵然千变万化，我有一定之规。

(5) 知识化。计调人员既要具有正常工作的常规手段，还要善于学习，肯于钻研，及时掌握不断变化的新动态、新信息，以提高工作水平，肯下功夫学习新的工作方法，不断进行"自我充电"，以求更高、更快、更准、更强。例如，要掌握宾馆饭店上下浮动的价位；海陆空价格的调整，航班的变化；本地新景点、新线路的情况，不能靠"听人家说"，也不能靠电话问，应注重实地考察，只有掌握详细、准确的一手材料，才能对答如流，保证工作顺利流畅。

综上所述，计调人员不仅要"埋头拉车"，也要"抬头看路"，还要先学一步，快学一步，早学一步，以丰富的知识武装自己，以最快的速度从各种渠道获得最新的资讯，并付诸研究运用，才可以"春江水暖鸭先知"。虚心苦学、知识化运作其实是最大的窍门。

(资料来源：http://blog.sina.com.cn/spongeboblily)

子情境　了解计调岗位

一、下达任务

××旅行社刚刚成立，作为旅行社人力资源经理，请你制订出计调岗位工作职责、计调人员应具备的素质，在公共媒体上发布招聘启事。

二、填写任务单

请每个小组将任务实施的步骤和结果填写到表1-1所示任务单中。

表1-1 任务单

小组成员：	指导教师：
任务名称：	模拟地点：
工作岗位分工：	
工作场景： (1) ××旅行社刚刚成立； (2) 招聘计调人员； (3) 人力资源经理拟定招聘启事	
教学辅助设施	模拟旅行社真实工作环境，配合相关教具
任务描述	通过对旅行社计调招聘工作的展开，让学生认知计调岗位
任务资讯重点	主要考查学生对计调工作的认识
任务能力分解目标	1. 计调人员基本素质； 2. 计调岗位职责； 3. 计调岗位基本技能； 4. 计调人员礼仪
任务实施步骤	

三、任务整体评价考核点

(1) 了解旅行社计调岗位职责。

(2) 知晓计调人员所应具备的基本素质。

(3) 能够进行简单计调技能操作。

(4) 计调人员在工作中，能够灵活运用对客服务礼仪。

四、相关知识点

(一)计调基本素质

计调就是计划与调度的结合称谓(计调也可理解成计划调度的简称)。一般认为，旅行社计调业务有广义与狭义之分。从广义上讲，旅行社计调业务是对外代表旅行社同旅游服务供应商建立广泛的协作网络，签订"采购协议"，保证提供游客所需的各种服务，并协同处理有关计划变更和突发事件；对内做好联络和统计工作，为旅行社业务决策和计划管理提供信息服务。从狭义上讲，旅行社的计调业务是指在旅行社的接待业务工作中，为旅游团

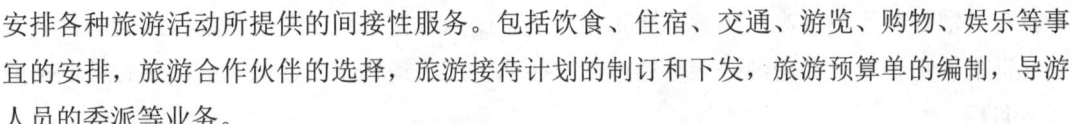

安排各种旅游活动所提供的间接性服务。包括饮食、住宿、交通、游览、购物、娱乐等事宜的安排，旅游合作伙伴的选择，旅游接待计划的制订和下发，旅游预算单的编制，导游人员的委派等业务。

在大型旅行社的经营管理中，市场部、计调部、接待部构成了旅行社具体操作的三大业务部门，与财务部、人力资源部等后勤部门组成了整个旅行社的运作体系。计调是旅行社完成地接、落实发团计划的总调度、总指挥、总设计。

计调在旅行社的整体运作中发挥着以下两点极其重要的作用。

1. 旅行社经营活动的主要环节

旅行社销售的是无形产品，旅游者购买的是预付产品。在旅游过程中，旅游者能否得到与预付金额相匹配的旅游体验，旅行社能否兑现对旅游者的食、住、行的承诺，顾客的满意度、投诉率等，很大程度上取决于旅行社计调的工作质量和效率。旅游者的整个消费过程时刻与计调工作有关。计调外出踩点和行程安排是保证旅游活动顺利进行的前提条件，而及时在内部传递相关信息又能保证销售工作的顺利进行和接待业务的顺畅。

2. 旅行社成本控制和质量控制的把关员

一个好的计调人员(有时也简称计调)必须要做到成本控制，也就是说，必须在保证团队有良好运作效果的前提下，在不同行程中编制出一条能把成本控制到最低的线路。如在旅游旺季，计调人员要凭借自己的能力争取到十分紧张的客房、餐位等，对旅行社来说，就相当重要。

质量控制就是在细心、周到地安排团队行程计划书外，还要对所接待旅游团队的整个行程进行监控。导游在外带团，主要是与计调进行联络以安排客人的活动，而旅行社也恰恰是通过计调部对旅游团队的活动情况进行跟踪、了解，对导游的服务进行监督，包括代表旅行社对游客在旅游过程中的突发事件进行灵活应变。

在旅游投诉中，许多人存在这样的误解，将关注点放在导游、司机身上，实际上，旅行社发生的服务质量问题，更多的是计调人员的操作程序出现问题。

基于计调工作的重要，一家管理严格、体制完善的旅行社，会对计调人员的素质有如下要求。

1) 爱岗、敬业

作为一名合格的计调人员，必须热爱旅游事业。计调工作有时是很枯燥的，由无数琐碎的工作环节组成，没有敬业、乐业、爱业的精神，是无法把这份工作做好的。计调人员应具有进取心,不怕困难,热爱本职工作,具有团队合作意识,善于借助团队的力量,发挥团队的优势作用,共同做好旅行社旅游产品的生产和销售工作,圆满完成旅行社制定的经营目标。

2) 认真细致的工作态度

旅游是一项一个环节紧扣一个环节的活动,而负责将这些环节紧扣在一起的工作便由计调人员去完成。如果没有认真负责的工作态度,票务、用车、接送团队、导游服务、客房安排等其中任一环节没有衔接上,就会出现一招不慎、满盘皆输的失控局面。计调人员在团队操作中绝不能出现差错,稍有差池,就会给旅行社带来巨大的经济损失和不良社会影响,因此,在工作中必须做到认真负责、一丝不苟。

侥幸心理能保证带团质量吗?

某旅行社在某省属市、县地区组织某厂的一个赴港澳地区的旅游团。出发前旅游团的游客自己办好了"往来港澳通行证",可是旅行社的领队却还没有办好通行证。团队出发了,安排在深圳有个一日游,带此团的导游兼领队与该团一起出发。计调部经理计划该团到深圳坐火车需要一天,然后在深圳停留一天,估计办个加急通行证,也许领队的通行证就可以办下来了,然后快递到深圳。然而,事与愿违,直到出发前的头一天晚上,才知道领队通行证未办妥,不可能出去了,于是,只好将该团交给其他旅行社的领队。且不说该领队来回的费用问题,更重要的是,其结果导致了该团队业务的流失。本来,该团回来后还有一个团队也要出游,因为该团队出游前说好了,这是一个系列团。然而,由于该旅行社派不出领队,第二批团队就跟着第一批后来的领队所在的旅行社走了,致使该社失去了一次向该省所属市、县拓展业务的绝好机会。

(资料来源: wenku.baidu.com.2219e8691eb91a 37f1115cb4.html)

3) 精确的预算能力

计调人员必须具备精确的预算能力,要做到成本控制与团队运作效果相兼顾。在保证团队有良好的运作效果的前提下,能在不同行程安排中编制出一条最经济、成本控制得最好的线路产品。

4) 良好的人际沟通和较强的交际能力

计调人员大部分时间会与旅游者和旅游相关部门打交道,善于人际协调和沟通是做好计调工作的基本条件之一。在与相关部门、单位协作中,要善于配合、谦虚谨慎、广结良缘，注意维护本旅行社的社会声誉。例如，计调人员在与合作单位洽谈时，既要合作愉快，又要争取利益最大化，为旅行社取得优惠的协议价格，这就要求计调人员需具有较高的谈判水平，善于人际沟通，才能实现双赢。

同时，计调人员要与本公司的导游多沟通，对导游多了解，能根据旅游团的特点安排合适的导游，如果是计调无权派遣的导游，可建议接待部派遣哪个导游，这样既有利于保证旅游产品的质量，又能提高旅游者的满意度。

5) 具有不断学习、创新的能力

旅游市场千变万化，计调人员必须要认识到知识更新的重要性。不仅要认真了解旅游市场、旅游目的地的变化，以及地接单位实力的消长情况等，还要根据学习的知识，不断对工作进行改进，跟上时代发展步伐。平时多充电，如看一些谈判技巧、处理突发事件的书籍，以及了解一些法律知识、旅游相关法规等，多向有经验的、优秀的计调人员学习，多参与中国计调网的论坛。

专栏1-1

计调必备的三个基本能力

人们都知道计调重要，都需要计调高手加盟自己的团队，那么，计调高手最基本的技能是哪些呢？笔者试谈谈想法，希望和大家交流一下。

第一，计调需要交际能力。且不说交际能力的重要，就算平日里生活之类的事情，如果交际能力不强，不能充分表达自己的意思，恐怕也很别扭吧？这些能力包括：与客户商谈业务；与涉旅企业洽谈供应；与上级处好关系；洞察下属的状态等。有些时候，一句话、一个眼神就能达成默契；有些时候，一份关怀、一声问候就能体现温馨。毋庸置疑，一个有魅力的人是受欢迎的，既是能打通关节、运筹帷幄、出谋划策的智者，也是旅行社特别是中小旅行社最受欢迎的人才！

第二，计调需要基本的写作能力。一般来讲，旅行社简单的文书很多，包括产品策划、线路设计、表格制作、归纳总结等，如果连简单的意思都表达不清楚，恐怕难以胜任繁杂的计调工作吧？尤其在营销方面，文书写得比较好的人，应该体现本人的基本思维，一个好的思维就能激起读者的联想，能唤醒人们的认同感，这样的文化营销是最持久的，也是能给企业带来意想不到的业务的关键！

第三，计调需要最基本的逻辑计算能力。一个产品的推出，离不开成本核算，一条线路的推广，一定涉及价格和质量的关系，如果连基本的成本核算都频频出错，做出来的节目单不是少报了这个，就是忘掉了那个，逻辑推理紊乱，造成利润拿不到手，还给同事增添很多麻烦，恐怕也很难适应计调岗位工作……

(资料来源：http://www.17u.net/bbs/show_15_1236300)

专栏 1-2

做好计调工作的七字诀

计调工作要仔细/复杂事情要简单/丢三落四要不得/简单事情要认真/延误时机要挨批/五化五订要做好/报价准确要效益/重复事情要创新/行程标准要写明/送票之前要对名/接送时间要搞清/票面内容要看全/确认传真要打印/交通时刻要认准/叮嘱对方要确认/交接手续要签字/发现问题要调整/客户需求要汇报/做团质量要保障/突发事件要速到/团款催收要及时/调整行程要确认/欠款团队要杜绝/通信联络要畅通/团队运转要关注/票据签单要收齐/各个细节要搞清/导游报账要审细/对方疑问要解释/卷宗资料要整理/全陪领队要沟通/团队结束要回访。

(二)计调岗位职责

计调部门是旅行社的核心工作部门，计调工作直接影响和决定了旅行社的正常运转。为了提高工作效率，增加旅行社的经济和社会效益，计调人员应尽心尽力为游客服务，保证旅行社取得良好的效益。

1. 计调工作的内容

由于各旅行社的规模和管理方式不同，旅行社计调部门的组织构架也有较大的差异。但计调工作岗位的职责具有共性，一般包括信息资料收集、计划统计、对外联络、订票业务、订房业务、内勤业务、调度变更等工作内容。

(1) 信息资料收集：负责收集各种资料和市场信息，为有关部门决策提供参考。

(2) 计划统计：负责根据本部门的业务要求编制各种业务计划，统计旅行社的各种资料，并做好档案管理工作。

(3) 对外联络：负责对外联络和信息反馈事宜。

(4) 订票业务：负责旅游团(者)各种交通票务的订购。

(5) 订房业务：负责旅游团(者)的各种订房业务。

(6) 内勤业务：负责部门内各种内勤工作。

(7) 调度变更：负责调度各种交通工具，并做好各旅行团变更的协调工作。

专栏 1-3

随州编钟旅行社部门设置及各部门工作职责

根据本旅行社的经营目标、旅游行业特点及国家相关法规政策，特设总经理、计调部、业务部、前台及导游部、财务及后勤部等部门。各部门任命专人负责管理本部门的日常工作，其工作职责如下。

一、总经理

总经理是经过国家旅行社职业经理人考试并取得旅行社职业经理人资格证书，或在旅游行业有一定作为，受聘于旅行社，统领旅行社日常工作的一种职业经理人。

1) 岗位守则及行为规范

(1) 以身作则，遵守公司的各项规章制度。

(2) 理解公司经营目标，贯彻细化公司董事会的经营计划，根据公司经营目标及董事会经营计划，确定公司的部门设置及人员编制。负责部门经理的人事安排，制订公司各项规章制度，全权向公司董事会负责。

(3) 制订公司的发展战略规划、经营计划，组织监督各项规划和计划的实施。全面协调公司对外营销，确立公司在市场上的形象和地位。

(4) 提高综合分析能力、加强组织协调能力。推行公司制度化管理工作。积极向公司董事会提供对公司发展有利的决策。

(5) 负责公司的综合管理，坚持原则、实事求是、恪尽职守、清廉公正，自觉抵制不正之风，积极采纳员工合理化建议，紧抓员工专业知识培训工作。

(6) 严格监控各部门工作，发现问题果断采取相应措施，及时解决问题。

(7) 负责对部门经理的绩效考核，有权建议对各级管理人员和职能人员奖惩、任免及晋升。

(8) 关心员工、体察下情、发扬民主、倾听不同意见、明辨是非、知人善任，善于发现人才、使用人才、培训人才、提升人才、推荐人才，发挥各类专长人才的作用，调动他们的积极性和自主性，为公司发展储备人才。

2) 配备文员

总经理应配备1~2名文员，协助总经理工作。

3) 副总经理

根据工作需要，可设立副总经理职位，协助总经理对公司内部工作进行管理，更好地实现公司经营目标。

二、计调部

为实现旅行社对旅游资源的整合，开发设计旅游线路，设立计调部。

1) 计调部设立计调部经理

可根据旅行社的经营范围，在计调部设置商务人员、国内计调人员和国外计调人员。计调部经理负责计调部门的管理工作。由总经理任命，报经董事会批准。

2) 计调部工作职责

(1) 负责公司旅游资源的研发采购，开发设计旅游线路。

(2) 维护与旅游景点、旅游饭店、旅游交通部门及合作旅行社的关系。负责旅游景点门票、旅游饭店的预订，对导游人员、旅游交通的调度等。

(3) 加强自我学习，提升开拓创新能力，根据公司经营目标、季节变换及社会实践活动等，开发新型旅游产品。

(4) 协助公司管理人员对导游、前台及业务人员进行旅游专业知识培训。

(5) 收集、听取其他部门的反馈信息，努力提高旅游产品质量，降低成本，对旅游产品定价提出合理化建议。

三、业务部

为开发市场，实现旅行社的经营目标，加强公司对外宣传，完成公司的营销计划，树立企业形象，设立业务部。

1) 业务部设立业务经理

负责业务部的日常管理工作，由总经理任命，报经董事会批准。

根据公司的营销计划和开发市场的实际需要，业务部可有业务人员若干，统一由业务经理领导。

2) 业务经理工作职责

(1) 以身作则，遵守公司的各项规章制度。

(2) 明确公司的营销策略，领导业务部人员完成公司的营销计划。

(3) 提高业务管理能力，加强组织协调能力，及时把握和分析市场动态，掌握最新营销信息，并用于工作中。

(4) 招聘和培训业务人员，增强业务部整体业务素质，提高团队的业务能力。

(5) 制订业务计划和业绩目标，并要求每一位业务人员制订工作计划和业绩目标，监督和督促其完成目标，必要时给予帮助。

(6) 根据每一位业务人员的实际情况(性格、学识、喜好、经验、人际关系等)，帮助其制订一套符合自身的工作方法。

(7) 加强对客户关系的管理。了解业务人员的客户关系的管理情况，对其重点客户及难攻客户关系的管理，予以帮助。

四、前台及导游部

设立前台的目的是做好对公司来访人员的接待工作，负责来访人员进行信息登记，并接待散客。

导游是旅游产品销售的最后一个也是最重要的一个环节，直接影响着旅游产品的质量，关系公司的整体现象。

1) 前台及导游部设部门经理

管理和分配前台和导游的工作，并进行专业知识和技能培训。协助计调人员对导游进行调度。

2) 前台及导游部的工作职责

(1) 接待公司来访人员，进行信息登记，并通知相关人员接待。

(2) 接受散客预订，为散客办理相关手续，交给计调和财务人员。

(3) 收集、整理游客的反馈信息，接受游客投诉后，交给公司内部相关工作人员进行处理，把处理结果反馈给游客。

(4) 加强自我业务学习，接受公司安排的培训，提高专业技能和服务水平。

(5) 自觉加强自我职业修养，维护公司形象。

五、财务及后勤部

为了加强对公司财产的管理，控制公司的营业成本，提高公司利润，根据国家对企业管理的相关法律政策，设立财务及后勤部。

1) 财务及后勤部设立部门经理或主管

负责公司财务和后勤部门的工作，负责人必须具有国家审计和财政部门颁发的相关职业资格证书，或有一定的财务管理经验和超强的财务管理能力，由总经理或董事会直接任命，对公司财务管理负责。

根据工作需要，财务及后勤部应配备具有国家审计和财政部门颁发的相关职业资格证书的工作人员。

2) 财务及后勤部的工作职责

(1) 遵守国家对企业财务管理的法规政策及职业道德；遵守企业的各种管理制度。

(2) 认真做好本职工作，按时把各项财务报表上交到国家相关财政管理部门及公司管理相关者。

(3) 做好财务分析报告，为公司管理者提供可靠的财务分析数据，提供合理化的管理意见和建议。

(4) 业务往来的账款信息须及时通知相关人员，督促并协助业务人员追收未收账款。

(5) 配合行政部门为公司工作人员配备相关的工作用具。

(6) 根据公司的工资福利制度，对公司工作人员进行业绩评估，为其发放相应的工作报酬。

(7) 根据公司财务保密制度及财务人员职业道德规范，对公司财务信息保密。

为实现公司经营目标，完成公司营业计划，加强公司制度化管理，以上各部门应各司其职、相互协调、精诚团结、努力工作。

(资料来源：http://wenku.baidu.com/view/05ea3fd149649b6648d74774)

案例 1-2

计调部一味追求高标准的住宿就能满足客人的要求吗？

计调人员未就团队中客人的构成，客人对行程首站、末站的要求等事宜与销售人员进行充分沟通，没有充分了解客人的要求，就在操作中过分地掺杂个人主观甚至是想当然的想法，总以为这样安排，客人通常都不会有意见。其结果往往是，"菜"是做出来了，却不合客人的口味。例如，有个旅游团的线路，是去内蒙古和山西，团队价位报得有点高，因此计调部经理想安排得好一点，于是决定：在内蒙古安排住豪华蒙古包，即二人一包，和星级饭店一样有独立卫生间；在山西省则住太原的四星级饭店。但结果是旅行者对住房并不满意。他们说在内蒙古还不如住六人一包的普包，这样才像住蒙古包，大家济济一堂，那才热闹，有来到内蒙古的感觉；对于在太原安排住四星级饭店，他们也并不好受，因为他们是教师团，与饭店进进出出的客人格格不入，显得穷酸，故而，他们宁愿住在平遥古城，第二天早晨也不必赶时间，又能在平遥古城好好逛逛。这算不算"赔了夫人又折兵"呢？真是花了钱还未能让客人满意，这就是计调人员没有与销售人员很好地沟通，不了解游客心理需求所造成的后果。

(资料来源：黑龙江省中旅国际旅行社有限公司)

情境一　计调岗位认知

2. 计调人员的主要职责

作为一名合格的计调人员，为了更好地完成自己的工作内容，必须履行如下工作职责。

(1) 熟练掌握计调部采购的各项常用业务成本。

①　各景点门票及折扣价。

②　各类酒店的挂牌价和淡旺平季团队报价，陪同床价格及成团房间数。

③　各餐厅的餐费折扣价。

④　各类型旅游车客运单价：元/千米和线路千米数及特殊线路的线路全包价，各类型车各条线路停车过路费标准。

⑤　各航空公司机票折扣。

(2) 接听电话时一定要客气委婉，接到电话必须说："您好，××旅行社，很高兴为您服务，请问有什么需要？"

(3) 接听电话时，一定要音质甜美、语速适中、语言委婉流畅，让客户感到放心、舒服。

(4) 接听业务咨询电话，一定要记住对方旅行社的名称、业务联系人、传真、电话、线路要求(人数、线路景点、住宿标准、用车情况、返程情况、大概出发时间)，如果有手机，最好留下对方的直接联系方式。

(5) 做报价时，一定要迅速、准确，争取在5分钟之内将报价通过QQ或微信等方式发给对方。

(6) 报价给对方发过去了，5分钟之后打电话问询对方是否收到报价，并询问对方所收到的报价是否符合要求。

(7) 如果报价准确无误，和对方业务人员沟通团队的情况，要了解团队大概的出发日期、人数，做到心中有数，尽量通过和对方沟通早早把价位定下来。

(8) 如果团队早早定下来，要和对方盖章确认，约定结账方式，并在报价确认件上注明。

(9) 如果团队没有及时定下来，要及时跟单，并在上面注明每次跟单的情况，做到心中有数。

(10) 团队定下来以后，在报价确认件上标明需要注意的情况，以及所要求导游性别、性格以及专长。

(11) 及时将团队转发给操作计调人员，让其早操作、早安排。

(12) 按照报价确认件上约定的情况及时催收团款。

(13) 在团队的游览过程中，要多和带团导游联系，了解团队的进度情况，发生一切事务尽量在当地处理。

(14) 团队返回目的地后,及时打服务跟踪电话,做到团队满意,团队心中有数,标出以后操作中应该注意的事项,并将意见及时转发给业务操作计调人员。

(15) 团队结束旅游行程后,将业务联系人的资料整理、归档。团队结束三日内(含下团当日)必须将结算单通过 QQ 或微信发给组团社,并确认对方收到。

3. 计调部经理的岗位职责和权限

计调部经理直接隶属于旅行社总经理的领导之下,负责全社的业务流程及其操作,其岗位职责显得非常重要。

1) 计调部经理的主要职责

计调部经理应本着尽职尽责、求实创新的态度,履行如下职责。

(1) 负责旅行社对外联络、安排旅游团队、发布旅游计划、公关协调、组织接团等业务。

(2) 广泛搜集和了解不断变化的旅游行业市场信息及同行业动态,对其他旅行社推出的常规、特色旅游线路要认真分析,为更好地策划旅游线路产品做出方案。

(3) 不断地修改、制订和完善本社旅游线路产品及其行程安排,不断推陈出新,制订出符合当前旅游市场需求、能满足游客要求的旅游线路及适当的旅游价位。

(4) 在操作、落实团队时,对有关交通、导游服务及住宿、饮食、购物、娱乐等项目,要尽可能考虑周到,在确保团队接待质量的前提下,力争"低成本、高效益"。

(5) 在每个旅游团行程结束后,有关导游、司机报账时,要严格把关,并与财务部门仔细核对每一项账目,确保准确无误。

(6) 带团导游出发前,应把带团的详细资料、注意事项,以及在此线路中可能出现的问题和解决方法做出全方位的评估并告知导游人员,尽可能做到防患于未然。

(7) 为提高工作效率,计调部经理应监督计调人员,在工作中要及时按日、月、季掌握各线路的成本及报价,同时要及时通知各部门,以确保对外报价的统一性、可靠性、可行性和准确性。

(8) 每个团队操作,必须要求做到售前、售中、售后完美服务,即出团前的亲情服务;团队旅游过程中的质量跟踪监控;团队行程结束后的回访及建立档案。

(9) 必须时刻注意同行动态,建档分类保存和分析。

2) 计调部经理的权限

计调部经理除具有上述职责外,还应享有相应的权限。

(1) 旅游资源采录工作权限。计调部经理在旅游淡季时,应该抽出时间对旅游景点及其线路进行踩点、踩线,了解第一手资料,制作出精美的线路,适应市场需求,甚至推陈出新，而不是闭门造车。

(2) 旅游产品制作工作权限。计调部经理踩点、踩线回来，应该和计调人员一起进行旅游产品的粗加工制作工作。

(3) 同业报价收集工作权限。计调部经理在推出本旅行社的线路及报价之前，有权带领其他计调人员一起，完成收集本地区其他旅行社的线路报价，做到知己知彼、百战不殆。

(4) 本社产品报价工作权限。在上述产品的粗加工工作和同行报价收集工作的基础上，经过旅行社总经理的批准，与旅行社其他部门共同协商，科学合理地对外给出旅游线路产品的报价。

(5) 签订旅游合同工作权限。在每年的年底或年初，计调部经理要与交通部门(如航空公司、铁路部门、旅游车(船)单位)、景区景点、饭店、旅游定点餐厅等相关部门签订旅游协议，以便定下来年的优惠协议价。

(6) 网站信息收集、编辑工作权限。计调部经理在收集同行旅游线路报价的同时，注意观察和收集网络旅游信息，有权对本旅行社网站工作进行不断更新。

案例 1-3

计调部经理能这样袒护地陪吗？

新疆某旅行社地陪在带团购物时，因团客购物不理想而面露不悦之色，带着情绪工作，全陪向组团社领导汇报工作时说明此事，组团社与地接社进行了沟通。第二天早餐地陪没有来，因为上午自由活动。本来，头天晚上地陪告诉客人，只要报出旅行社的名称即可就餐，但是地陪未与餐厅衔接好，餐厅当班的服务员根本不知道此事，故拒绝让客人吃早餐。领班与餐厅经理联系，餐厅经理手机关机，无法接通，直至全陪到来，才迫使餐厅让客人吃上早饭。全陪在与地接社计调部经理通话时，该计调部经理却大声责备全陪不应把这件事情向组团社上报，而应向他反映，并说地陪有情绪是正常的。为此全陪非常生气，直接关机。这件事情影响非常恶劣，导致第二个团没有交给该地接社操作。

(资料来源: wenku.baidu.com.2219e8691eb91a37f1115c64.html)

案例 1-4

计调部经理应该知道我国主要客源国概况吗？

在向用车单位下订单时，仅就用车时间、接站地点、座位数进行落实，而忽略了对车容、车貌、车况的了解。在航空票务方仅对票务中心报了计划，忽略了对机型、航空公司、航班时间等进行跟踪。例如，某旅行社有一日本团，计调部经理在派车时，只考虑车况还可以，司机也常做外团，因此就派了这辆较新的金龙车。等到地陪上团时，发现该旅游车是一辆黄色的旅游车，而做旅游的人应该知道，日本人是忌讳黄颜色的。其著名案例可口可乐和百事可乐竞争日本市场，就是因为百事可乐饮料包装盒是黄颜色的，可口可乐的易拉罐包装盒则是深受日本人喜爱的红色，从而导致了百事可乐进军日本市场的失败，可口可乐取胜。可是，当地陪问到计调部经理时，该经理却怪地陪不早说。作为计调部经理，他应该知道我国主要客源国的概况及其忌讳，可见我们计调部经理素质低下，还有待提高。

(资料来源：wenku.baidu.com2219e8691eb91a37f1115c64.html)

(三) 计调岗位基本技能

计调是旅行社完成地接、落实发团计划的总调度、总指挥、总设计。计调人员在日常工作中，必须具备以下基本技能，如表1-2所示。

表1-2　计调职业技能

工作任务	职业能力
1. 收集信息	(1) 收集、整理来自旅游业的各种信息； (2) 向旅行社的决策层提供所需的信息及资料分析报告； (3) 收集旅游团的反馈信息并制作列表
2. 编制计划	(1) 承接并向有关部门及人员分发旅游团的接待计划； (2) 承接并落实各地旅行社发来的接待计划； (3) 编写旅行社年度业务计划； (4) 统计旅行社旅游业务月、季报表，编写接待人数月、季报告
3. 对外采购	(1) 向协作单位询价，选择和联络本部门的合作者，对外报价或接受报价； (2) 传播并反馈各种信息，向上级主管提供各种资料，协调与相关部门的关系
4. 安排落实	(1) 落实接待团编号、人数、服务等级、订房情况、抵离日期、下一站城市、航班或车次时间等； (2) 向协作单位确认团队预定计划； (3) 旅行团队运行中的调度变更
5. 质量跟踪	(1) 旅游团队运行质量跟踪补救； (2) 导游服务质量跟踪补救； (3) 接待社、各个旅游服务提供商服务质量的跟踪补救

计调工作工具主要包括以下几点。

(1) 电话机：固定电话、移动电话、本地通电话等。计调电话最忌变动，如遇变动，应千方百计保留原始号码。另外，强调话机功能，如呼叫转移、来电显示、电话录音、语音信箱等。

(2) 传真机：普通传真机(热敏纸)即可，尽量不使用普通纸传真机、FAX-MIE等。视业务量大小，最好设两台传真机(收发各一)。

(3) 联系工具：E-mail、宽带、QQ、飞信、微信等。此为旅行社通信升级的台阶，同时有利于降低通信成本。

(4) 地图：全图、分省图、公路客运图、网上地图等。

(5) 时刻表：铁路、航空、公路、航运时刻表等。特别注意淡旺季、年度的新版时刻表。

(6) 字典：语言类、景点类等。

(7) 景点手册：全国主要旅游景点内容简介、最佳旅游时间、旅游注意事项等。

(8) 采购协议：按组接团社、住房、餐厅、车队、景点、购物分类建档。

(9) 各地报价(分类)：最好按区域列出目录，分类列置。

(10) 常用(应急方式)电话：按组接团(经理、计调)、酒店(销售部、前台)、餐厅(经理、订餐)、车队(调度、驾驶员)、导游等分类列出，放置方便处并随身携带。

专栏1-4

计调人员的业务信息储备

(1) 熟悉所有接待区和周边可利用地方的宾馆、餐厅、车队、导游、景区情况。

(2) 熟悉车辆基本情况。

(3) 熟悉宾馆情况。

(4) 了解景区景点的门票、折扣情况、自费景点、索道的价格、资源品位以及特点，尤其要关注不同客源地客人对该景点的评价。

(5) 熟悉导游，针对客户做出最合适的导游安排。

(6) 熟悉竞争环境，尽可能多地了解竞争对手的特点、报价、操作方式、优势和劣势。

(7) 熟悉所有客源情况以及客源地的旅行社状况、特点、竞争情况和信用程度。

(四)计调人员礼仪

"致福曰礼，成义曰仪"。

古人讲"礼者敬人也",礼仪是一种待人接物的行为规范,也是交往的艺术。它是人们在社会交往中由于受历史传统、风俗习惯、宗教信仰、时代潮流等因素的影响而形成的,既为人们所认同,又为人们所遵守,是以建立和谐关系为目的的各种符合交往要求的行为准则和规范的总和。

对一个人来说,礼仪是一个人的思想道德水平、文化修养、交际能力的外在表现,对一个社会来说,礼仪是一个国家社会文明程度、道德风尚和生活习惯的展现。

旅游是与人打交道的行业,良好的人际沟通和协调能力,以及一般的礼仪常识,是顺利开展工作的前提条件。作为计调人员,由于工作性质,需要与不同行业和部门的人打交道,旅行社很多其他活动也需要他们出面解决。所以作为旅行社计调人员了解礼仪的基本内容十分重要。

真诚友善、举止得体、宽容大度、礼貌待客、时尚高雅、热情周到等,都是计调人员必备的优良品质。

1. 基本礼仪

礼仪是在人际交往中,以一定的、约定俗成的方式来表现的律己敬人的过程,涉及穿着、交往、沟通、情商等内容。从个人修养的角度来看,礼仪可以说是一个人内在修养和素质的外在表现。从交际的角度来看,礼仪可以说是人际交往中适用的一种艺术、一种交际方式或交际方法,是人际交往中约定俗成的示人以尊重、友好的习惯做法。从传播的角度来看,礼仪可以说是在人际交往中进行相互沟通的技巧。

一个人的仪表、仪态是其修养、文明程度的表现。古人认为,举止庄重、进退有礼、执事谨敬、文质彬彬,不仅能够保持个人的尊严,还有助于进德修业。古代思想家曾经拿禽兽的皮毛与人的仪表仪态相比较,禽兽没有了皮毛,就不能为禽兽;人失去仪礼,也就不成为人了。古人对仪表的要求,不免过于烦琐。其中最重要的,有如下三个方面。

(1) 衣着容貌。《弟子规》要求:"冠必正,纽必结,袜与履,俱紧切。"这些规范,对现代人来说,仍是必要的。帽正纽结,鞋袜紧切,是仪表外观的基本要求。如果一个人衣冠不整,鞋袜不正,往往会使人产生反感甚至恶心,有谁会亲近这样的人呢?当然,衣着打扮,必须适合自己的职业、年龄、生理特征、相处的环境和交往对象的生活习俗,进行得体大方的选择。浓妆艳抹,矫揉造作,只会适得其反。

(2) 行为举止。孔子说:"君子不重则不威,学则不固。"(注:摘自《论语·学而》)这是因为,只有庄重才有威严。否则,即使学习了,也不能巩固。具体说来,要求做到"站如松,坐如钟,行如风,卧如弓",就是站要正,坐要稳,行动利索,侧身而睡。在公众场合举止不可轻浮，不可亵，应该庄重、谨慎而又从容，做到"非礼勿视，非礼勿听，非礼勿言，非礼勿动"(注：摘自《论语·颜渊》)，处处合乎礼仪规范。

(3) 言语辞令。语言是人们思想、情操和文化修养的一面镜子。古人所谓"修辞立其诚，所以居业也"(注：摘自《易·乾文》)。将诚恳的修饰言辞看成是立业的根基，有一定的道理。并且要"言必信，行必果"(注：摘自《论语·子路》)。巧言令色的人，是不可能取信于人的。其次是慎言。古人说，上天生人，于舌头上下两排牙齿紧密围裹，又在外面包一层厚厚的嘴唇，就是要人们说话一定要谨慎。当然古人并不是要求人们少言语，而是说话要视具体情况，当说则说，当默则默。孔子说："可与言而不与之言，失人；不可与言而与之言，失言。知者不失人，亦不失言。"(注：摘自《论语·卫灵公》)说的就是这个道理。

2. 常见社交礼仪

1) 化妆的礼仪

化妆的基本原则如下。

(1) 化妆要视时间场合而定。在工作时间、工作场合只能允许工作妆(淡妆)。浓妆只有晚上才可以用。外出旅游或参加运动时，不要化浓妆，否则在自然光下会显得很不自然。

(2) 不要非议他人的化妆。由于文化、肤色等差异，以及个人审美观的不同，每个人化的妆不可能是一样的。切不可对他人的妆容评头论足。

(3) 不要在他人面前化妆。化完妆是美的，但化妆的过程则实在不雅观。

(4) 不要借用他人的化妆品。这不仅不卫生，也不礼貌。

(5) 吊唁、丧礼场合不可化浓妆，也不宜抹口红。

2) 发型的礼仪

发型要与服饰相协调。

与礼服相配：女士在比较庄重的场合穿礼服时，可将头发挽在颈后，显得端庄、高雅；

与连衣裙相配：如果穿 V 字领连衣裙，就可将头发盘起，如果穿外露较多的连衣裙，可选择披肩发或束发。

与西装相配：因西装给人以端庄整洁的感觉，发型也要梳得端庄、大方，不要过于蓬松。

3) 打电话礼仪

(1) 选择打电话的恰当时间。拨打电话应选择对方方便的时间，休息和用餐时间。节假日一般不宜打电话，更不宜打谈公务的电话；用餐时间前半个小时，如果你不请人家吃饭的话，不宜打电话；给海外人士打电话，先要了解时差。

(2) 说话应当简明扼要。通话前应当充分准备，通话时应适当问候对方，自报姓名，按准备好的内容简要说明，适可而止，宁短勿长。

(3) 声音适当，吐字清晰，语速均匀。声音太高则震耳，声音太低则对方难以听清，要视当时的环境调整声音的高低。说话时要准确清晰，语速均匀。

(4) 注意打电话的举止和环境。在接打电话时，不要以为对方看不见就一边挖着鼻孔，一边接打。在厕所里不要打电话，如果必须接电话，要最大限度的简短，不要像唠家常嗑一样长篇大论。在餐桌旁不宜接打电话，如果必须接时，要离开餐桌，或者转到一边，不可对着菜盘子大呼小叫。在人多的地方和时候，不宜大声喧哗。

(5) 及时接电话和回电话。一般在铃声响过三遍之内接听，如果说话不方便，应当告知对方过一会儿打过去，或者和对方约定几时再打过来；如果发现存在未接听的电话，一般要主动回话。当然，陌生的电话不在此列。

3. 职场工作礼仪

办公场所里的个人形象，即行为举止要得体，要讲究分寸，要与办公场所的气氛、环境以及所从事的工作性质相协调。办公场所里的个人形象主要体现在以下几个方面。

(1) 仪表端庄、大方。要注意个人卫生和整洁，发型要简洁，女士应略施淡妆。服饰穿戴简洁、庄重，忌穿牛仔装或无领无袖的衣服，忌穿拖鞋。

(2) 举止要庄重、文雅。注意保持良好的站姿和坐姿，不要斜身倚靠办公桌，更不能坐在办公桌上面。不要在办公室里吃东西，尤其不要吃瓜子等有响声的食品。

(3) 说话要文明，有分寸。办公场所不要使用亲昵的称呼。不要总是抱怨、发牢骚或闲聊。

(4) 遵守公共道德和行为准则。不要无限制地使用办公用品。办公室中的传真机、公函信封、信纸和其他办公用品等只是办公用的。

(5) 穿着。如果你看上去干净利落、衣着整洁，自己也会感觉良好、自信十足。注意在穿着上不要百无禁忌，过于招摇。新进单位的人要根据自己工作性质、职位选择适宜的服装。不要穿过于追逐时尚、休闲的服装，相对保守、正规一些的服装会给人留下好感。

(6) 电话。电话应该怎么接听？难度不是接听自己的电话，而是如何替上级接听电话。专家提醒：如果一时忘记询问对方基本信息，就干脆不要告诉上级你曾接听过他的电话，否则这等同开了一张空头支票给他。

(7) 招呼。在非工作区域，碰上同事多少能随意攀谈上两句，赞美对方是个不错的选择，从穿着和精神状态上入手，但要把握尺度。至于谈不谈工作，完全取决于老板的喜好，如果老板热衷于此，那么碰上他就说吧，也别管是不是在茶水间了！

4. 计调人员在工作时的仪容禁忌

计调人员在日常工作中要注意口腔卫生，保持口气清新，少吃有异味的食物；在与客户或领导交流前，要留意消除口腔异物；祛除体味；注重面部和手部卫生；不要穿着质地较差、样式陈旧的衣物。旅游是体现个人生活品位的活动，客户可以从旅游从业人员身上看到这些影子；女士不要化浓妆，不要使用气味浓烈的香水，以免引起客人的反感。

小 结

这一情境主要让学生了解旅行社计调岗位，了解计调岗位工作内容和岗位职责，让学生对计调工作有个初步的认识，为接下来的学习和工作打下坚实基础。

思考与能力训练

一、简答题

1. 请简要说明计调岗位职业能力。
2. 请谈谈你对计调的认识，审视自己能不能做好计调工作。

二、实训题

实训 1

分组：四人为一组，将班级分为十个组，选出组长，以小组为单位建立一家属于本组的旅行社。每个组建立一个群，整个班级建立一个大群，方便业务联系和以后微博互动。请把每组的联系方式都记下来。

建立旅行社必要条件(要求学生课下把下列条件背下来)。

1. 设立旅行社，应当具备下列条件。

(1) 有固定的营业场所；

(2) 有必要的营业设施；

(3) 有经培训并持有省、自治区、直辖市以上人民政府旅游行政管理部门颁发的资格证书的经营人员；

(4) 有符合《旅行社管理条例》第七条、第八条规定的注册资本和质量保证金。

2. 旅行社的注册资本，应当符合下列要求。

(1) 国际旅行社，注册资本不得少于 150 万元人民币；

(2) 国内旅行社，注册资本不得少于 30 万元人民币。

3. 申请设立旅行社，应当按照下列标准向旅游行政管理部门交纳质量保证金。

(1) 国际旅行社经营入境旅游业务的，交纳 60 万元人民币；经营出境旅游业务的，交纳 100 万元人民币。

(2) 国内旅行社，交纳 10 万元人民币。

质量保证金及其在旅游行政管理部门负责管理期间产生的利息属于旅行社所有；旅游行政管理部门按照国家有关规定，可以从利息中提取一定比例的管理费。

申请设立国际旅行社，应当向所在地的省、自治区、直辖市人民政府管理旅游工作的部门提出申请；省、自治区、直辖市人民政府管理旅游工作的部门审查同意后，报国务院旅游行政主管部门审核批准。

申请设立国内旅行社，应当向所在地的省、自治区、直辖市管理旅游工作的部门申请批准。

4. 申请设立旅行社，应当提交下列文件。

(1) 设立申请书；

(2) 设立旅行社可行性研究报告；

(3) 旅行社章程；

(4) 旅行社经理、副经理履历表和《旅行社管理条例》第六条第三项规定的资格证书；

(5) 开户银行出具的资金信用证明，注册会计师及其会计师事务所或者审计师事务所出具的验资报告；

(6) 经营场所证明；

(7) 经营设备情况证明。

5. 旅游行政管理部门收到申请书后，根据下列原则进行审核。

(1) 符合旅游业发展规划；

(2) 符合旅游市场需要；

(3) 具备《旅行社管理条例》第六条规定的条件。

旅游行政管理部门应当自收到申请书之日起 30 日内，做出批准或者不批准的决定，并通知申请人。

旅游行政管理部门应当向经审核批准的申请人颁发《旅行社业务经营许可证》，申请人

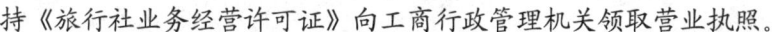

持《旅行社业务经营许可证》向工商行政管理机关领取营业执照。

未取得《旅行社业务经营许可证》的，不得从事旅游业务。

旅行社变更经营范围的，应当经原审批的旅游行政管理部门审核批准后，到工商行政管理机关办理变更登记手续。

旅行社变更名称、经营场所、法定代表人等或者停业、歇业的，应当到工商行政管理机关办理相应的变更登记或者注销登记，并向原审核批准的旅游行政管理部门备案。

旅游行政管理部门对旅行社实行公告制度。公告包括开业公告、变更名称公告、变更经营范围公告、停业公告、吊销许可证公告。

旅行社每年接待旅游者10万人次以上的，可以设立不具有法人资格的旅行分社(以下简称分社)。

国际旅行社每设立一个分社，应当增加注册资本75万元人民币，增交质量保证金30万元人民币；国内旅行社每设立一个分社，应当增加注册资本15万元人民币，增交质量保证金5万元人民币。

旅行社同其设立的分社应当实行统一管理、统一财务、统一招徕、统一接待。

旅行社设立的分社，应当接受所在地的县级以上地方人民政府管理旅游工作的部门的监督管理。

外国旅行社在中华人民共和国境内设立常驻机构，必须经国务院旅游行政主管部门批准。

外国旅行社常驻机构只能从事旅游咨询、联络、宣传活动，不得经营旅游业务。

实训2

1. 查找黑龙江(哈尔滨)主要景点、门票价格、具体地点、四星级以上酒店名称、前台联系电话、各住宿地特点、国内主要航空公司名称、列车时刻表。
2. 把以上信息进行分类、建档，记录在每个人的记事本上，方便随时应用。
3. 记全班同学的电话号码、各种联系方式，以便以后情境模拟时应用。

实训3

项目名称	利用媒体，收集计调招聘信息，为××旅行社撰写招聘启事
实训目的	通过对旅行社计调招聘工作的展开，让学生进一步了解计调工作人员的能力素质要求，并能够训练学生的写作能力
实训要求	了解作为计调人员信息收集的渠道和信息处理的方法； 注重信息收集的典型性和有效性； 根据旅行社的具体经营特点撰写招聘信息
实训成果	招聘启事

情境二

计调工作流程

【教学目标】

知识目标：熟悉旅游产品设计的原则、内容和流程；熟悉旅行社产品定价和计调工作流程；熟悉组团社的计价和报价方式；掌握发团业务的主要工作流程；掌握地接社计调和报价方式；掌握接团业务的主要工作流程。

能力目标：根据旅游者或合作旅行社要求设计线路产品；为线路产品制订合理的价格并能快速、准确地报价；按照工作流程操作发团业务；根据地接计价的构成要素，快速计价和报价；按照工作流程操作接团业务。

素质目标：具有创新意识；认真负责精神；灵活应变团队突发事件能力；组织协调团队操作能力；口头表达能力。

【核心概念】

旅游线路产品设计　计价和报价　组团计调操作　接团计调操作

案例导入

哈尔滨某旅行社在"十一"黄金周期间推出"开心农场"休闲游产品。

由资深导游带队,自驾车赴哈尔滨江北葡萄庄园和"开心农场"进行采摘活动。上午在葡萄庄园采摘,午餐享用特色农家风味餐,下午赴"开心农场"采摘,体验劳作的乐趣,把收获带回家。

子情境一 旅游线路产品设计

一、下达任务

启航旅行社在"十一"黄金周期间,经过努力,共组成了10个团队,其中有6个为散客拼团,其中一个团队为"大连—旅顺港四日游",请为这个团队做好计调工作。

要求:线路设计合理,各种联系方式齐全。

请每个小组将任务实施的步骤和结果填写到表2-1所示的任务单中。

二、填写任务单

任务单如表2-1所示。

表2-1 任务单

小组成员:	指导教师:
任务名称:	模拟地点:
工作岗位分工:	
工作场景: (1)"十一"黄金周; (2)设计大连—旅顺港四日游; (3)计价和报价; (4)相关业务采购	
教学辅助设施	模拟旅行社真实工作环境,配合相关教具
任务描述	通过对线路产品的设计,让学生了解计调操作流程
任务资讯重点	主要考查学生对计调工作的认识
任务能力分解目标	能够根据旅游者或合作旅行社要求设计线路产品; 能为线路产品制订合理的价格并能快速、准确地报价; 能按照工作流程操作发团业务; 能根据地接计价的构成要素,快速计价和报价; 能按照工作流程操作接团业务
任务实施步骤	

三、任务整体评价考核点

(1) 了解旅行社线路产品设计和构成要素。
(2) 能够准确计价和报价。
(3) 能够按照操作流程进行地接业务操作。

四、相关知识点

(一)旅行社线路产品设计

旅行社线路产品不同于一般的物质产品,它是一种以无形服务为主体内容的特殊产品,由交通、住宿、餐饮、游览、娱乐、购物等构成的"组合产品"。

1. 旅游交通

旅游交通分为长途交通和短途交通。前者指城市间交通(区间交通),后者指市内接送(区内交通)。常用的旅游交通工具:民航客机、火车、豪华巴士、轮船等。

安排线路时,应本着便利、安全、快速、舒适、价优的原则选择并安排旅游交通方式。

作为计调在安排交通时,首先要了解各种交通方式的游览效果;其次要了解各种交通工具的适用旅程,如汽车、快艇、直升机适合短途旅游,火车、轮船、大巴适合中途旅游,客机和海上渡轮则适合长途旅游;最后要了解国内的交通现状,如类型、分布形式、价格、网络等。

在具体团队操作时,要综合利用各种交通方式与工具,扬长避短,合理衔接;另外,还要考虑旅游者的旅游目的,运输价格,旅游者的旅游喜好和经验,旅游目的地的位置和可进入性等因素,在满足旅游者个人需求基础上,争取做到旅游效益最大化。

课外资料 2-1

华东五市双飞六日游

第一天 哈尔滨—常州—南京 哈尔滨太平国际机场集合,乘机赴江南历史文化古城——常州,乘车观常州市容,再赴南京(约 2 小时),游览中国近代伟大的政治家孙中山先生的陵墓、国家 4A 级旅游风景区——中山陵(如遇周一闭馆,则改游明孝陵博物馆),观紫铜宝鼎、博爱坊、陵园大道、钟山风光。参观爱国主义教育基地——南京大屠杀纪念馆(周一闭馆,则取消游览),缅怀南京 30 万遇难同胞(1 小时)。后游集南京六朝文化和民俗市肆文化于一身的夫子庙—秦淮河风光带(游览约一个半小时)。

第二天 南京—无锡 早餐后，车赴无锡，游览"蠡湖公园"(游览约1小时)，全园以植物造景为主，园内按"春之媚、夏之秀、秋之韵、冬之凝"四季林木布景置园，造园艺术中西合璧，在碧水环绕的园中，一座座造型各异的小桥、栈桥连通全园各景点。自费游览被郭老誉为"太湖佳绝处"的太湖第一名胜——鼋头渚景区(现付导游200元/人，参加者赠送游览央视影视基地——三国城)，参观"紫砂陶艺馆"。
第三天 无锡—上海 早餐后，车赴上海，车游卢浦大桥，游览外滩风光带(这是百年上海滩的标志和象征)，欣赏万国建筑博览群、黄浦江风光。浏览南京路步行街(老上海十里洋场，中华五星商业街，数以千计的大中小型商场，汇集了中国最全和最时尚的商品，自由观光购物)和豫园商城，在上海老街自行品尝上海本帮小吃，晚上可自费观赏被誉为视觉盛宴的上海夜景(另行付费260元/人)。
第四天 上海—杭州 早餐后，参观上海"哈雅思水晶店"，车赴桐乡，游览江南水乡"中国最后的枕水人家"影视片《似水年华》等的拍摄取景地——乌镇东栅(现付导游100元/人)，车赴杭州，参观杭州龙井村"问茶楼"。晚上可自费欣赏斥资六千万巨资打造的"给我一天，还你千年"大型歌舞表演——宋城千古情(260~280元/人，参加宋代各种民间活动，感受清明上河图的古老风韵)。
第五天 杭州—苏州 早餐后观赏杭州市政府丝绸推广中心美轮美奂的丝绸文化表演。坐车至西湖(约1小时左右)，观三潭印月、阮墩环碧、湖心亭、孤山烟岚、断桥等；游览"花港观鱼""曲院风荷"，漫步苏堤。游电影《非诚勿扰》拍摄地——西溪湿地二期(游览时间1小时)(不含船)，优美的湿地景观、醉人的水乡田园风情和开阔的水岸空间是都市人假日游的理想去处；再车赴苏州，途中品杭白菊，晚上可自费夜游苏州护城河(另行付费120元/人)。
第六天 苏州—常州—哈尔滨 早餐后，游览才子佳人聚集地，诗、书、画灵感之地——唐伯虎园林(时间约1个小时)，欣赏苏州评弹等演艺表演，互动参与民间传说的"唐伯虎点秋香"表演。游清代农民起义太平天国忠王李秀成的王府——忠王府。参观太湖"珍珠苑"，车赴常州，游览"红梅公园"，欣赏红梅春晓、曲池风荷、孤山松雪等八景。自由活动，根据航班时间，乘机返哈尔滨温暖的家，结束愉快旅程！

2. 旅游住宿

住宿一般占旅游者旅游时间的1/3，旅游者对住宿的满意程度是关系旅行社线路产品声誉的重要一项。

销售时，必须注明入住饭店的名称、地点、档次以及提供的服务项目等，一经确定，不能随便更改，更不能降低档次、改变服务项目。

3. 旅游餐饮

对不包餐饮的旅游团，旅游餐饮的满意与否取决于旅游者自己的选择。旅行社对安排的餐饮的原则是卫生、新鲜、味美、量足、价廉、营养、荤素搭配适宜。

4. 游览观光

游览观光是旅游者最主要的旅游动机，是旅行社线路产品产生吸引力的根本来源，也反映了旅游目的地的品位与形象。因此在选取游览资源时一定要尽量选取品位高、环境氛围好、游览设施齐全、可进入性好、安全保障强的游览地点。

例如，××保险公司为了答谢新老客户，特邀客户参加老北京新奥运辉煌之旅双卧 7 日豪华游(此为某旅行社围绕着奥运会后时尚的奥运元素，精心设计的精品旅游线路)，如图 2-1 所示。游览观光产品的特色：北京特色美食、奥运新景、奥运体验等。

老北京新奥运"辉煌之旅"双卧 7 日豪华游	
第一天	客人于指定时间在哈尔滨火车站集合，乘火车赴首都北京。
第二天	北京接团，车游市容市貌，入住宾馆，全天自由活动。
第三天	早餐后，游览世界上最大的城市中心广场——天安门广场，参观毛主席纪念堂(遇政策关闭，观外景)，参观人民英雄纪念碑、人民大会堂外景，自费游览大贪官和坤的府邸——恭王府，门票自费 40 元/人。午餐后，游览皇家宫殿建筑群——故宫(2 小时)，车览皇城根遗址公园、北大红楼、平安大街及菖蒲河公园外景，独家赠送老北京胡同游，免费赠送老北京最富有魅力的地方——什刹海风景区，这里是"北方的水乡"，有"燕京八景"之一的"银锭观山"，百年老店"烤肉季"和"爆肚张"。逛王府井步行街，品北京小吃(1 小时)(晚餐自理)。(购物店：全天无购物店)(自费推荐景点：恭王府 40 元/人、老北京堂会 120 元/人)
第四天	早餐后，乘车赴昌平，参观玉器加工厂，自费参观明皇蜡像宫(门票自费 40 元/人)，免费品尝北京果脯、烤鸭。午餐后，游览古长城遗址——八达岭长城(非水关、居庸关)，索道/滑车自理 60 元/人，2 小时)，车览奥运新村、中华民族园外景，远眺十三陵水库外景，游览奥林匹克公园、奥运主会场鸟巢外景、国家游泳中心水立方外景(门票自理：鸟巢 50 元/人、水立方 30 元/人)，停车 1 小时自由拍照，晚餐品尝正宗烤鸭。(购物店：龙地玉器、金运通特产、润德珍珠(进店时间不少于 45 分钟))(自费推荐景点：明皇蜡像宫，40 元/人；八达岭滑车，60 元/人；圣水观音，120 元/人)
第五天	早餐后，游览世界上最大的祭天建筑群——天坛公园(含首道门票，1.5 小时)，免费参观景泰蓝加工厂，了解景泰蓝的加工制作工艺流程；参观太平洋海底世界(门票自理 120 元/人)，观北京中央电视塔(登塔费用自理，90 元/人)，车览中华世纪坛外景。午餐后，自费参观有皇家园中园之称的圆明园遗址公园(门票自理，25 元/人)。之后可乘船沿当年慈禧太后前往颐和园避暑的线路(船费自理，70 元/人)，游世界上最美的皇家园林——颐和园(2 小时)，随后赠游清华大学，结束行程。(购物店：景泰蓝(进店时间不少于 45 分钟))(自费推荐景点：太平洋海底世界，120 元/人；登中央电视塔，90 元/人；圆明园遗址公园，25 元/人)
第六天	早餐后，自由活动，8~12 点以前退房，集中送站则全程结束，延迟或提前送站需加 20 元/人。
第七天	火车上，甜蜜回味北京之旅，下午抵达哈尔滨，结束愉快旅途！

图 2-1 老北京新奥运"辉煌之旅"双卧 7 日豪华游

5. 娱乐项目

娱乐项目是旅游线路产品的基本要素，也是现代旅游的主体。娱乐项目安排应该多样化、知识化、趣味化、新颖化。其可以包括：歌舞、戏曲、杂技、民间艺术及其他趣味性、消遣性的民俗活动，如藏民家访、《云南映象》。

6. 购物项目

购物包括商品、工艺美术品等。

旅行社安排购物原则：购物次数适当，不能太多；购物时间合理，不能太长；选择服务态度好、物美价廉的场所。切忌选择那些服务态度差，如强迫交易、充斥伪劣商品的购物场所，尽量选择信誉良好的定点购物单位，同时让游客有自由购物的权利。

2013年10月1日起施行的《中华人民共和国旅游法》规定：旅行社组织、接待旅游者，不能指定具体购物场所，不得安排旅游者购物。

课外资料 2-2

"彩云之南"(昆明/九乡/石林/大理/丽江)双飞双卧8日(常规团)
第一天　乘机赴春城昆明，抵达后由旅行社专职人员接机，入住酒店。
第二天　早餐后，昆明乘车赴宜良；午餐后，游览国家级风景名胜区——九乡(游览2小时，含索道15分钟)(游荫翠峡、雄师大厅、雌雄瀑布、天造神田等景点)；乘车赴石林，晚住石林。
第三天　早餐后，游览世界地质遗产"阿诗玛的故乡"——石林(游览2小时)(游望峰亭、大小石林等)，参观七彩云南(约需4小时)，晚餐后自费欣赏世博吉鑫宴舞(2小时)(238元/人)，最后乘非空调火车赴大理。
第四天　抵大理，导游接团，早餐后，游览文献名邦——大理古城(赠送价值26元/人的电瓶车费)，漫步驰名中外的洋人街，感受南诏古国的韵味(游览时间为35分钟)，游览"天龙八部影视城"(游览40分钟)；中餐赠送大理洱海砂锅鱼，随后游览大理白族的"爱情圣地"——蝴蝶泉(游览50分钟，不含景区电瓶车费)，乘游船游览洱海、欣赏白族歌舞、品三道茶(游览3小时)；晚餐后入住酒店。
第五天　早餐后，7:00出发赴丽江，赠送游览价值198元的国家4A级景区白族旅游村寨——新华民族村(景区电瓶车费自理)；午餐后乘车赴丽江，游览茶马古道上的集镇建设典范景区——束河古镇(游览60分钟)，赠送参观始建于乾隆二年、两次被皇帝敕封为"龙神"封号的中国名泉——黑龙潭公园(游览40分钟)，游览丽江古城、四方街，漫步街市，体会丽江的休闲时光；晚餐自费品尝丽江特色餐——纳西喜宴，晚餐后入住酒店。

> 第六天　早餐后，赠送游览玉龙雪山风景区——人称"玉龙山下第一村"的白沙玉湖村(骑马费用自理)，领略玉龙雪山十二影之首——玉湖倒影，文物古迹——巨石壁字，而后游览雪山脚下的纳西族东巴圣地——东巴大峡谷(20 分钟)；中餐后，参观螺旋藻店(40 分钟)，之后乘车返回大理，途中停靠新华民族村休息(90 分钟)，晚乘火车卧铺返昆明。
>
> 第七天　早抵昆明，早餐后，自费游览云南民族村(3 小时)(自费 120 元/人，含门票、车费、导游服务费)，赠送滇池观景大坝与西伯利亚红嘴鸥嬉戏(30 分钟)；游金马碧鸡坊(15 分钟拍照)，逛鲜花市场(1 小时)。
>
> 第八天　早餐后，自由活动，根据航班时间，旅行社专职人员送机，结束愉快的旅程！

7. 导游服务

导游服务包括地陪、全陪、景点陪同及领队服务，主要是提供翻译、向导、讲解等相关服务。

8. 旅游保险

旅游保险有旅行责任险。

以上各种要素的有机结合，构成了旅行社线路产品的重要内容。旅行社产品是一个完整、科学的组合概念，完美的旅行社线路产品是通过最完美的组合形成的。

(二)旅行社线路产品的分类

1. 按照产品包含的内容分类

旅行社线路产品绝大多数都采用包价形式。旅游者如果要消费包价旅行社线路产品，在旅游活动开始前就要将全部或部分旅游费用预付给旅行社，由旅行社根据同旅游者签订的合同协议相应地为旅游者安排旅游项目。

(1) 全包价旅行社线路产品。旅游者将涉及旅游行程中的一切相关服务项目费用统包起来预付给旅行社，由旅行社全面落实旅程中的一切服务项目，包括餐饮、住宿、交通、游览、购物、娱乐及导游服务、办理保险及签证等。

 课外资料 2-3

精品海南双飞六日游(直飞三亚)
第一天　到达：北京—海口　　住宿：柏瑞酒店或同级酒店　　用餐：晚餐　　交通：飞机 海口接站，入住酒店，沿路观椰城美景，抵达酒店入住，迎接第二天的尊贵之旅!
第二天　到达：海口—香水湾　　住宿：红礁香水湾海景房　　用餐：早、中、晚餐　　交通：豪华大巴 早餐后，车览万泉河风光，前往红色娘子军故乡——琼海市；外观亚洲人对话平台博鳌会址景区；乘船游览载入吉尼斯纪录的分隔河、海最狭长的沙滩半岛博鳌玉带滩(游览约60分钟)；乘竹筏游览中国的"亚马逊"河，体验快乐万泉河竹筏漂流；参观海南特有的少数民族风情——黎村苗寨、蚩尤部落，欣赏黎苗歌舞，了解少数民族的风土人情；午餐后，接着参观槟榔谷，探访神秘的莽莽苍苍的热带雨林(游览约100分钟)，体会海南原始部落居民的生活，品味海南原汁原味的土著文化；后继乘车赴海南最大的归国华侨聚集地。 晚餐后，可自费选择观看泰国红艺人表演(停留时间为150分钟)。
第三天　到达：三亚　　住宿：凯莱酒店　　用餐：早、中、晚餐　　交通：豪华大巴 早餐后乘快艇登上中国的"马尔代夫"蜈支洲岛(含船票，海上娱乐项目自理)，小岛四周海域清澈透明，海水能见度6～27米，是世界上为数不多的唯一没有礁石或者鹅卵石混杂的海岛，国内最佳度假基地(游览时间为150分钟)；晚餐享用充分体现海南饮食文化的海鲜风味大餐(停留时间为150分钟)。
第四天　到达：三亚　　住宿：凯莱酒店　　用餐：早、中、晚餐　　交通：豪华大巴 早餐后游国家珊瑚保护区(最佳潜水基地)——大东海旅游区(游览约180分钟，海上娱乐项目自理)；海滩嬉戏、海边拾贝、大海冲浪、感悟大海情怀；参观集中外园林、佛教文化于一体的福泽之地南山寺(含南山素斋)(游览约180分钟)，瞻仰雄伟的大雄宝殿，膜拜世纪之作——海上108米的三面观音圣像；午餐后赴著名的4A级景区游览天涯海角——南天一柱(游览约120分钟)，有情人终成眷属的浪漫开端，天荒地老不变的爱情圣地；晚间乘坐游轮夜游三亚湾(游览约80分钟)，享受海南独有的温泉鱼疗SPA(停留约150分钟)。
第五天　到达：三亚—海口送团　　用餐：早餐　　交通：豪华巴士、飞机 早餐后参观海南最具特色的水晶基地——水晶展览馆(游览约30分钟)；前往4A景区——亚龙湾国家旅游区，欣赏亚龙湾中心广场的亚龙湾风景区(游览约30分钟)，沿途返回海口；晚乘坐飞机返回北京，结束快乐的旅程。

(2) 半包价旅行社线路产品。在全包价旅游的基础上扣除中、晚餐服务费的一种包价形式。优点是降低了产品的直观价格，提高了产品的竞争力，更好地满足了旅游者在用餐方面的不同要求。

情境二　计调工作流程

课外资料2-4

"天府之国"成都、九寨沟、黄龙双飞六日游
第一天　到达：昆明—成都　　住宿：天府酒店或同级酒店　　用餐：自理 从昆明乘飞机赴成都，飞行时间约1小时，抵达后入住酒店。
第二天　到达：沟口　　住宿：沟口酒店或同级酒店　　用餐：自理 早餐后，从成都出发，一路沿岷江而上，领略青色的山岭、清新的空气、蔚蓝的天空、终年积雪不化的雪山，欣赏沿途藏、羌少数民族风情；成群的牛羊，飘动的经幡，剽悍的藏族青年，使人犹如置身世外；远观地震遗址"叠溪海子"，黄昏抵达九寨沟沟口。(车程10小时，约438千米)
第三天　到达：沟口　　住宿：沟口酒店或同级酒店　　用餐：自理 九寨沟内，乘环保车进入如诗如梦的世界自然遗产——九寨沟，漫游九寨美丽风光，领略原始森林之雅趣。观赏叹为观止的彩色世界——树正沟：盆景滩、树正瀑布、小磨房、诺日朗瀑布；日则沟：镜海、珍珠滩瀑布、孔雀海、五花海、熊猫海、天鹅海、原始森林；则查洼沟：上、下季节海，五彩池，长海，老人松等。(九寨沟内三条沟约50千米，游览时间约为6小时。九寨沟到川主寺约88千米)
第四天　到达：黄龙　　住宿：黄龙酒店或同级酒店　　用餐：自理 从沟口出发，途经松潘越过海拔约4千米的雪山垭口，远眺终年积雪的雪宝鼎大雪山，游览"人间瑶池"——黄龙风景区：迎宾彩池—飞瀑流晖—洗身洞—金沙铺地—争艳池—黄龙寺—五彩池等。(川主寺乘车到黄龙42千米约1小时车程，游黄龙，到茂县196千米约3小时车程)
第五天　到达：成都　　住宿：小天府酒店或同级酒店　　用餐：自理 从茂县出发，经汶川、都江堰市后返成都。(茂县到成都190千米，约5～6小时车程，下午3～4点到达)
第六天　到达：成都—昆明　　用餐：自理 自由活动，晚乘机返回昆明。

(3) 小包价旅行社线路产品。也称可选择性旅游或自助旅游，由非选择部分和可选择部分构成。前者包含城市间交通和市内交通及住房，含有早餐；后者包括景点项目、娱乐项目、餐饮、购物及导游服务。

小包价具有经济实惠、手续简便和机动灵活等特点，深受旅游者欢迎。

课外资料 2-5

腾冲、火山、热海双飞休闲 5 日游(半自助游)

第一天 到达：北京—昆明　住宿：假日酒店或同级酒店　用餐：晚餐
昆明接机(火车)，抵旅行社办理出游手续，安排入住酒店。

第二天 到达：保山—腾冲　住宿：腾冲酒店或同级酒店　用餐：早、中餐　交通：飞机
昆明乘机，飞保山，保山接团，乘巴士到腾冲(168 千米，行车约 4 小时)，途经怒江大桥，翻越物种基因库——高黎贡山，抵达"极边第一城"腾冲，晚餐(自理)后入住酒店。

第三天 到达：腾冲　住宿：腾冲酒店或同级酒店　用餐：早、中、晚餐(任选)　交通：豪华大巴
早餐后游览国家 4A 级热海公园(大滚锅、蛤蟆嘴、珍珠泉、怀胎井)，游览大自然鬼斧神工造就的地理奇观——火山公园(柱状节理、黑鱼河等)，游览国家湿地公园(可自费自愿选择当地特有的民间传统健身法、地热温泉游泳泡澡、药物熏蒸、按摩、拔火罐，静心疗养放松、消除疲劳、驱病健身)。

第四天 到达：腾冲—保山—昆明　住宿：龙菲酒店或同级酒店　用餐：早、中、晚餐(任选)　交通：豪华大巴
游览全国十大魅力名镇和顺侨乡(全国最大的乡村图书馆、艾思奇故居、元龙阁、文昌宫、滇西抗战博物馆)，游览腾越文化广场、高黎贡山、母亲像，巴士至保山，乘飞机返昆明。

第五天 到达：昆明
自由活动，如无其他行程安排，行程结束。

从以上旅行社的全包价线路产品、半包价线路产品、小包价线路产品的比较可以发现，构成要素逐步减少，服务要素的组成也各不相同。事实上，只要有利于满足旅游消费者需求，任何形态的旅行社线路产品都会有开发前景。

2. 按旅游者组织形式划分

(1) 团体旅游产品。这是指由 10 人以上的旅游者组成的旅游产品，旅行社团体旅游产品一般采用包价的形式。在实际工作中，旅行社组团人数的标准有时会与产品档次挂钩，如国内游豪华团 10 人成团，标准团 16 人成团，经济团 30 人成团，入境旅游 9 人成团。另外，我国出境旅游必须以团队的形式进行，3 人即可成团。

(2) 散客旅游产品。这是指 10 人以下的旅游产品。旅行社的散客旅游产品既有非包价的形式，也有包价的形式。

3. 按产品档次划分

(1) 豪华型旅游产品。购买豪华型旅游产品的旅游者一般在四、五星级酒店或豪华游轮上(或高标准的客房、舱位)住宿和用餐；往返交通一般选用飞机；选择中高档导游服务；乘坐高档豪华进口车；欣赏高标准的娱乐节目等。

课外资料 2-6

"购物天堂"香港、澳门豪华双飞五日游

第一天 哈尔滨太平国际机场集合,乘机前往"东方之珠"——香港,前往迪士尼乐园(约 5 小时):走过睡公主城堡,来到充满 20 世纪初风情的美国小镇大街,您便会不自觉地放缓步伐,享受一下阵阵烘饼和糖果的香味,欣赏两旁素雅怀旧的建筑物。在这个欢笑国度,您可欣赏色彩缤纷的世界景观,遇见上百个民族木偶和迪士尼朋友木偶,并听到以 9 种语言演绎的《这是一个小世界》。还有暑期亚洲独有的《反斗奇兵大本营》,您会发现自己犹如微缩至玩具般大小,在巨型的玩具世界中游走,与《玩具总动员》动画系列众好友尽情历险。后乘车前往太平山,俯瞰"东方之珠"最壮观的景色。晚上游览维多利亚港湾,欣赏夜晚的香港,享受迷人的风光。

交通:飞机商务舱

住宿:香港五星级酒店

用餐:含晚餐

第二天 早餐后,前往香火鼎盛的黄大仙(60 分钟),虔诚祈福后前往珠宝店(120 分钟),饱览国际顶尖珠宝首饰设计。漫步于维多利亚港边的星光大道,与不期而遇的明星来个亲密接触。浏览香港会展中心——1997 年香港回归仪式举办场地,参观香港文化艺术表演中心——尖沙咀文化中心(共 30~45 分钟)。之后带着余兴前往浅水湾(20~30 分钟)——位于港岛南部最具代表性的海滩。接下来去海洋公园(约 3 小时),它是世界上最大的海洋公园之一,位于香港南部香港仔海洋公园道。最后到全球奢侈品牌集中地 DFS(约 1 小时),自由购物,之后回酒店。

交通:豪华空调大巴

住宿:香港五星级酒店

用餐:含早、中、晚餐

第三天 自由活动

交通:无

住宿:香港五星级酒店

用餐:不含餐

第四天 早餐后,乘船前往有着东方拉斯维加斯之称的赌城澳门,游览澳门的标志性建筑物大三巴牌坊、大炮台,后到特产店购买澳门特产:肉干、杏仁饼、老婆饼等食品。然后参观澳门的富人区主教山、妈祖庙、海上观音像。

赠送:渔人码头

赠送:澳门大赛车博物馆参观门票,里面展出 30 多部过去曾在澳门获奖的赛车,其中包括车手舒马赫及已故世界冠军车手塞纳的战车。也有历届赛车的图片、纪录片、大赛车跑道的模型、电影院、模拟机动赛车、赛车的零件、工作人员的模型和各种有关赛车的纪念品等,除此之外还有千余件馆藏品。馆内有二十多辆车坛名将的战车,有方程式赛车、摩托车和车手们用过的物品。

交通：豪华空调大巴	
住宿：澳门五星级酒店	
用餐：早餐(港式早餐)、中餐(豪华澳式自助)、晚餐(澳式桌餐)	
第五天 自由活动后，前往澳门码头乘船(船票已含)赴香港国际机场，在机场内可尽情选购各国免税商品，搭乘国际航班返回哈尔滨太平国际机场，结束愉快的旅程！	
交通：飞机商务舱	
住宿：无	
用餐：早餐(澳式自助早餐)	

(2) 标准型旅游产品。购买标准型旅游产品的旅游者一般在二、三星级酒店或中等水准的宾馆、游轮住宿、用餐；往返交通大部分选用飞机；享用豪华空调旅游车。

 课外资料 2-7

魅力华东：华东五市六日游	
第一天	上海 12 点前接站，送至南京路自由观光(上海半自由行)，可自费加杜莎夫人蜡像馆等。(我社承担车站、宾馆以及景点的接送)。
第二天	南京 7:30 前接站，游国家级重点风景区——钟山•中山陵风景区(约 2 小时，国家 5A 级景区中山陵：含博爱坊、博爱广场、祭堂、墓室等)(周一陵寝闭馆)，游秦淮河—夫子庙商业街(约 1.5 小时，国家 5A 级景区，集六朝与明清历史文化、金陵民俗风情于一身)。10 点前到达市区，赠送漫步游览金陵第一湖玄武湖(约 0.7 小时，看湖光山色，望紫金山，赏明城墙)。
第三天	车赴无锡，鼋头渚(约 2 小时，游览太湖第一名胜，含鼋渚春涛、长春花漪、三山仙岛，乘豪华游船，观 3.6 万顷太湖风光，车游蠡湖湖滨大道等)；自费游览灵山胜境(世界佛教大会会址、中国 5A 级景区，含世界第一大佛、佛事盛典、大型演出《九龙浴太子》、世界级宫殿建筑梵宫等)。
第四天	游览"吴中第一名胜"美誉的虎丘(约 1.2 小时，苏州的象征，吴中第一名胜，含断梁殿、云岩寺、虎丘塔、试剑石、剑池、二仙亭、千人岩等)；游乌镇(约 1.6 小时，中国最美的水乡古镇、大文豪茅盾故里，含财神湾、百床馆、蓝印花布馆、林家铺子、茅盾故居等)；赴杭州，游花港观鱼(0.7 小时，西湖十景之一，移步换景，近距离欣赏西湖，含红鱼池、御碑亭、牡丹园)；晚自费游览西湖之夜(西子湖畔大型古装秀、西湖第一喷泉、逛西湖名品街，乘休闲船畅游西湖，赠游登西湖第一景雷峰塔(西湖美景，一览无余，聆听千古爱情经典《白蛇传》，吟唱神曲《法海不懂爱》)。

第五天	游览虎跑景区(0.8 小时,含济公塔院、梦虎雕像、虎跑泉、虎跑寺、李叔同纪念馆等),车赴上海,游新上海的代表;上海 CBD 核心浦东陆家嘴、外观新上海十大建筑金茂大厦(88 层)、东方明珠和环球国际金融中心(110 层)(登塔费用自理)、百年上海滩的标志和象征外滩风光带、万国建筑博览群、黄浦江风光。晚可自费游览上海夜景。
第六天	上午游览上海的南京路步行街(老上海十里洋场,中华五星商业街,数以千计的大中小型商场,汇集了中国最全和最时尚的商品,自由观光购物),送站。

接待标准:		
价格	成人	3A 班:440 元/人(天天接)
	儿童	1.2 米以下:300 元(含汽车车位、早餐及正餐半餐、导游服务);1.2 米以上儿童不占床 390 元。
景点		景点入口门票,另行付费除外。
住宿		高级宾馆标准房(空调、彩电、独立卫生间)
用餐		供 4 早 4 正;标准:八菜一汤(10 人一桌);地方特色美食:南京桂花鸭、无锡酱排骨等。
导游		行程内导游全程服务。
交通		高级空调旅游车(本公司车队拥有豪华旅游巴士 80 多辆,且全部为公车公用)。
购物		全程共 6 个购物安排:无锡紫砂壶艺馆(1 小时)、苏州太湖珍珠馆(1 小时)、杭州丝绸展示中心(1 小时)、杭州茶乡人家(1 小时)、上海希尔曼刀具馆(1 小时)或上海竹炭馆(1 小时)、桐乡水晶馆(1 小时)。
推荐自费		灵山大佛(210 元)、杭州西湖之夜(280 元)、上海东方明珠中球(150 元)或金茂大厦(120 元)、浦江游船(120 元)、杜莎夫人蜡像馆(150 元),持任何证件都不再优惠。游客自愿选择参加,不参加的游客安排就近休息或者自由活动。

(3) 经济型旅游产品。经济型旅游产品费用低廉,旅游者住宿和用餐于低水准的招待所或旅社;往返交通多选用火车和普通轮船;使用普通汽车。

4. 按旅游者目的和行为划分

(1) 观光旅游产品。旅行社利用旅游目的地的自然旅游资源和人文旅游资源,组织旅游者参观游览及考察。由于旅游资源类型多样,观光旅游产品也可以分为很多种类,如文化观光、工业观光、农业观光、民俗观光、生态观光等。观光旅游产品一般具有资源品位高、可进入性强、服务设施多、环境氛围好、安全保障强等条件,而且可以使旅游者在较短时间内领略旅游目的地的特色,因此长期以来一直是国际和国内旅游市场的主流产品,深受旅游者喜爱。观光旅游产品开发难度小、操作简易,是旅行社开发度假旅游产品和专项旅游产品的基础。但是，该产品也存在着一些不足，主要表现在旅游者参与项目少、对旅游目的地感受不深等方面。

以全域视野发展绿色旅游

2017年全国旅游工作会议上，国家旅游局局长李金早提出依托全域旅游把生态和旅游结合起来的命题。实现我国旅游发展新目标"三步走"战略，其中之一就是依托全域旅游把生态和旅游相结合，把资源和产品相对接，把保护和发展相统一，将生态环境优势转化为旅游发展优势，将绿水青山变成金山银山，创造更多的绿色财富和生态福利。

党的十八大把生态文明建设纳入中国特色社会主义事业总体布局，强调要把生态文明建设放在突出地位，融入经济建设、政治建设、文化建设、社会建设各方面和全过程。生态和旅游结合是全域旅游的一个重要方面。全域旅游是区域内经济社会资源尤其是旅游资源、相关产业、生态环境、公共服务等全方位、系统化的整合、优化与提升。其中，生态与旅游相结合，就是妥善处理旅游开发与保护的关系，强调自然景观的保护，既不应以牺牲环境为代价破坏自然和谐，也不能以当代人享受剥夺后人应享有旅游资源的权利与机会。生态与旅游相结合是绿色发展的重要体现，它要求解决当前旅游产业快速发展过程中所突显的资源环境问题，有效促进人与自然和谐、实现旅游产业可持续发展。

在生态与旅游结合中，绿色旅游是可持续发展与消费生态趋势下旅游业呈现的新兴生态型旅游行为。《"十三五"旅游业发展规划》全面展现了绿色旅游的宏大画卷，包括倡导绿色旅游消费、实施绿色旅游开发、加强旅游环境保护以及创新绿色发展机制。这一宏伟的规划有助于我们全面解读绿色旅游——它不光是绿色旅游消费与开发，也是一个全方位的旅游发展战略，是绿色发展理念在提升旅游生态文明价值方面的系统展现。以全域旅游视野发展绿色旅游，有助于我们重新认识梳理以往旅游发展理念，对于我国旅游的可持续发展具有重大指导意义。

一是重新认识绿色旅游与低碳旅游、循环旅游。旅游业可持续发展强调旅游资源的开发和旅游业发展应该保证可更新资源的持续利用，最大限度减少不可更新的资源消耗，把旅游发展与社会系统的承载力相承接，维持生态系统的平衡。从这方面看，有效促使资源与产品对接的全域旅游，可以统筹绿色旅游、生态旅游、低碳旅游以及循环旅游。低碳旅游是以低能耗、低污染为基础的绿色旅游，它强调低碳新技术利用，倡导低碳旅游消费，实现旅游的低碳化发展目标。而循环旅游主要体现在旅游生产服务领域，是从供给侧定义的低碳旅游，强调能源资源的循环利用。

全域旅游不仅对旅游资源的规划开发提出了新要求，而且对旅游者和旅游全过程提出了明确要求，它是绿色旅游、生态旅游、低碳旅游以及循环旅游的重大理论依托与全景思路。只有坚持走全域旅游之路，才能厘清千丝万缕的概念体系，正确处理各类关系，实现经济、社会、生态等综合效益最大化的可持续旅游。

二是重新认识绿色旅游与乡村旅游。在全域旅游视野下，景点、景区内外以及城乡之间，应是协调有序、统一高效的。以全域旅游视野发展城乡旅游，可以打破内外不协调现象，形成平等有序的城乡旅游大市场。这同时也是绿色旅游发展的重大主题。"十三五"期间，在我国旅游业实现的四大目标中，乡村旅游与精品景区、红色旅游等并列其中。《"十三五"旅游业发展规划》把鼓励发展"森林人家""森林小镇"作为助推精准扶贫的一大途径。今后，应该在全域旅游与绿色旅游理念统领下，实现乡村经济与文化的全面发展。首先，通过增强农村和城市的产业互动实现农村振兴。绿色旅游的初衷就是让人们走向恬静的乡村，重新认识大自然的价值，释放城市工作、生活的压力。"绿色运动"诞生伊始便与乡村旅游相伴相生，有力地增进了乡村经济发展及城乡文化交流。今天的乡村旅游如果脱离全局发展观与绿色发展主题，无异于缘木求鱼，必然难以持久。其次，实现以旅游富民以及建立可持续的发展农村社区。全域旅游、绿色发展战略不仅是可持续发展战略，也是增强乡村竞争力的战略。它应该有利于村民创业、就业，有利于建立生态社区，有利于保护乡村自然与人文的环境，有利于城乡社会经济的全面生态和谐平衡。

三是重新认识绿色旅游与景区转型。旅游景区是旅游业的支柱产业之一。全域旅游作为供给侧改革，是景区转型的有力抓手。景区绿色转型应该向可持续、绿色的方向转变，是传统旅游业的一场绿色变革。《"十三五"旅游业发展规划》要求开展绿色旅游景区建设，实现创建500家生态文明旅游景区的目标。通过景区绿色转型有效地解决旅游业发展中旅游资源、旅游企业等要素之间的不和谐关系。

四是重新认识绿色旅游与旅游业转型。旅游业改革从旅游业供给侧结构性改革入手，发展全域旅游、绿色旅游都是实现旅游业转型升级、提质增效的途径，最终推进旅游业由低水平供需平衡向中高水平供需平衡提升。依照全域旅游思路规划，系统化的城乡旅游绿色发展战略，首先，打造绿色旅游产品体系。围绕旅游业各大要素，规划绿色发展体系，如绿色交通、绿色餐饮、绿色产品；其次，打造绿色经营体系。不仅要充分利用野生资源和乡土资源，还要推行绿色营销、管理与服务；再次，建立绿色发展环境，包括完善绿色发展法律法规，建立绿色认证制度、旅游环境监测预警机制、绿色发展监管制度；最后，改变区域发展模式,如发展绿色城市、生态乡村、特色小镇、生态旅游协作区等。

(资料来源:中国旅游报,2017-2-27,作者:张苗荧)

(2) 度假旅游产品。这是指旅行社组织旅游者前往度假地短期居住,进行娱乐、休闲、健身、疗养等消遣性活动。度假旅游产品近年来发展较快,它与观光旅游产品最主要的区别在于:在一个地点停留时间长、消费水平较高、多为散客。度假旅游产品要求度假地具备 4 项条件:环境质量好、区位条件优越、住宿设施和健身娱乐设施良好、服务水平高。对旅行社来说,度假旅游产品是适应散客旅游、自助旅游日益增多的潮流应运而生的,是值得开发的旅游产品。

课外资料 2-8

"东方莫斯科"——伏尔加庄园二日休闲度假游

第一天 早上自驾前往伏尔加庄园,感受欧陆文化和异域风情,庄园占地 60 万平方米,是以哈尔滨历史为依托、俄罗斯文化为主题的国家 4A 级文化旅游度假区、中俄文化交流的基地。抵达庄园后进入客服中心领取庄园导览图及了解各种问询服务。

在游客中心看庄园整体介绍→经幸福桥远观俄罗斯历史上著名的古堡巴甫洛夫城堡(见图 2-2)→走进哈尔滨历史上的地标性建筑圣尼古拉(教堂)艺术馆(见图 2-3)了解哈尔滨历史→参观"普希金沙龙"感受音乐艺术的魅力→走过爱神雕塑园长廊,来到"雪屋餐厅",感受俄罗斯建筑和冰雪艺术的完美结合→抵达博格得利酒堡感受轻松的俄罗斯乡村生活,了解伏特加酒文化的精髓。到达小夜莺咖啡厅、海鸥亭,这里可以拍摄到庄园最好的美景→眺望雪山顶部的克里姆林铁塔→游览以普希金、托尔斯泰的童话故事为背景的"金鱼童话园",这里是小朋友的乐园→如果时间允许的话建议您登上米尼阿久尔餐厅三楼的观景平台,欣赏童话般的庄园全景。

在凡塔吉娅俱乐部观看伏尔加艺术团表演的俄罗斯民族歌舞。赠送:热饮、点心。(每日两场表演,时间:11:00—11:30(如有调整另行通知))

第二天 早餐后,可在伏尔加码头体验冬季冰雪娱乐项目的快乐!越野滑雪是健康有氧运动,穿上独特的"伏尔加小滑板",一定会带您找回童年的记忆。到雪山上乘雪圈呼啸而下;在河面上滚雪玩冰。可自费到冬钓活动区享受捕获的乐趣。

让我们在雪橇列车上感受坐雪橇、游庄园、观冰景、吃烤鱼的乐趣,这个冬天让你爱上冰雪,爱上伏尔加!

套票含冰雪项目(越野滑雪、雪橇列车、高山雪圈、雪橇、冰壶、冰车、滑冰、观冬钓)。

景区简介：

伏尔加庄园位于哈尔滨市香坊区成高子镇阿什河畔哈成路 16 千米处，占地面积 60 多万平方米，是一个以俄罗斯文化为主题的园林，完完全全充实着异域风情的庄园。庄园风景秀丽，有大片的园林和滩涂湿地。蜿蜒曲折的阿什河流过庄园，水连水、桥连桥，一派优美的田园风光。环境清幽，鸟语花香，在湖水里时常可以看到一对对的鸳鸯、野鸭在河里戏水，这里不仅蕴含天然淳朴的自然气息，还是一个天然的大氧吧。让你不出国门就可以领略俄罗斯风光。

在庄园里，你可以品尝俄罗斯美味，欣赏俄罗斯人表演的原汁原味的俄罗斯歌舞。

这里复建了圣尼古拉教堂作为建筑艺术馆，复建了米尼阿久尔餐厅及建造了 20 多座经典的俄式建筑，形成了独一无二的建筑群。1899 年，沙皇俄国在哈尔滨秦家岗建立中东铁路局的管理机构，并决定修建一座俄罗斯东正教堂。教堂建设工程由著名工程师雷特维夫主持，著名画家古尔希奇文克则完成了圣母像及教堂内部的大量壁画。教堂内部的圣物、圣像及大钟都是从莫斯科运来的，耗资巨大。

教堂内部围成巨大的穹顶空间，外部则运用俄罗斯民间木结构帐篷顶的传统形式。一个"洋葱头"形穹顶矗立在八角形帐篷顶端，中间与变细加长了的鼓座相联结。2006 年 7 月，圣·尼古拉教堂复建工程在哈尔滨市香坊区阿什河畔开工，尼古拉艺术馆以圣·尼古拉教堂为原型，按 1∶1 的比例完全还原。复建后的教堂作为尼古拉艺术馆，成了伏尔加庄园的标志性建筑。

图 2-2　巴甫洛夫城堡

图 2-3　圣·尼古拉大教堂

(3) 专项旅游产品。又称特种旅游产品，是一种具有广阔发展前景的旅游产品，具有主题繁多、特色鲜明的特点。专项旅游产品包括商务旅游、会议旅游、奖励旅游、探险旅游、修学旅游、专业旅游、宗教旅游、烹饪旅游等，如图 2-4 所示。专项旅游产品适应了旅游者个性化、多样化的需求特点，广受旅游者青睐，是今后旅行产品的开发趋势。专项旅游产品的缺点在于开发难度大，操作程序多，有时需要多个部门的协作与参与，费用一般较高。这在一定程度上抑制了旅行社对此项产品的开发积极性。

"印象江南·宗教主题游"
华东五市+乌镇、灵山大佛五日游

★高品质接待：全程入住连锁酒店自助早餐，正餐30元/人。

★行程特色：西湖、乌镇、狮子林、木渎、灵山大佛等江南标志性景点一应俱全，全程仅4个正规购物店，让您真正饱览秀美江南！

第一天 早上乘空调旅游车出发赴六朝古都——南京，途中午餐自理。抵达南京后游览中山陵景区(约1.5小时，周一闭馆)，参观博爱坊、碑亭、墓室等，缅怀国父孙中山先生；参观夫子庙商业街(约1小时)，秦淮河畔品尝金陵小吃，游览秦淮河风光带、乌衣巷口。

第二天 早餐后，乘车赴人间天堂——杭州。船游西湖(约40分钟)，漫步苏堤、感受浪漫西湖的诗情画意，观三潭印月、白堤、断桥、孤山、平湖秋月等，远观雷峰新塔，倾听白娘子的美丽传奇故事；到茶楼品龙井茶(约1小时)，观钱塘江大桥、六和塔外景，游览新西湖十景之一的"花港观鱼"(约30分钟)，观红鱼池、御碑亭、孔雀园，参观天蚕或茧都丝绸(约1.5小时)；晚可自愿自费欣赏世界三大名秀之一——宋城千古情，欣赏精彩绝伦的"给我一天，还你千年"的大型表演或传承西湖文化、演绎世界经典的"西湖之夜"大型文艺表演(门票自理260~280元/人，约2小时)，以艺术表演与西湖景色融为一体，静态艺术与动态艺术相结合的观赏形式，将使人们更全面、更深层次地了解和领略西湖文化的历史底蕴及西湖夜景的优美情趣，讲述西湖的历史以及发生在西湖边的动人故事。

第三天 早餐后，乘车赴中国最后的枕水人家、茅盾故里——乌镇(约1.5小时)，观江南百床馆、林家铺子、茅盾故居；后乘车赴国际化大都市——上海，抵达车游浦东新区、南浦大桥或杨浦大桥、浦江隧道、外观东方明珠塔(登塔自理)、陆家嘴金融贸易区、APEC国际会议中心外景、外观高楼——金茂大厦，外观2010年世博园会场之中国国家馆，参观德国希尔曼刀具展览中心(约1小时)，逛南京路步行街(约1.5小时)，游"万国建筑博览会"之外滩；晚可自愿自费观赏美丽的上海夜景(240元/人，含浦江游船及登金茂大厦，约2小时，或登东方明珠塔，160元/人)。

第四天 早餐后，赴东方水城——苏州，游览苏州四大名园之一、国家4A级景区——狮子林(约1小时)，观燕誉堂、真趣亭、九狮峰等，参观太湖淡水珍珠馆(约1小时)，外观寒山寺；后游览乾隆六次到过的千年水乡古镇木渎(约1.5小时)，苏州园林的典范严家花园、刘墉曾二度下榻处虹饮山房，乘摇橹小船游香溪，在小桥流水中品味水乡古镇的千年历史(自愿自费欣赏美丽的苏州古运河风光120元/人，约1小时)，后乘车赴充满水和温情的城市——无锡。

第五天 早餐后，游览世界之最、高达88米的纯青铜释迦牟尼像——灵山大佛景区(约2小时)(世界佛教大会会址、中国5A级景区、含世界第一大佛、佛事盛典——"九龙浴太子"或"吉祥颂"、世界级宫殿建筑——梵宫)，在此您还可游览气势磅礴的九龙灌浴等，新推出的灵山梵宫，坐落于烟波浩渺的太湖之滨，瑰丽璀璨的艺术和独特深厚的佛教文化交相辉映，灵山梵宫建筑气势磅礴。乘车返回温馨的家园，结束愉快的华东之旅！

图2-4 印象江南·宗教主题游

情境二 计调工作流程

(三)旅行社线路产品设计的流程

旅游线路产品的设计分为收集旅游产品信息、分析研究、制订旅游产品设计计划、提出新产品设计思路、实地景点考察、形成初步方案、确定旅游产品方案等方面的工作。具体内容如表 2-2 所示。

表 2-2 旅游线路产品设计的工作流程

操作流程	设计工作内容	设计重点	标准
收集旅游线路产品信息	通过对产品市场环境和旅游者消费行为的调查研究,旅行社获取相关旅游者和旅游中间商的需求、竞争对手的产品信息	制订旅游线路产品设计计划书	线路产品信息的有效性、市场分析的客观性和合理性
分析研究	计调人员根据所掌握的信息资料及本旅行社自身运转状况及接待、销售能力等,进行可行性分析	制订旅游线路产品设计计划书	线路产品信息的有效性、市场分析的客观性和合理性
制订旅游线路产品设计计划	整合信息,形成旅游线路产品创意,制订计划书,旅行社经理审批新线路产品设计计划		
提出新旅游线路产品设计思路		旅游线路产品设计可靠性论证	真实性、可行性、收益性
实地景点考察	对新线路产品行程、线路、旅游站点和地接社进行实地考察,以确定行程是否合理、全程费用情况等材料,计算成本和收益		
形成初步方案	分析、研究、确定新产品的各项内容,初步形成方案	确定旅游线路产品设计方案	线路产品有创意,市场定位明确
确定最终方案	对新方案报上级审核、审批,对方案进行修订,直到确定最终方案		

工学结合 2-1

情景介绍:

国庆期间,启航旅行社组织一个旅游团游览哈尔滨极乐寺,从寺中出来后,游客被一群算命先生围住。这群人能言善辩,且强拉游客算命。他们事先说算命不要钱,可是算完了非收钱不可,甚至伸手去游客包里掏钱,弄得游客纷纷谴责导游,说旅行社不应该安排类似景点,表示要投诉。(此案例纯属虚构,如有雷同纯属巧合)

情境思考：

此案例给我们在进行旅游线路产品设计时以怎样的启发？

项目名称	旅行社新产品设计
实训目的	通过此项目，让学生掌握产品设计的原则、内容，熟悉线路产品设计的工作流程，锻炼其产品设计开发能力
实训要求	以小组为单位进行实训； 考核团队分工协作； 要求结合本地实际，设计一项能符合市场需求、对游客有吸引力的线路产品； 小组讨论、研究，最终提交新线路产品设计方案
实训成果	确定新线路产品设计方案

工学结合2-2

请同学们根据山东省的旅游资源特点，设计一条主题旅游线路产品。

小　　结

本子情境主要是介绍地接计调工作流程，通过学习了解地接计调对旅行社线路产品的设计、组合和包装，在完成本子情境的学习后能够进行简单的线路设计。

子情境二　旅游线路产品定价

一、下达任务

广东某旅行社推出广州—深圳—珠海"特惠线"，并提出"为感谢老顾客，惠顾新朋友"的口号，在常规接待基础上，为感谢新老顾客推出薄利多销，并承诺保证质量的一种新的尝试。全程报价898元/人。

具体安排：

第一天　广州　　住宿：广州/珠海　　用餐：中餐

早餐后，前往广州越秀公园，观广州城标——五羊塑像(约1小时)。赴广州大学城(小谷围岛)南部，游览体验岭南乡土风情和岭南民俗文化的旅游风景区——岭南印象园+黄埔军校(自费60元，约120分钟)这里展现了岭南传统文化精华，复原岭南民间繁荣生活场景，满足现代都市人不断增长的文化溯源、访古寻幽、复归田园的旅游需求，满足了广大游客一天了解岭南民间千年古文化的心愿。参观世界著名四大军校之一的黄埔军校,它是大革命时期孙中山在中国共产党和苏联的支持下建立的一所新型军事学校。参观老西关荔枝湾涌,广州闻名的千年水乡——广州西关荔枝湾(50分钟),这里是广州市区历史悠久的风景名胜,素有"小秦淮"之称。游览参观石之魂地矿馆(约40分钟)。乘豪华大邮轮游览可媲美香港维多利亚港的珠江美景(自费100元)。入夜,华灯璀璨,游船从黄沙码头出发向东行驶,沿途景观有海珠丹心、鹅潭夜月、白天鹅宾馆、二沙岛风情别墅、星海音乐厅、广州亚运会开幕场馆海心沙广场、高达600米的世界第一高塔——广州塔(别名"小蛮腰")。观后返回酒店。

第二天　区间:珠海/深圳　住宿:珠海/深圳　用餐:早、中、晚餐

早餐后,赴广东省中山市翠亨村,游览中山市唯一的全国重点文物保护单位孙中山故居(约60分钟)。赴有"小新加坡"之称的珠海,抵珠海,车游情侣路,观献珠渔女。参观银帆和信中心(约45分钟),特别赠送国家首批旅游景区——圆明新园(不含园内小门票,缆车自费60元),圆明新园完美再现了当年北京圆明园皇家园林的宏伟气势,被誉为"南中国唯一的皇家园林",融古典皇家建筑群、江南古典园林建筑群和西洋建筑群为一体,为游客再现了清朝盛世风华,它以其浓厚的清文化、精雅别致的亭、台、楼、阁和气势磅礴的大型舞蹈表演吸引了无数国内外游客。

前往石博园(自费60元,约1小时),在这里可以看到神奇的会开花的石头、会长大的石头、会唱歌的石头等。石博园充分演绎石头与音乐、石头与宗教、石头与人类文明、石头与生态、石头与绘画艺术、石头与爱情、石头与科普、石头与保健的密切关系。晚餐后,澳门环岛夜游(自费120元),乘豪华的游轮从湾仔旅游码头出发,沿澳门的海岸线航行。沿途可尽情浏览珠澳两地万家灯火、火树银花的美丽夜景,澳门是闻名中外的"不夜城",在朦胧的夜色中沐海风、踏轻浪去观赏澳门七彩斑斓的繁华景色,的确是来珠海旅游者之最佳选择。那象征中葡友谊的融和门、香火不绝的妈祖庙、历史悠久的主教山、似梦亦真的变色楼、古色古香的海上皇宫以及世界闻名的葡京大赌场,无不充满迷人的魅力,每逢中秋期间举办的国际烟花大赛,更是五彩缤纷、海空辉映、美景奇观、万人争睹。丰富多彩的澳门环岛游给游客留下了永不磨灭的记忆,它将帮助国内外游客进一步了解九九回归后澳门的概貌设施及经济发展情况。

推荐自费:圆明新园缆车60元、石博园60元、澳门环岛游120元;购物店:和信中心40分钟。

第三天　区间:珠海/深圳　住宿:深圳/广州　用餐:早、中、晚餐

早餐后,前往改革开放最前沿——深圳市,经中国第一桥——虎门大桥,途中可远眺威远炮台、全国最大的纪念鸦片战争爱国教育基地——海战博物馆。抵深圳,车游国家文明路——深南大道、外观中国首个突破一百层的大楼京基100。参观堪比鸟巢的大运会主场馆"春蚕",它代表破茧而出的孵化器,也寓意着优秀青年运动员冲向世界"破茧而出"。参观竹源生态馆(约60分钟)。

参加深圳经典游(套票自理260元):游一国两制的缩影——中英街(约1.5小时),看以碑为界,一半是香港,一半是大陆的怪异一条街;游锦绣中华民俗村,其以"一步迈进历史,一日锦绣中华"的恢宏气势被誉为"开中国人造景观之先河"的杰作;并以"二十五个村寨,五十六民族风情"的丰厚意蕴赢得了"中国民俗博物馆"之美誉(约2小时,含东方霓裳大型中华服饰表演)。

推荐自费:深圳经典游套票260元;购物店:竹源生态馆40分钟。

请分析上述案例中,广州某旅行社竞争的法宝是什么?

旅行社产品价格是旅游者为实现旅游活动需要向旅行社支付的费用,是旅行社所提供

的产品价值的货币表现。旅游产品的价格仍然是在价值规律影响下的价格。与有形产品(一般产品)的价格构成稍有不同。一般商品的价格由原材料价格、劳动力价格和利润三部分组成,而旅游产品的价格则由旅游者的实际花费、服务费用和利润三部分组成。

二、填写任务单

任务单如表 2-3 所示。

表 2-3　任务单

小组成员:		指导教师:	
任务名称:		模拟地点:	
任务描述	模拟角色,分析案例中旅行社竞争的法宝是什么?		
任务资讯重点	主要考查学生对旅游产品定价的尝试思考、分析问题、解决问题和口头表达能力		
小组成员讨论记录			
小组成员发言总结			

三、任务整体评价考核点

(1) 旅行社进行产品定价时的考虑因素。

(2) 旅行社产品价格构成要素。

(3) 旅行社产品定价策略。

四、相关知识点

(一)旅行社产品价格的构成

旅游者的实际花费是指在旅游过程中各个环节的享用费或使用费,如吃、住、行、游、玩(娱)的实际花费。

1. 服务费用

(1) 全陪及地陪的服务费。导游讲解是一种体力与脑力结合的很辛苦的劳动,因为有面对面的人工服务,导游的服务包含一些技术含量,给他们相应较高的报酬,是对人权尊重的体现，也是对导游智能、体能付出所给予的肯定和回馈。

(2) 旅行社的其他人工成本。如计调、财务等后台人员虽然没有直接为某一个团队服务，却是旅行社运作旅行团、推销旅游产品所必需的人员。

(3) 向国家上交的税收。

(4) 旅行社联络交际费用。如发传真、打电话、用电脑(如使用 E-mail)、租用办公室的费用，旅行社为联络感情、沟通业务，与有业务关系的旅行社、景点、饭店、餐厅、商店、娱乐场所等进行交际、交往的费用，旅行社在推出新的旅游产品之前进行踩线、踩点的费用等。

2. 利润

旅行社为旅游者提供上述服务所获得报酬。

(二)旅行社产品价格制订的主要影响因素

旅行社产品价格有两大特点：一是综合性，指旅行社产品覆盖跨度大，具有旅游产品综合性的特征；二是灵活性，指旅游产品的价格受各种因素的影响，变化大、种类多。

1. 旅游产品的成本变动

旅游产品的价值决定旅游产品的供给价格，这是旅游价格的下限，低于这一下限，旅游经营者所付出的社会必要劳动就得不到合理的补偿，旅游产品的再生产就难以继续。

案例分析2-1

低价团等于"低质团"

2018年"五一"，李先生在货比三家后，决定参加一个价格低了近千元的团，李先生说，除了不是住五星级酒店，而是准三星级酒店以外，自己看不出来有什么区别。但是出发的时候才发现有很多问题，首先是说好晚机出发，李先生当时以为是晚上8时，没想到到了机场以后，旅行社说晚机订的是晚上11时的；到达目的地已经很晚了，住的地方已经有思想准备，但是没想到的是第二天的饭很难吃，旅游三天，李先生吃不到一餐满意的饭，人多、菜差；最让李先生受不了的是，多数景点竟然是不用买门票的公园，还有一些仅仅是在外面看一下，或者坐在车上观望一下就过去了，根本没有进入景区参观。

分析与提示：

"五一"期间一些低价线路推出，但是许多低价团内含"机关"，许多情况下低价团相当于低质团,如餐标为10元,红眼航班去早机回,车差、住宿差、景点差等。除了一些大社包机等特殊情况下,许多同样线路的低价团相当于低质团,旅行社会在景点、飞机、住宿、餐标上面节约成本,在行程上一些文字会有透露,如"外观""远眺""车游"都是说不进景点的,"自费"则是说明要自己付门票的,"晚机去早机回",一般这样的团最便宜,四天的线路只有两天时间在玩,另外,不标明餐费,仅做10元餐标(比正常情况下的团餐少10元左右)。

2. 旅游产品供求关系决定需求价格

需求价格是指在一定的时间内旅游者对一定量的旅游产品愿意和能够支付的价格,它表现为旅游者的需求程度和支付能力。在资源一定的情况下,需求越多,价格越高;需求减少,价格也就降低。

例如,旅游旺季出行人数趋多,机票价格扶摇直上,而一到淡季,票价高位跳水,折扣从7折、5折,直至3折不等。三亚的旅游旺季是圣诞节到春节、"五一"和"十一",其他时候都是平季或淡季。从北京到三亚,旺季期间机票最低折扣为9折,共2160元;而淡季的机票可以达到1200元以下,仅此交通费用就相差了近千元。相应的景点也有淡季和旺季之分,淡季旅游时,不仅车好坐,而且由于游人少,一些宾馆在住宿上都有优惠,可以打折,折扣高的达50%以上。在吃的问题上,饭店也有不同的优惠。因此说,淡季旅游比旺季在费用上起码要少支出30%以上。

3. 旅游市场竞争(状况)决定市场成交价格

旅游市场竞争通过旅游产品的供给者之间、需求者之间和供给者与需求者之间的竞争决定市场成交价格。供给者之间竞争的结果使市场成交价格在较低的价位上实现;需求者之间竞争的结果,使市场成交价格在较高的价位上实现。因此,当旅游产品供过于求时,旅游价格只能体现旅游经营者的生存目标即较低的供给价格;当旅游产品供不应求时,旅游价格可以体现旅游经营者的利润最大化目标,从而体现了较高的交易价格,但不能超过旅游需求的价格。随着旅行社的利润越来越薄,旅游者对购物、自费项目怨言也越来越多,旅游者数量明显滑落。为了提升旅游的品质,吸引更多的客源,No Shopping(无购物)团应运而生。

知识拓展 2-1

NO Shopping 游

"纯玩团"悄然兴起,其"只旅游、不购物"的概念,引起越来越多的消费者的关注,并一跃成为今年旅游市场上的一股热潮。所谓纯玩团就是 No Shopping 游,它相对于一般的常规旅游团而言,在旅游过程中不为旅游者安排任何硬性购物,把旅游的时间全部还给旅游者,让他们有充足的时间在景点观光,做到明明白白消费,"把强制购物的时间还给旅游者"。与一般旅游团相比,纯玩团的"叫价"自然高一些。现在发往海南的旅游团都有纯玩团,旅游者数量占到总量的一半。这也表明,消费者的旅游观念正在发生变化,从过去出游"只看价格"开始向"价格和内容"转变。

4. 特色旅游项目调节旅游产品的价格

特色越明显,越具有垄断性,其价格就可定得越高。要改变削价竞争,就必须以产品差异竞争代替价格竞争,而差异竞争很多时候是以特色的形式出现的。

(三)旅行社经营目标和价格制定目标

1. 以获取利润为目标

增强旅游企业的市场竞争力,使其在市场竞争中不断谋求有利地位,较好地实现旅游产品的价值,取得尽可能多的收益。这种旅游定价是以获取最大利润、一定的目标收益和平均利润为目标。

2. 以保持和扩大市场占有率为目标

市场占有率,又称市场份额,是指某旅游企业产品销售量或旅游收入在同类产品的市场销售总量或旅游总收入中所占的比重。市场占有率是企业发展的基础,代表着潜在的利润率。旅游企业的市场份额越大,就越有发展潜力,增加利润的机会就越多。这种旅游定价是以稳定价格、有助于市场推销和符合市场行情为目标的。

3. 以反映旅游产品质量为目标

产品质量是产品价值的表现,是产品价格的基础。旅游产品价格必须反映旅游产品质量,做到质价相符,才能吸引旅游者,增大销量,实现收益的最大化。旅游定价选择这种定价目标具体又可分为以下三种类型。

(1) 反映旅游产品特色的目标。旅游产品特色是指产品的造型、质量、功能、服务、品牌、文化氛围的全部或部分,它反映了旅游产品对旅游者的吸引力。旅游产品有特色,旅游者不仅对该产品满意,而且还会期望通过消费这种旅游产品来炫耀与众不同,显示其经济上的富有或地位上的优越,以获取精神上的满足。因此,这种旅游产品在定价时具有有利地位,相应地其价格也要比同类旅游产品高。

(2) 反映旅游产品垄断的目标。旅游资源是旅游产品形成的基础，一定的时空环境里由旅游资源科学开发和组合而形成的旅游产品具有稀缺性，其价格也就具有垄断性。如深圳锦绣中华、西安秦始皇兵马俑和云南石林等这类产品的稀缺性使之与同行业竞争对手相比具有很强的竞争能力，旅游者的边际需求评价较高，因此其定价可以取较高的价位，高于其他同类旅游产品的价格。

(3) 提高旅游者满意度的目标。旅游者通过旅游获得精神上的体验，留下长久的回忆，旅游服务对旅游者的心理感受和满意度影响很大。由于旅游者的文化背景，个人素养不同，阅历各异，因此，相同的旅游服务(即使是标准化的、规范化的服务)对不同的旅游者来说会有不同的感受，从而形成不同的评价。旅游企业针对不同旅游者的需求提供有针对性的服务，会得到旅游者的较高评价，提高旅游者的满意度，因此可以确定较高的旅游价格。

(四)旅行社产品的定价策略及其选择

旅游产品的定价，需要以科学的理论和方法为指导，同时由于竞争和旅游消费者的需要，还必须有高明的定价策略。旅游企业的定价策略就是根据旅游市场的具体情况，从定价目标出发，灵活运用价格手段，使其适应市场的不同情况，实现企业的营销目标。一般来说，旅游企业产品的定价策略主要有新产品价格策略、心理价格策略、折扣价格策略、招徕价格策略和区分需求价格策略等。

旅游产品的定价策略是旅游企业在特定的经营环境中，为实现其定价目标所采取的定价方针和价格竞争方式，具体表现为对各种旅游定价方法的有效选择上。旅游定价策略与旅游定价方法两者相辅相成，共同为实现旅游定价目标服务。定价策略决定定价方法的选择，定价方法影响定价策略的落实，没有明晰的定价策略，定价方法的选择和调整就会变得僵化、呆滞或盲从，就很难准确地把握竞争时机，实现定价目标和经营目标。

1. 心理定价策略

心理定价策略是在充分考虑旅游消费者不同的消费心理，特别是对产品价格的心理反应的基础上，区别不同旅游产品而采取灵活的定价策略。

1) 尾数定价策略

尾数定价策略是指企业定价时有意保留产品价格的角分尾数，制订一个与整数(或整百、整千的数)有一定差额的价格，所以又称为非整数定价策略。如某些旅游产品定价在 599 元、999 元、1599 元，给人不到整数进位的价格，但实质上相差无几。

2) 整数定价策略

与尾数定价策略正好相反，整数定价策略是旅游企业有意识地将产品价格制订出整数，尤其是具有吉祥意义或象征意义的数字，如 2000 元、1980 元、980 元等。

3) 声望定价策略

声望定价策略是指旅游企业对具有较高知名度和较高信誉的旅游产品制订高价。这一策略主要是针对消费者求名、求胜的心理需要。

4) 招徕定价策略

招徕定价策略是旅游企业有意识地把一部分产品价格定得很低，发挥促销导向作用，吸引潜在的旅游消费者，从整体上提高企业的销售收入，增加盈利。如旅行社在某些节日或周年庆典日在本地区举行特殊活动的时候，适度降低产品或服务的价格以刺激旅游者，招徕生意，增加销售。一般来说，采用这种策略必须要有相应的广告宣传配合，才可能将这一特殊时间和信息传递给旅游者。

5) 习惯定价策略

习惯定价策略是指某些旅游产品在长期的市场交换过程中已经形成了为消费者所适应的价格，企业对这类产品定价时要充分考虑消费者的习惯倾向，采用"习惯成自然"的定价。

2. 折扣定价策略

折扣定价策略是旅游企业通过对原有旅游产品价格打一定的折扣，以此来争取旅游消费者(或旅游中间商)，维持和扩大市场销售额的一种策略。

1) 数量折扣策略

数量折扣是根据顾客购买旅游产品的数量或金额来决定所打折扣的程度。购买数量越大、金额越多，折扣率就越高，这是鼓励消费者大量购买和频繁购买的一种定价策略。数量折扣又可分为如下类型。

(1) 累计数量折扣。累计数量折扣是指一定时期内，消费者购买的数量可以相加，当购买数量或金额达到一定量后，可以享受一定比例的价格折扣。其目的是鼓励旅游者多次重复购买，使企业有一批较稳定的长期顾客。在有些情况下，企业对达到数量折扣要求的消费者并不给予低价。而是给予一定数量的免费产品，这种现象在旅馆业中比较多见。

(2) 非累计数量折扣。非累计数量折扣是指消费者一次性购买的数量或金额达到或超过一定标准时就给予一定的价格折扣，旨在鼓励消费者一次性大量购买。

2) 季节折扣策略

季节折扣是指旅游企业在经营过程中，在产品销售淡季时给予旅游者一定的价格折扣。

3) 同业折扣策略

同业折扣策略又称功能折扣策略、交易折扣策略，是指旅游企业按照各类旅游中间商在市场经营中的不同作用，给予不同的价格折扣。同业折扣策略实际上是生产企业对中间商在市场销售中所发挥的功能，给予一定报酬和奖励，有利于稳定旅游产品的销售渠道。折扣策略是以经济手段鼓励旅游中间商多向旅行社输送客源，调节旅游中间商输送旅游者的时间或鼓励旅游中间商及时向旅行社付款，以避免不良债权的重要方法。同业折扣策略包括数量折扣策略、季节折扣策略和现金折扣策略三个类型。

(1) 数量折扣策略。数量折扣策略是旅行社为了鼓励旅游中间商多向旅行社输送客源所采取的一种策略。采用这种策略的旅行社以旅游产品的基本价格为基础，根据旅游中间商销售旅游产品的销售额给予他们一定程度的折扣。

(2) 季节折扣策略。季节折扣策略是旅行社针对旅游淡、旺季明显的特点，为了调节旅游中间商向旅行社输送旅游者的时间所采取的一种管理策略。通过这种方法，旅行社可以达到鼓励旅游中间商在旅游淡季多向旅行社输送客源，平衡旅行社全年旅游接待流量的目的。

(3) 现金折扣策略。现金折扣又称付款期折扣，是旅行社为了鼓励旅游中间商尽快向旅行社付款，避免或减少拖欠款、呆账等不良债权的管理措施。企业采用这种定价策略，目的是鼓励旅游消费者和旅游中间商提前付款，以便尽快收回现金，加速资金周转。

例如，某条旅游线路的价格为450元，旅游合同种注明"3/20 净价30"，意思是：如果在成交后20天内付款可享受3%的现金折扣，但最后应在30日内付清全部货款。

3. 新产品定价策略

一种新产品投入市场应当如何定价，这是任何企业都会遇到的问题。新的产品投入市场后能否受到旅游消费者的欢迎，除了产品自身的因素外，其定价策略也起着十分重要的作用。研究、制订和选择有效的旅游定价策略，是实现旅游定价目标的重要环节。在不同的生命周期阶段上，旅游企业应该根据不同的市场特征和产品特征采取以下策略。

1) 撇脂定价策略

撇脂定价策略是一种高价格策略，又称取脂定价策略或撇油定价策略，是指企业在推出新产品时，在产品价格的可行范围内尽可能地制订高价，以便在短期内获取较高利润的定价策略。这种定价策略比较适合于旅游产品特点明显，垄断性强而且其他旅游企业在短期内难以仿制或开发的旅游产品。

撇脂定价策略的优点：①可以使企业迅速收回对新产品的投资，短期内实现利润最大化；②可以为后期降价竞争创造条件；③可以控制一定的需求量，避免新产品投入市场初期，由于供给能力不足而出现新产品断货脱销；④可以提高产品身价，树立企业形象。

撇脂定价策略的缺点：①高价如果不被消费者接受，产品的销路就会受影响，导致投资难以收回；②高价厚利容易招致竞争对手增多，加剧市场竞争。因此，采用这种价格策略，一般不宜长期使用，而只能是一种短期的价格策略。

2) 渗透定价策略

渗透定价策略是一种低价格策略，即利用旅游者求实惠、求廉价的心理，以相对低廉的价格，力求在较短的时间内让更多的旅游者接受新产品，从而获得尽可能大的市场占有率的定价策略。这种定价策略有利于旅游企业尽快打开销路，缩短导入期，争取旅游产品迅速成熟完善；同时，还可以阻止竞争者进入市场参与竞争。但这种定价策略不利于尽快收回投资，影响后期进一步降价销售，而且遇到强劲对手时可能会遭到重大损失。

渗透定价策略的优点：①能够迅速打开新产品的市场销路，增加产品销售量；②低价能够有效阻止竞争者进入市场，保证企业长期占领市场。

渗透定价策略的缺点：①由于产品定价很低，在短期内无法获得足够的利润来弥补新产品的投资；②价格变动余地小，不利于新产品后期降价竞争；③不利于新产品品牌形象的树立。

3) 满意定价策略

满意定价策略是一种介于撇脂定价和渗透定价之间的价格策略。它所定的价格低，但比渗透价格要高，是一种中间价格。这种定价策略由于能使生产者和消费者都比较满意而得名，有时又称"君子价格"或"温和价格"。这种定价策略由于兼顾了供给者和需求者双方的利益，既能使企业有稳定的收入，又能使消费者满意，产生稳定的购买者，因而各方面都会满意。但是采用这种价格策略也有不足之处：由于产品的定价是被动地适应市场，而不是积极主动地参与市场竞争，因此可能使企业难以灵活地适应瞬息万变的市场状况。

4. 旅游产品的定价方法

旅游产品的定价方法是旅游企业在特定的定价目标指导下，根据企业的生产经营成本，面临的市场需求和竞争状况，对旅游产品价格进行计算的方法。旅游定价方法选择得正确与否，直接关系着旅游定价目标能否顺利地实现，关系着旅游业的经济效益能否有效地提高。通常，旅游定价方法有以下几种。

1) 成本导向定价法

成本导向定价法是以旅游企业的成本为基础来制订旅游产品价格的方法，成本加上企业的盈利就是旅游产品的价格。该方法是在旅游产品的单位成本上加上一定的毛利计算出单位旅游产品的价格。其计算公式如下：

单位产品的价格=成本+成本×成本加成率(成本利润率)=成本×(1+成本加成率)

例如：某旅游线路成本为2000元，成本加成率为20%，则其价格=2000×(1+20%)=2400元

2) 需求导向定价法

需求导向定价法就是根据旅游者的需求程度、需求特点和旅游者对旅游产品价值的认识和理解程度来制订价格，需求强度大时定高价，需求强度小时定低价。

(1) 理解价值定价法。理解价值定价法是以旅游者对旅游产品的认识程度为依据而制订价格的方法。这种定价方法的特点是根据旅游者的主观感受和评价(而不是产品成本)来定价。

(2) 区分需求定价法。区分需求定价法又称差别定价法，是将同一产品订出两种或多种价格，运用在各种需求强度不同的细分市场上。

其具体形式包括：①同一旅游产品针对不同旅游者的差别定价。不同的消费者，他们的收入不同，消费水平也不同，针对他们实施不同的价格，可以增加企业的销售量。②同一旅游产品在不同地点的差别定价。同一旅游产品，如果销售的地理位置不同，经营环境发生改变，旅游产品的价格也可相应做出调整。③同一旅游产品在不同时间的差别定价。如淡、旺季价格的不同(我国物价部门规定，旅游淡季综合服务费可比平季水平下浮30%～40%，旺季可比平季上浮6%)，旅馆在周末与平时的价格不同。

3) 竞争导向定价法

竞争导向定价法是指旅游企业在市场竞争中为求得生存和发展，参照市场上竞争对手的价格来制订旅游价格的定价方法。在这种定价方法中，竞争是定价要考虑的中心，竞争对手的价格是定价的出发点，而产品的成本、市场需求的强度不会对企业定价产生直接的影响。

(1) 同行比较定价法。同行比较定价法是指以同行业的平均价格水平或领导企业的价格为标准来制订旅游价格的方法。

(2) 率先定价法。率先定价法是指旅游企业根据市场竞争环境，率先制订出符合市场行情的旅游价格，以吸引旅游者而争取主动权的定价方法。

(3) 排他性定价法。排他性定价法是指以较低的旅游价格排挤竞争对手、争夺市场份额的定价方法。如果说同行业比较定价法是防御性的，那么排他性定价法则是进攻性的。

排他性定价法包括以下两种低价法。①绝对低价法。本企业旅游产品价格绝对低于同种旅游产品的价格，这样可以争取更广泛的顾客，排挤竞争对手；还可以使一些参与竞争

的企业望而生畏，放弃参与竞争的念头。②相对低价法。对某些质量好的名牌旅游产品，适当降低价格，缩小名牌旅游产品与一般旅游产品的价格差异，以促使某些低质的同类旅游产品降低价格，直至这些企业因无利可图而退出市场。

(4) 边际贡献定价法。边际贡献是指每增加单位销售量所得到的收入超过增加的成本的部分，即旅游产品的单价，减去单位变动成本的余额，这个余额部分就是对旅游企业的"固定成本和利润"的贡献。边际贡献定价法又称变动成本定价法，也就是旅游企业根据单位产品的变动成本来制订产品的价格，制订出来的价格只要高于单位产品的变动成本，企业就可以继续生产和销售，否则就应停产、停销。

小　　结

在学习子情境一的前提下，学生进行了线路设计之后，本子情境主要是介绍旅游线路产品定价策略、方法和原则，让学生选择适当的定价策略，对自己设计的产品进行定价。

子情境三　旅游线路产品采购

一、下达任务

哈尔滨某组团旅行社制作了内宾标准团计划，再加上单位团 30 人，选择的是西安兵马俑—华山 3 日游，其具体行程安排如表 2-4 所示。

表 2-4　西安兵马俑—华山 3 日游

日期	行程安排
第一天	早上，导游接 K548 哈尔滨至西安列车上的游人早餐后，乘车赴临潼(车程 1 小时左右)。参观半坡博物馆(门票 65 元)，游览集古代皇家温泉园林和近代西安事变旧址于一体、唐玄宗与杨贵妃避暑的行宫华清池贵妃池、五间厅(含门票 110 元)，"春寒赐浴华清池，温泉水滑洗凝脂"的海棠汤、莲花汤、星辰汤、尚食汤和太子汤等)，以及西安事变旧址：环园、五间厅。乘车约 10 分钟后，参观骊山风景区(105 元/人自理，含兵谏亭、上行索道)。后参观 1987 年被联合国教科文组织批准列入《世界遗产名录》的世界第八大奇迹秦始皇陵兵马俑博物馆(含门票 150 元，游览时间约 120 分钟，景区电瓶车 5 元/人自理)一、二、三号坑、铜车马展厅。返回西安，结束一天愉快旅程。 用餐：早餐(自理)　　午餐(含)　　晚餐(自理)　　住宿：西安

续表

日期	行程安排
第二天	早上 7:30—8:30 导游酒店接客人,从西安出发(车程约 2.5 小时),赴素有"奇险天下第一山"的五岳之一华山(含门票旺季 180 元,淡季 100/元),乘"亚洲第一索道"(不包含进山费 40 元和往返索道费旺季 150 元,淡季 80 元)5~10 分钟抵达北峰,任意选择游东(朝阳)、西(莲花)、南(落雁)、北(云台)、中(玉女)峰,游览长空栈道、苍龙岭、鹞子翻身等胜景。感受大自然的神奇"山是一块石,石是一座山",华山是一座孝山,著名的神话故事《宝莲灯》(沉香劈山救母)就发生于此,同时华山也是一座情山,当年萧史和弄玉的爱情就发生于此,著名电影《智取华山》也是发生于华山的真实事件。下午 7:00—8:00 返回到西安。 用餐:早餐(含)　午餐(含)　晚餐(自理)　住宿:西安
第三天	早上 7:30—8:30 导游酒店接客人,游览中国最大的古代军事城堡——西安明城墙(含门票 55 元),远观盛唐皇家寺院——大雁塔(慈恩寺,如需进寺游览,门票 50 元自理,登塔 30 元自理),畅游亚洲最大的唐文化主题广场——大雁塔北广场、水景音乐喷泉,游览钟鼓楼广场,逛回民一条街,自愿自费品尝西安特色小吃。结束后送客人乘 K546 由西安返回哈尔滨。 用餐:早餐(含)

历史文化:秦风唐韵、金戈柔情、兵马俑的金戈之声,华清池里《长恨歌》的缠绵悱恻,以及大唐风韵等,都会令游人感到那个逝去帝国的繁华。除此之外,华山奇险俊秀的风光等都使这条线路成为西安旅游的绝佳选择。

结合上面旅游团队以及行程情况完成组团社采购工作。

二、填写任务单

任务单如表 2-5 所示。

表 2-5　任务单

小组成员:		指导教师:
任务名称:		模拟地点:
工作岗位分工:		
工作场景: 组团社向相关部门进行旅游产品的采购		
教学辅助设施	模拟旅行社真实工作环境,配合相关教具	
任务描述	通过对线路产品的采购内容和过程模拟,让学生了解计调采购的原则和技巧	
任务资讯重点	主要考查学生对旅游线路产品采购的实际操作	
任务能力分解目标	1. 明确采购原则; 2. 分析采购内容; 3. 向相关部门进行采购; 4. 根据季节变化和客流状况等因素,商讨采购价格	
任务实施步骤		

三、任务整体评价考核点

(1) 了解旅行社进行产品采购时的原则。
(2) 旅行社采购的内容。
(3) 计调人员在采购时应注意事项和采购技巧。

四、相关知识点

(一)旅行社的采购原则

旅行社产品的特殊性表现在它提供的是一种体验和服务,旅行社通过向其他旅游服务企业或相关部门采购交通、食宿、游览、娱乐等单项服务产品,经过组合加工,然后进行销售。

旅行社的采购业务是旅行社经营活动的起点,采购数量的多与少,采购质量的高与低,直接决定着旅游时间的长短和旅游线路的综合报价,从而影响旅行社产品的策划、宣传、营销和销售,所以掌握旅行社采购的方法及原则是十分必要的。

旅行社作为企业要生存和发展,必须有利润。在采购活动中,要以最低的价格和最小的采购成本从其他企业或旅游服务供应部门那里获取所需的单项旅游服务。旅行社计调人员必须随时关注和研究市场供需状况,熟悉市场上各种旅游服务的价格及市场波动规律,有针对性地采取灵活机动的采购策略和方式,以获得最大的经济效益。

旅行社产品的采购原则有以下几点。

(1) 保证供给原则。旅行社产品是一个组合产品,它是旅行社由采购其他企业或部门的旅游服务项目组成。如果采购不能保证供给,就会直接影响旅行社的正常经营活动。

(2) 保证质量原则。旅行社在代理旅游者采购各旅游服务项目时,不仅要保证需求量,还要保证其采购服务项目的质量,做到质价相符。

(3) 成本领先原则。保证质优价廉,不要采取超低价格采购,降低旅行社的竞争力。

(二)旅行社的采购内容

旅行社线路产品采购包括交通服务采购、住宿服务采购、餐饮服务采购、景区景点服务采购、旅游购物和娱乐服务采购、保险公司服务采购、地接服务采购等内容。

1. 交通服务采购

从"旅游六要素"来看,"行"是实现旅游活动的前提条件。旅游交通被称为旅游业的三大支柱产业之一。旅游交通组合主要指旅游用的交通工具及其有关设施,包括航空、铁路、公路、水路和其他交通设施。现代的旅游业主要靠交通组合,为了能够及时对旅游交通服务进行采购,加强与旅游交通部门的合作,许多旅行社专门设置了"票务"机构和人员,一些规模大的旅行社纷纷与交通企业建立业务合作关系,并且在旅行社内设立了"票务代理"等相对独立的机构。

对旅游交通服务的采购主要分为以下几种。

1) 航空交通服务采购

机票价格种类主要包括航空公司公布票价(即零售票价)、团体优惠票价、儿童优惠票价、优惠打折票价、包机票价及免票,其中零售票价又可分为头等舱票价、商务舱票价和经济舱票价。

航空交通服务采购是指旅行社根据旅游计划和散客旅游者的委托,为旅游团队、散客或个性旅游者以及一般顾客代购航空机票的业务。航空交通服务采购有两种形式,即定期航班机票的采购和旅游包机的预订。其中定期航班飞机票采购业务包括机票预订、购买、确认、退订与退购、补购与变更五项内容。

(1) 机票预订。旅行社采购人员或业务人员在向航空公司提出预订要求前,必须掌握以下的信息。首先应掌握旅游者的个人信息,如姓名、身份证号(注意身份证有效期,信息记录姓名必须与身份证上姓名一致)、联系电话(包括手机和家里电话)、家庭详细地址,出入境旅游还包括护照及签证。其次应掌握旅游团队信息,包括旅游团队的人数(特别注意 12 岁以下儿童)、旅游目的地、乘机的准确日期和具体时间、费用交付方式和其他事项。最后掌握航空公司的信息,如航空公司名称、机型和航班号、乘机日期和准确时间、机票价格、机场建设费、手续费,国内机票还包括特殊时期的燃油附加费。

(2) 购买机票。采购人员将填好的"飞机票预订单"按照航空公司规定的提前期限内送到(或网络发送)航空公司售票处,之后到售票处购票或取票,或者由机票代理处派人送票。购票时采购人员持乘机人的有效身份证件或由旅行社出具的带有乘机人护照号码的名单,支付现金或支票,取票时应认真仔细地核对机票上的乘机人姓名、航班号、起飞时间、票价金额、目的地等内容。

根据旅行社经营业务,所采购的机票主要有国内客票和国际客票两种。儿童客票的价格则根据儿童年龄的不同按照成人客票价格的一定比例计算。未满 2 周岁的婴儿按成人全票价的10%付费，不单独占座位，每一名成人旅客只能有一个婴儿享受这种票价；已满2周岁未满12周岁的儿童按成人全票价的50%付费；年满12周岁的少年，按成人票价付费。

国内客票有效期为一年。客票只限票上所列姓名的旅客本人使用，不得转让和涂改，否则客票无效，票款不退。国内客票分为成人客票和儿童客票，成人客票的价格为航空公司的正常价格，不是指打折客票价格。

国际客票包括国际旅行的单程客票、往返客票和环程客票，有效期均为一年。国际客票和国内客票一样，也分为成人客票和儿童客票两种，机票价格的计算基本上与国内客票相同。

(3) 机票确认。我国民航部门规定：在国内旅游中，持有订妥座位的联程或回程地点的旅客停留时间超过72小时，须在该联程或回程航班飞机离站前两天的中午12时之前办理座位再证实手续，否则原订座位不予保留。在国际旅游中，已订妥去程或回程国际、港澳台地区包航座位的旅客，如在上机地点停留72小时以上，应最迟在班机起飞前72小时对所订座位予以再证实，否则所订座位将自动取消；如在去程或回程地点的停留时间不超过72小时，无须办理座位再证实手续。

(4) 机票退订和退购。旅行社采购人员在为旅游团队或旅游者预订或购买飞机票后，有时会遇到旅游计划变更造成旅游团队的人数减少或旅游者(团队)取消旅游计划等情况。遇到此类情况时，采购人员应及时办理退订或退票手续，以减少损失。旅行社退订购机票，一般按照民航部门或旅行社与航空公司达成的协议所规定的程序办理。根据我国民航部门的规定，旅客(团体旅客另行规定)在客票上注明的航班飞机离站时间24小时以前申请退票，需支付原票价10%的退票费；在航班飞机离站时间前2小时至离站时间前24小时以内申请退票，需支付原票款20%的退票费；在航班飞机离站时间前2小时以内申请退票，需支付原票款50%的退票费。

(5) 机票补购与变更。旅游者或乘客有时因为各种原因将飞机票不慎丢失，旅行社应协助旅游者或乘客挂失。即以书面形式向承运人或代理人申请挂失，并提供足够的证明。在申请挂失前，客票若已被冒用或冒退，承运人(航空公司)不负责任，挂失后凭机票遗失证明在飞机离站前1天下午到航空公司售票处取票并交纳补票费。

如果旅行社在购买飞机票之后，因旅游计划变更而需要变更航班日期或舱位等级时，必须在原指定的航班飞机离站前48小时提出变更申请。客票只能变更一次。

专栏 2-2

旅游包机：是指单独包租一架飞机前往旅游目的地去旅游的一种形式。旅游包机是一种有效的、快捷的运送旅游者的方式，在近几年的我国旅游发展中得到了广泛应用。

旅游包机的程序：如果旅行社决定采用旅游包机方式后，应及时向航空公司提出书面申请，派专人联系包机事宜，机型的选择应尽可能接近旅游团队人数。包机申请同意后，旅行社应立即与航空公司签订旅游包机协议，内容要全面详细，如包机费用、机型、团队人数、国籍、起飞时间、起降地点等。为了降低成本，应尽可能组织往返包机。

旅游包机协议签订后，票务人员应按规定从航空公司开出包机机票，支付包机费用，并及时通知有关部门和接待人员，以便及时搬运行李，办理事宜，保证按时起飞。目前不少有实力的旅行社都争相与航空公司签订包机协议，在旅行社内部设立了航空机票代售业务，为旅游者的旅游出行提供了非常便利的条件。

专栏 2-3

国内航空公司代码表

中文名称	英文名称	2位代码	3位代码
中国国际航空公司	Air China	CA	CCA
中国北方航空公司	China Northern Airlines	CJ	CBF
中国南方航空公司	China Southern Airlines	CZ	CSN
中国西南航空公司	China Southwest Airlines	SZ	CXN
中国西北航空公司	China Northwest Airlines	WH	CWN
东方航空公司	China Eastern Airlines	MU	CES
厦门航空公司	Xiamen Airlines	MF	CXA
山东航空公司	Shandong Airlines	SC	CDG
上海航空公司	Shanghai Airlines	FM	CSF
深圳航空公司	Shenzhen Airlines	4G	CSJ
中国新华航空公司	China Xinhua Airlines	X2	CXH
中国航空股份公司		F6	CAG
云南航空公司	Yunnan Airlines	3Q	CYH
新疆航空公司	Xinjiang Airlines	XO	CXJ

续表

中文名称	英文名称	2位代码	3位代码
四川航空公司	Sichuan Airlines	3U	CSC
中原航空公司		Z2	CYN
武汉航空公司	Wuhan Airlines	WU	CWU
贵州航空公司	Guizhou Airlines	G4	CGH
海南航空公司	Hainan Airlines	HU	CHH
中国通用航空公司		GP	CTH
南京航空公司		3W	CNJ
浙江航空公司		ZJ	CJG
长城航空公司		G8	CGW
福建航空公司	Fujian Airlines	FJ	CFJ
长安航空公司		2Z	CGN

专栏 2-4

2017年飞机退票扣多少手续费

几个常见的航空公司的机票退票规定。

1. 中国东方航空公司机票退票规定

头等舱、经济舱全价票：收取票价的5%退票费；

9～8折：收取票价的10%；

7.5～5.5折：收取票价的20%；

5～3.5折：收取票价的50%；

3折：不得退票；

最低退票手续费不得低于50元人民币。

2. 海南航空公司机票退票规定

头等舱、经济舱全价票：不论在起飞前或起飞后，按票面价收取5%的退票费；

9折：不论在起飞前或起飞后，按票面价收取5%的退票费；

8.5～8折：不论在起飞前或起飞后，按票面价收取10%的退票费；

7.5～5.5折：不论在起飞前或起飞后，按票面价收取20%的退票费；

5～4折：不论在起飞前或起飞后，按票面价收取50%的退票费；

3. 南方航空公司机票退票规定

头等舱、经济舱全价票：免费退票；

9~7折：收取10%的退票费；

6.5~5折：收取20%的退票费；

4.5~4折：收取50%的退票费。

4. 深圳航空公司机票退票规定

头等舱、公务舱及经济舱8折(含)以上客票：收取票面价格5%的退票手续费；

7~6折经济舱：收取票面价格10%的退票手续费；

6~4折经济舱：收取票面价格30%的退票手续费。

机票折扣越低，退票手续费越高

航空公司收取的退票手续费并非"一刀切"，而是与机票折扣和办理时间挂钩。机票折扣越低，手续费越高；赶在航班起飞前办理，被扣的钱会少一些。

以中国国际航空公司为例，根据其在官网上公布的国内客票退票费用计算的一般规定：在航班起飞前退票，属头等舱、公务舱的，免手续费；属于全价票的，收取5%的手续费；若是折扣机票，收取20%的手续费；针对特价机票则收得最多，高达50%。在航班起飞后退票，头等舱、公务舱、全价票的手续费，均收取10%；折扣票退票，要收取30%手续费；特价票退票，只退税费。其他航空公司的规定类似。

(资料来源：https://zhidao.baidu.com/question/749816795723087652.html)

2) 铁路交通服务采购

旅行社采购人员在接到采购计划时，应认真核实采购数量、始发站、终点站、始发时间、票价等内容，然后到火车站或其代售点购买。

火车票的采购业务包括火车票的预订、购买、退票、车票中转签证和变更路线业务。预订购买火车票时，采购人员应首先向铁路售票部门提出预订计划，包括订购火车票的数量、种类、抵达车站时间等，然后用现金或支票购票。

3) 公路交通服务采购

公路交通服务主要用于市内游览和中短程旅游目的地之间的旅行。旅行社采购人员在采购公路交通服务时应对此项服务的汽车公司进行调查，了解该公司所拥有的车辆数目、车型、性能、驾驶员技术水平、公司管理状况和车辆价目等，从中选出采购对象，签订租车协议，建立协作关系。

旅行社采购人员在每次接到旅游者或旅游团队的用车计划之后，应根据旅游者的人数及收费标准向提供公路交通服务的汽车公司提出用车计划，并告知旅游者或旅游团队的日程安排，以便汽车公司在车型、驾驶员配备等方面做准备。为了避免差错，应在用车前两天再次核实。

实际采购中，有许多汽车运输企业与旅行社之间常年保持着良好的合作关系，只需通过电话进行商定，再以传真确认双方各自应履行的责任和义务即可。

4) 水路交通服务采购

(1) 根据旅游者或旅游团队的旅游计划和相应要求，向轮船公司等水运交通部门预订船票，并将填写好的船票订票单送交船票预订处。

(2) 购票后，如果因旅游计划变更造成乘船人数增减、舱位等级变更、旅游计划取消等突发情况，应及时向水运部门办理业务变更或取消手续。

(3) 取票时，计调人员应根据旅游计划逐项核对船票的离港日期及时间、航次、航向、舱位等级、乘客名单、船票数量、船票金额等信息。

2. 住宿服务采购

常言说："只有休息好，才能工作好"，用在旅游上是"只有休息好，才能旅游好"。旅游住宿服务是旅行社产品的重要组成部分。

选择住宿服务设施是保证住宿服务质量的前提条件和重要环节。旅行社采购人员必须全面考察宾馆、饭店、旅馆服务设施的综合条件，从中选出一批质量好、价格适中、环境幽雅、交通方便、合作愉快的不同等级的住宿业经营者，确保旅游者在旅游过程中的住宿需要。一般条件下，旅行社的采购人员应该从以下几个方面考察住宿服务设施。

(1) 旅游团队的性质。不同性质的旅游团队和不同需求的旅游者，对住宿的标准是有很大差异的，旅行社究竟选择什么样的住宿设施，首先取决于旅游团队的性质和不同类型的旅游者，如客源地的政治、经济、文化的发展水平。欧美旅游者生活水平较高，讲究居住条件，大都向往既有中国风格又有西方设施的高档星级饭店。所以旅行社的采购人员必须熟悉团队性质和旅游者特殊要求，选择合适的住宿服务。

(2) 坐落地点及环境。坐落地点对于旅游者的接待具有重要意义，不同类型旅游者对住宿设施的坐落地点有着不同的要求和偏好。例如商务旅游者、停留时间长的旅游者及喜欢购物的旅游者偏爱坐落在市中心或热闹商业区的饭店；休闲度假、年老的旅游者多喜欢幽静雅致的环境；短暂停留的过往旅游者则不大看重饭店的坐落位置。

饭店或宾馆周围环境也是一个不可忽视的因素，如度假村都位于风景秀丽的地方，四周空气清新、植被茂盛，自然安静。中高档星级饭店一般位于交通要道、繁华地段、人口稠密的商业中心。

(3) 饭店或宾馆的市场定位。这主要考虑住宿设施是接待哪些类型的旅游者，有些饭店适合接待会议旅游团体，有些饭店适合接待商务旅行者，有些饭店适合接待散客旅游。采购人要熟悉接待计划，分析客人需求，针对不同旅游者的特点为其安排下榻之所。如果旅行社对住宿设施的定位了解清楚，可以租到更适中价位的住宿设施。

(4) 饭店硬件设施设备和软件服务系统。硬件设备是指饭店一切能够看得见的设施设备，如房间的基本设施和设备、会议室、餐厅、商务中心、多功能厅等，软件服务系统主要是指饭店人员素质和服务水平、管理水平等。特别是对待一些特殊团队的服务，更加需要注意软件服务的水准。不仅可以提高旅游者对饭店的满意度，同时还可以为饭店树立良好的社会形象。

(5) 停车场。采购人员在选择饭店时，还应考虑到饭店是否拥有出入方便、停靠安全的停车场地，尤其是接待大型团队时，一定要把停车条件纳入订房选择的条件之中，必要时最好到现场核查清楚。

3. 餐饮服务采购

采购人员在采购餐饮服务时，通常是旅行社定点就餐的办法，即旅行社对某些餐厅考察筛选后，同被选择的餐厅分别进行谈判，最终与比较适合的餐厅达成协议。其中对不同等级的用餐指标、价格、退订等细则和办法、折扣、详细菜单等做出明确规定。餐厅和旅行社各自按协议自觉履行义务。

与餐饮行业合作的注意事项如下。

(1) 选择餐馆时，餐点不宜过多，应少而精，而且要注意地理位置的合理，尽可能靠近机场、码头、游览地、剧场等，避免因用餐来回往返多花汽车交通费。

(2) 订餐时，及时把旅游者(团)的宗教信仰和个别客人的特殊要求转告餐馆，避免造成不愉快和尴尬的场面。

4. 景区景点服务采购

游览和参观是旅游者在旅游目的地进行的最基本和最重要的旅游活动，做好游览景点和参观单位服务的采购工作对于保证旅游计划的顺利完成具有举足轻重的作用。计调人员在游览和参观服务采购中的关键作用是价格的协商和支付方式的选择。

5. 旅游购物和娱乐服务采购

采购旅游购物场所时，要注意选择一批信誉好、有特点、价格合理、商品质量优、售后服务周到的旅游定点商店，明确双方的权利义务，以防购物商店在旅游者购买的商品中掺杂、掺假，或者销售失效、变质的商品，损害旅游者的利益。若由此引发旅游纠纷，会使旅行社形象受损。

娱乐是旅游活动的六要素之一，特别是组织好旅游者(团)晚间文化娱乐活动，不仅可以消除旅游者白天参观游览的疲劳，还可以丰富、充实旅游活动，起到一种文化交流的作用。要想丰富、充实旅游活动，使整个旅程锦上添花，旅行社就要与娱乐行业建立必要的合作关系。

6. 保险公司服务采购

根据《旅行社条例》及相关法律规定，旅行社应该为旅游者提供规定的保险服务。旅行社计调应对众多的保险公司做认真考察比较，选择信誉良好、有较强经济实力的保险公司作为合作对象。

7. 地接服务采购

组团社为安排旅游者(团)在各地的旅程，需要各地接团旅行社提供接待服务，对组团社来说，也属于旅游采购的范围。组团社应根据旅游团的特点，发挥各地接社的优势，有针对性地选择信誉良好、接待能力强、收费合理、不拖欠团款的地接社作为合作伙伴。

小　　结

在对自己设计的旅游线路产品进行定价后，接下来计调人员需要做的是对线路产品所包含的内容进行采购，本子情境主要介绍产品采购的原则和内容。

子情境四　旅游线路产品报价

一、下达任务

根据子情境三的旅游团队行程采购价格，进行报价工作的模拟操作。

二、填写任务单

任务单如表2-6所示。

表 2-6 任务单

小组成员：		指导教师：
任务名称：		模拟地点：
工作岗位分工：		
工作场景： 根据产品内容和采购价格对旅游线路产品进行定价，并对旅游者进行报价		
教学辅助设施	模拟旅行社真实工作环境，配合相关教具	
任务描述	掌握计调人员报价的操作流程	
任务资讯重点	主要考察学生计调报价分类和操作过程	
任务能力分解目标	(1) 分析旅游线路报价分类，根据不同团队或散客类型给出不同报价； (2) 知晓报价计算内容； (3) 迅速准确地给出报价	
任务实施步骤		

三、任务整体评价考核点

(1) 分析旅游线路报价分类，根据不同团队或散客类型给出不同报价。

(2) 掌握旅游线路报价计算的项目和方法。

(3) 在规定时间内准确、迅速、无误地给出报价。

(4) 填写相关表格。

四、相关知识点

旅游线路的报价是旅行社制订产品价格方法和价格策略的最终体现，是实施销售的重要环节。旅游线路的报价不仅仅是数字的概念，它将很大程度上影响着旅游者和旅游中间商做出的决策。

(一)旅游线路报价的分类

旅游线路是指旅行社或其他旅游经营部门以旅游点或旅游城市为节点，以交通路线为线索，为旅游者设计、串联或组合而成的旅游过程的具体走向。

所谓旅游线路报价就是将旅游线路产品的内容结合价格以信息的形式传播给旅游者或旅游中间商，做到产品质量与销售价格相符。

1. 根据报价对象不同来分类

根据报价对象不同分为组团报价和地接报价。

(1) 组团报价，主要用于组团社向旅游者的报价。

(2) 地接报价，主要用于地接社向组团社的报价。

2. 根据报价内容的详略不同来分类

根据报价内容的详略不同分为总体报价和单项报价。

(1) 总体报价。主要针对旅游者的咨询，指能反映线路产品整体性的内容和整体性的价格。

(2) 单项报价。主要针对旅游中间商或组团旅行社，这种报价不仅是整体性的内容和整体性的价格，还有各种细分的、具体的单项内容和价格。

3. 根据报价的方式不同来分类

根据报价方式不同分为针对旅游者的报价和针对中间商的报价。

(1) 针对旅游者的报价。包括媒体报价(电台广播、电视、网址主页)、门市报价(办公地点醒目的线路价格宣传板)。

(2) 针对旅游中间商(或组团旅行社)的报价。网络在线报价、邮寄报价(旅行社行业组织的定期刊物，主要针对同业)、传真报价、上门报价(新奇线路推出时，外联人员派发)、展销报价(参加综合性会议时推出的具有竞争力的旅游线路和价格的宣传品)。其中门市报价、邮寄报价、传真报价、网上在线报价运用得最普遍。

4. 根据旅游者年龄和客源地的不同来分类

根据旅游者年龄和客源地不同分为成人报价、儿童报价和外宾报价、内宾报价。

(1) 成人报价和儿童报价。一般情况下，儿童报价相当于成人价格的1/2或2/3。

(2) 外宾("四种人"、外国人)报价和内宾报价。"四种人"指港澳台同胞及外籍华人。

(二)旅游线路报价的计算

一条完整的旅游线路报价应该考虑以下内容。

1. 旅游线路报价的计算项目

(1) 大交通费指国际往返交通和城市间往返的交通费,一般指飞机、轮船、火车、长途客车的费用。

(2) 车费指一地旅游的接待用车的费用。旅游团用车规定是按照人数的多少配备的,1~3人配备小轿车;4~12人配备面包车;13人以上分别配备19座、25座、33座、45座、55座客车,其费用按车型、车价和使用的天数及距离计算。也有的豪华团,10人要求坐25座车(日本团),16人要求坐33座车,在这种情况下,车费要按实际用车的情况而定。

$$车费/人=区域内总车费/人数$$

(3) 房费指旅游全程的住宿费。其费用根据星级酒店的合同标价及是否单男、单女的补差,以及有否加住、加床与延时等费用组成。

$$房费/人=房费/(人/天)×入住天数$$

(4) 餐费指旅游一日三餐的费用。早餐一般含在每日房费中,不必计算。正餐,即午晚餐的费用按旅游天数的顿数与标准计算,还要考虑是否包含各地的风味餐。

$$餐费=餐费/(人/餐)×用餐次数$$

(5) 门票指游览参观的门票费,包含计划内的景点门票及景区内的专用车、观光索道等。

(6) 导游服务费,根据提供的服务不同,主要分为全陪劳务费和地陪导游费。

2. 旅游线路报价的计算方法

一般团队旅游线路报价=大交通费+房费+餐费+车费+门票+导游服务费

工学结合2-3

完成西安三日游采购和报价工作。

1) 计调采购任务

首先,与交通部门合作,订一辆50座旅游大巴,保证旅游者带上行李也不至于拥挤;其次,采购三星级酒店房间15间,如出现单男、单女的情况,由客人自行承担费用;再次,游览三个地点采购用餐单位,注意各地和各餐不要重复;最后,采购旅游景点门票,由导游具体负责团队游览(见图2-5)。

将相关采购任务填写到相关表格(见表2-7~表2-12),发送给相关部门或单位。

情境二 计调工作流程

```
                          接听咨询电话
询问对方的联系方式、人数、时间、                            速度要快、报价准
具体景点行程、需要接待标准、往返         做报价              确、条理清晰、景
交通、客人的身份及其他要求                                  区票价详细、游览
                                                          时间等
                          确认团队

1. 说明接团地点、方式、导游；    订房、订餐、订车、      1. 说明此团注意事项；
2. 协商好接团结算问题；          订导游、订返程交通      2. 有无回民餐的问题及吃饭
3. 确定团队细节，如有无回民；                              的禁忌；
4. 团队接送；                    派团、给导游下计划      3. 单男、单女解决方案；
5. 购物安排                                              4. 结算问题；
                                                        5. 说明可能出现的问题，如果
                          接团前准备                       出现如何解决

1. 再次确认车、房、餐、交通     团队进行中的监控        1. 了解团队情况；
   是否预订好；                                         2. 看望全陪；
2. 联系具体人数，看有无产生     送团                    3. 做好总结工作；
   自然单房；                                           4. 开好发票
3. 鲜花、水、礼品是否准备好。   做好总结工作
```

图 2-5 国内地接操作流程

表 2-7 旅行社行程询价单

_____旅行社行程询价单
TO：
FROM：
_____：
您好！现将我社_____团情况和您确认如下，请贵社予以协助！
行程：
标准：
人数：
日期：
请分项报价，回传我社。谢谢！
公司名称(盖章)：   联系人：
年   月   日

表2-8　旅行社订房计划单

＿＿＿＿＿＿旅行社订房计划单

TO：　　　　　　　　　　TEL：　　　　　　　　　FAX：
FROM：　　　　　　　　　TEL：　　　　　　　　　FAX：
团队(客人)名称：　　　　　　　　人数：
入住时间：＿＿年＿＿月＿＿日＿＿时至＿＿年＿＿月＿＿日＿＿时共＿＿天
住宿要求：＿＿房＿＿间，全陪房＿＿床，陪同免房＿＿床
房费标准：＿＿房＿＿元/天，全陪床＿＿元/天，住宿费累计＿＿元
用餐标准：早餐＿＿元/人(含早，不含早)，中餐＿＿元/人，晚餐＿＿元/人，餐费累计＿＿元
付款方式：按付款协议约定执行(导游前台凭此单登记入住)
备注：
1. 代订费、房费结算账单，请寄到我社财务部。
2. 其他费用均由客人自理，本社不予承担。
3. 收到订房委托后，请速将订房回执传回我社。

公司名称(盖章)：　　　　　联系人：
　　　　　　　　　　　　　　年　月　日

表2-9　旅行社订车计划单

＿＿＿＿＿＿旅行社订车计划单

TO：　　　　　　　　　　TEL：　　　　　　　　　FAX：
FROM：　　　　　　　　　TEL：　　　　　　　　　FAX：
现将我公司已落实的用车计划传真给您，望尽快确认回传，谢谢！

团号：	人数：	客源地：	导游：	证号：	手机：
用车时间：	月　日	接团至	月　日送团		
接团	月　日	时在　接	航班/车次		
送团	月　日	时在　送	航班/车次		
天数	主要游览行程、景点		车价(元/天)		
1					
2					
3					
4					

包车价：＿＿元(其中，接团＿＿元，送团＿＿元，正常游览＿＿元/天)
车型：　　　　车牌：　　　　司机：　　　　手机：

公司盖章：　　　　　联系人：
　　　　　　　　　　　年　月　日

表2-10　旅行社订餐计划单

_____旅行社订餐计划单

TO:　　　　　　　　　TEL:　　　　　　　　FAX:
FROM:　　　　　　　　TEL:　　　　　　　　FAX:
团队(客人)名称：
人数：_____成人_____小孩　　用餐时间：____年__月__日至____年__月__日____餐
用餐要求：_____菜_____汤(十人一桌，____荤____素)
用餐标准：早餐　成人_____元/人，小孩_____元/人
　　　　　中餐　成人_____元/人，小孩_____元/人
　　　　　晚餐　成人_____元/人，小孩_____元/人　　餐费累计____元
付款方式：按付款协议约定执行(导游前台凭此单登记用餐)　特殊要求：
备注：
1. 其他费用均由客人自理，本社不予承担。
2. 收到订餐委托后，请速将订餐回执传回我社。

公司名称(盖章)：　　　联系人：
　　　　　　　　　　　年　月　日

表2-11　旅行社运行计划表

_____旅行社运行计划表

团号	地陪	团队人数		组团社		全陪	
抵离时间		月	日乘	抵达		司机	
		月	日乘	离开		车号	
时间	早餐	上午	中餐	下午	晚餐	购物点	住宿
旅行社电话				旅游局投诉电话			

监制单位

表2-12 旅行社派团单

×××旅行社派团单

旅行社(盖章): 　　编号: T-××××-×××-×××××

组团社		团 号			游客来源			人 数		第一联 接待单位存根
抵离时间	月　日　时乘　班机　次车船从抵									
	月　日　时乘　班机　次车船离赴									
住宿安排	酒店名称:				用车安排	车型及车座:				
	房间数:					车号:				
日　期	行　程　安　排			用餐标准: 早: 　午: 　晚:				购物点		
				用餐地点						
月　日				早:		午:	晚:			
月　日				早:		午:	晚:			
月　日				早:		午:	晚:			
月　日				早:		午:	晚:			
月　日				早:		午:	晚:			
月　日				早:		午:	晚:			
备　注										
计调员		地陪导游			接待部门			全陪导游		

2)"西安三日游"报价工作

景区报价:

华清池: 110元。

秦始皇陵兵马俑博物馆: 150元。

华山: 180元。

游览景点门票总价: 440元/人。

住宿费:

三星级宾馆260元/标准间/晚。

车费:

车辆选用55座旅游巴士,全程随团旅游。

车辆总价: 12000元, 400元/人。

餐费:

早餐包含在房价中, 正餐30元/人, 共计3早2正。

正餐餐费60元/人。

导游服务费: 30元/(人·天), 三天共90元/人。

旅行社责任险: 50元/人。

导游服务费: 地接10%的利润。

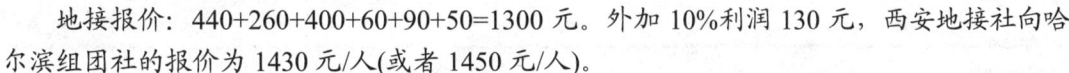

地接报价：440+260+400+60+90+50=1300 元。外加 10%利润 130 元，西安地接社向哈尔滨组团社的报价为 1430 元/人(或者 1450 元/人)。

按照国际惯例，旅行社收费是 16 人免一人的费用，因此该旅游团 30 人的实际收费是：1430 元/人×29 人=41470 元。

小　　结

将旅游线路产品进行采购后，需要对产品进行包装和出售，对游客和组团社进行报价，通过本子情境的学习，了解报价的程序和注意事项，能够准确、迅速地进行报价。

子情境五　组团社计调工作流程

一、下达任务

××旅行社在"十一"黄金周期间，经过努力，组成了 26 人散客拼团到云南旅游(见表 2-13)，请为这个团队做好组团计调工作。

表 2-13　昆明、石林、西双版纳、大理、丽江、香格里拉经典 11 日游

日　　期	行程安排
第一天	昆明乘机或火车赴昆明，抵达素有"春城"美誉的高原城市昆明。免费接机或火车，签订旅游合同，安排入住酒店，自由活动！ 旅游小贴士：今天无统一行程，若抵达昆明时间尚早，可以去翠湖公园喂海鸥或者到金碧广场欣赏昆明城市标志——金马碧鸡牌坊、东西寺塔，去南屏商业步行街感受昆明的现代气息，去祥云街品尝昆明小吃 用餐安排：无　　住宿安排：昆明
第二天	昆明　普洱 石林一日游行程：早 8:00—8:30 出发，游览天下第一奇观——石林，体会鬼斧神工的天下第一奇观，畅游二亿七千万年前浩瀚海洋之海底，一边漫步在世界最大的喀斯特地质公园，一边聆听阿诗玛的故事(有双鸟渡食、孔雀梳翅、凤凰灵仪、象蹄石台、犀牛望月；有唐僧石、悟空石、八戒石、沙僧石、观音石、将军石、士兵俑、诗人行吟、阿诗玛等无数像生石，无不栩栩如生、惟妙惟肖，令人叹为观止)。下午欣赏七彩云南的茶艺表演。后乘车返回昆明，晚 19:00 乘车前往普洱，到达后安排入住酒店 用餐安排：早、中、晚餐　　住宿安排：普洱

续表

日 期	行程安排
第三天	普洱　西双版纳 早餐后，沿中国第一条穿越热带雨林的高速公路到达 4A 景点野象谷(游览时间 2～3 小时)，游览蝴蝶园、蛇园、猴园、百鸟园，树上高架走廊(自费乘坐观光索道，单程 40 元/人，路程 2 千米、约需时间 30 分钟)穿越热带雨林、参观树上旅馆。午餐后，观赏独具特色的大象表演。参观金版纳翡翠珠宝配送中心(参观时间 30～40 分钟)，一站式购物，体验超市式购物；随后品尝热带咖啡和椰子奶。晚餐后自费参加大型民族歌舞表演——勐巴拉娜西或腊仙勐(贵宾票 280 元/人、甲票 160 元/人、演出时间约 1 小时 30 分钟) 用餐安排：早、中、晚餐　　住宿安排：西双版纳
第四天	西双版纳 早餐后，游览 4A 景点热带花卉园，游览时间约 1.5 小时(可自费乘坐景区环保电瓶车 20 元/人)，叶子花园、空中花园、周总理纪念碑、棕榈植物园、热带果树园等。参观傣族原始村寨(参观时间 30～40 分钟)，可选择参观南药园；观赏普洱茶茶艺表演，独树成林(参观时间 20～30 分钟)。下午游览 4A 景点原始森林公园——百米浮雕、孔雀放飞、爱伲山寨，参加具有当地民族特色的泼水狂欢，观赏九龙飞瀑、少数民族乐器表演，漫步热带沟谷雨林(游览时间约为 3 小时，自费乘坐景区环保电瓶车 30 元/人)。参观宝玉石协会下属单位——宝象堂(参观时间 30～40 分钟)。晚餐后，可自费参加大型篝火晚会——澜沧江、湄公河之夜(贵宾票 280 元/人、甲票 160 元/人、演出时间为 2 小时左右) 用餐安排：早、中、晚餐　　住宿安排：西双版纳
第五天	西双版纳　大理 早餐后，乘车返回昆明，沿途观赏红河第一高桥，下午 17:30 左右抵达昆明，晚餐后，乘火车卧铺至大理 用餐安排：早、中、晚餐　　住宿安排：火车上
第六天	大理 早上抵达大理，早餐后，乘大船游洱海(小普陀、洱海公园、南诏风情岛、品大理正宗白族"一苦、二甜、三回味"的三道茶，欣赏歌舞表演，后远观具有"西南览胜无双的苍洱驰名第一山"——苍山)，游览大理古城(西南丝绸之路的门户、白族民居三坊一照壁、四合五天井院落、白族扎染、木雕、大理石工艺品)，逛被称为"护国路"的洋人街；参观大理标志性建筑——崇圣三塔寺，崇圣寺在南诏古国、大理古国时期即为皇家国寺和政教中心，历史上曾有九位大理国国王在此出家为僧，在金庸笔下的武侠名著《天龙八部》里，段氏皇族出家的"天龙寺"，就是今天的崇圣寺；游览大理名胜——蝴蝶泉 用餐安排：早、中、晚餐　　住宿安排：大理

情境二 计调工作流程

续表

日期	行程安排
第七天	大理　丽江 早餐后，乘车赴丽江，途中参观云南最大的手工艺加工点——新华民族村，抵达丽江参观丽江古城(大研古镇)，纳西民族大院——四方街，街区民居多为"三坊一照壁，四合五天井"的传统布局，情形之相映的是三条从玉龙山流下的清溪穿城而过，给古城带来勃勃生机。古城内的建筑造型典雅古朴，雕刻和绘画技法高超，美不胜收 用餐安排：早、中、晚餐　　住宿安排：丽江
第八天	丽江　香格里拉 早餐后，在丽江乘车至虎跳峡，游览气势磅礴的世界峡谷之最——虎跳峡，观长江第一湾(江流到此成逆转，奔入中原壮大观)，午餐后，沿途观看与雪山对峙、广袤辽阔、河谷深切，茶马古道上的"迷恋风光"吉达姆草原，抵达香格里拉后用晚餐，餐后可自费参加藏民家访(演艺 90 分钟，价格 300 元/人，可自费品尝：烤全牛 1200 元/头、烤全羊 1000 元/只、烤乳猪 600 元/只、松茸炖鸡 150 元/只)，入住酒店 用餐安排：早、中、晚餐　　住宿安排：香格里拉
第九天	香格里拉　丽江 早餐后，在游览香格里拉的普达措国家公园，内有明镜般的高山湖泊、水美草丰的牧场、百花盛开的湿地、飞禽走兽时常出没的原始森林。观赏碧塔海、属都湖周围茂密的原始森林，两个美丽的淡水湖泊素有高原明珠之称，乘车返回丽江 用餐安排：早、中、晚餐　　住宿安排：丽江
第十天	丽江　昆明 早餐后，游览玉龙雪山山脚下东巴大峡谷风景区，在此拍照留影。后乘车前往 4A 级景区：泉水清澈奔腾、水草清晰可见的丽江水源头黑龙潭公园，欣赏玉龙山倒影。感受千秋传奇的茶马古道、缤纷绚丽的纳西文化，参观世界文化遗产重要组成部分——束河古镇。下午乘车至大理用晚餐，之后乘坐火车硬卧返昆明 用餐安排：早、中、晚餐　　住宿安排：火车上
第十一天	昆明 早 5:30 抵昆明，根据客人返程机票的时间送机 用餐安排：无　　住宿安排：结束行程

二、填写任务单

任务单如表 2-14 所示。

表2-14 任务单

小组成员：		指导教师：
任务名称：	模拟地点：	
工作岗位分工：		
工作场景：		
建立团队档案；		
云南旅游线路采购，确定地接社；		
预订机票；		
向地接社预报活动计划；		
与地接社书面确认行程；		
旅程变更书面确认；		
全陪安排；		
团队结束后，账单审核；		
总结、归档		
教学辅助设施	模拟旅行社真实工作环境，配合相关教具	
任务描述	通过对云南线路的设计，让学生了解组团计调操作流程	
任务资讯重点	主要考查学生对组团计调工作的认识	
任务能力分解目标	1. 能按照工作流程操作发团业务； 2. 能根据地接计价的构成要素，快速计价和报价	

三、任务整体评价考核点

(1) 能按照工作流程操作发团业务。

(2) 能根据地接计价的构成要素，快速计价和报价。

四、相关知识点

组团旅行社业务包括建立团队档案、选取地接社、制定行程、发出询价传真、得到地接社确认、旅游团接待计划落实、安排全陪、账单审核、总结归档等一系列操作流程。

(一)建立客户档案

计调人员应掌握团队人数、姓名、年龄、性别、特殊要求等客人自然情况，并将以上信息输入电脑，建立团队档案，旅游团的接待计划应该建立团号。

(二)选取合作地接社

一般长线旅游线路都会包括多个旅游目的地，旅游线路产品的质量在很大程度上取决于各地接社的服务水平和服务质量。因此，组团社选取好的合作地接社，是旅游行程圆满成功的关键。

选择地接社，应重点考察以下几个方面。
- 地接社的资质、实力、信誉度；
- 经营管理模式，各城市之间协调衔接，有强大的关系协作网络；
- 地接社接团记录，接待质量反馈良好记录；
- 地接社报价是否公平合理，在当地同行业中是否有明显竞争优势；
- 地接社有合作意愿。

(三)制定行程

为了使地接社更好地操作团队，组团社要制作行程，要求尽早地预订酒店、交通工具、景点门票、用餐单位等事宜。

行程单包括：旅游团的团号、人数、所乘坐交通工具、到达时间及接站地点、离开时间、需要预订的房间数、详细的线路计划、住宿标准、其他要求。行程是地接社具体实施接待任务并执行接待计划的依据。

 专栏2-5

运用三字代码设置标准团号

首先要将全球旅游区域明确划分，参照航空代码三位数设定团号，前两位英文大写为中国区域代码，第三位以中国第一个游览城市的拼音大写组成了三位数团号代码。如北京HBB、香港HKG，出境国家如：新加坡SIN、马来西亚KUL、泰国BKK，连接横线后两位是交通等级，如双飞：2F，单飞：1F，一飞一卧：1F1W，双卧(含船)：2W，双座：2Z，全程汽车：2T；以及后四位数的出团日期，比如：12月20日"1220"，最后一位英文大写字母表示出团序号，如第一个团写作"A"，这就是规范的团号标准。

(1) 例如，一个中国区域团"北京双飞五天游"，出团日期：9月20日，出团序号为第一个，合成规范团号：HBB05-2F0920A。

(2) 例如,香港双飞 5 日游,出团日期:1 月 26 日,出团序号为第五个团:HKG05-2F1126E。

(3) 例如,新马泰双飞七日,出团日期:3 月 14 日,出团序号为第二个团,首先将新加坡(SIN)、马来西亚(KUL)、泰国(BKK)三个国家的航空代码的首字母组成一个简约代码,合成规范团号为:SKB07-2F0314B,以此类推这就是团号。

(四)发出询价传真

行程完成后,要求在团队抵达前 30 天内把接待计划发至地接社,地接社需在 2 天内给予反馈和确认,如有疑问,负责向地接社详细解释。

(五)旅游团接待计划落实

旅游团接待计划确认后,接下来计调人员需要落实每个旅游团具体计划内容。负责旅游者在旅游期间"食、住、行、游、购、娱"的采购和安排,保证旅游者顺利完成异地旅游活动。

(六)安排全陪

为团队配备全陪,负责团队出游期间的相关事务管理和联络,及时向组团社反馈行程中出现的问题,协调旅游者与地接社的关系等,这些都是全陪的职责和工作重点。

因此,组团社在选择全陪时,应该选择责任心强,有带团经验,协调和沟通能力强的导游员,以保证旅游团活动能够顺利进行。

根据最终落实的团队内容向游客及陪同派发出团通知书。给游客的出团通知书上应包含团队的行程、出发时间、地点、紧急联系人姓名及电话等信息,如果是团队派陪同,要将确认的行程、标准、出发时间及地点、游客名单及联系电话、接团导游姓名及电话、接待社联系人及电话等信息列明,并对陪同的职责和业务详加提示,向导游交代接待计划,确定团队接待重点及服务方向。并督促导游员携带齐全各种单据,团队在行程中,如要求改变行程或食宿等情况,计调人员首先要征集对方地接社经办人的同意,并发传真确认方可改变计划,不得只凭口头改变行程。

(七)团队跟踪

在出团前 24 小时要再次与接待社落实和确认,以防接待社疏忽和遗漏,发现问题及时补救。在团队旅游过程中,计调人员应和接待社、陪同、领队及游客时刻保持联系,掌握团队的行程,如果发现问题,应该及时沟通和解决。

(八)账单审核

旅游团队活动结束后,各地接社会传过来旅游团的账单通知书。组团社计调人员应根据接待计划认真核实,纠正错误,做好一团一清的结算工作,交至财务部门,按照合同按时付款。

(九)总结、归档

团队结束后,要将所有操作传真及单据复印件留档,作为操作完毕团队资料归档,并对参团客人进行回访,在预计到达出发地一天内,计调人员应及时回访客户,态度诚恳,讲话要讲究艺术,给对方一种既关心又负责任的感觉,以利后续团队的操作,建立好客户档案。

在接到团队投诉时,计调人员应及时问清是哪个环节出现的问题,原因何在,能够处理的及时处理,处理不了时要马上报分管领导,讲清事情经过及出现问题的原因,不回避矛盾,实事求是,合情合理地处理好团队问题。特别重大的问题(如集体食物中毒事件、交通事故)可直接汇报总经理,及时解决,并总结经验教训,不断提高计调水平和旅行社信誉。

(十)根据产品销售情况进行调整

根据产品销售情况、出团量、团队质量对产品进行适当调整。销售好的产品继续销售,也可以适当增加出团计划,销售欠佳的产品要总结是线路本身不够有吸引力,还是由市场等情况造成的。如团队质量出现问题要追究责任,对于接待单位也要磨合、考验与再选择。

专栏 2-6

地接社计调如何面对组团社计调

(1) 组团社一定会将客人交给熟悉了解的老朋友做,轻易不会换人,因为了解,因为信任。除非老朋友的质量或报价出现问题。当然,如果你的质量、报价和承诺比他更好,可能你会逐渐取代他。只有永恒的利益,没有永恒的朋友,这是旅行社竞争的商战。

(2) 组团社寻找地接社很多是在网上寻找,反复比对,从网上看大家对××旅行社的评价如何。或者从该地区旅游网站或者该社网站综合比较。感觉哪家口碑好、信誉好、质量好，再比较价格和行程质量。很多地接社是组团社身边同行推荐的，一传十十传百，口碑是最重要的。千万不要恶意竞争，互相诋毁同业，最终结果将是两败俱伤，要培育自己良好的口碑。所以地接社的信誉很重要。

(3) 如果你想和某家旅行社建立起长期的客户关系，一定要和组团社的负责人和计调人员建立密切的关系，亲自拜访，用自己的诚信和优质产品打动他们，通过你的拜访加深对你的了解，才有机会建立起长期的稳定的合作关系。

(4) 地接计调在报价时，一定要充分发挥你手中易沃克(e-work)地接计调快速报价工作平台的效用，可以有针对性的，多变化的选择特定对象，依托报价工作平台带来的便捷，有效提高效率和成功率。报价平台的灵活组合，会使你在众多同业中略胜一筹。

(资料来源：http://tieba.baidu.com/p/2320266753)

工学结合 2-4

请小组成员在老师的指导下，将任务按照组团计调操作流程来实施。

工学结合 2-5

2018 年 4 月的某一天，日本东京某旅行社致电哈尔滨某旅行社，告知有 5 个旅游团在东京成田机场无人接团，造成漏接事故。日本东京某旅行社的计调在电话中质问，为何哈尔滨某旅行社的客人提前到过东京而不通知东京地接社？哈尔滨旅行社经调查发现，计调人员没有及时把变更计划告知地接社，从而造成了如此大的漏接事故。

请根据以上情景，模拟计调人员在发团工作中应注意哪些事项？应如何正确地进行发团操作。

小 结

本子情境主要介绍组团社计调的工作流程，通过学习，能够按照操作流程进行接团业务的操作。

思考与能力训练

1. 组团计调的工作内容有哪些?
2. 画出组团计调工作流程表。
3. 地接社计调工作内容有哪些?
4. 画出地接社计调工作流程表。
5. 请填写附录中相关任务单和评量表。

情境三

中国内地游计调

【教学目标】

知识目标：了解中国内地主要旅游目的地景点知识、线路设计；熟悉中国内地团队游中团队跟踪和接待业务流程。

能力目标：能够根据中国内地主要旅游目的地景点，进行科学合理的线路设计；进行中国内地团队游中团队跟踪和接待业务流程的操作。

素质目标：具有组织协调能力；良好沟通能力；较强责任感。

【核心概念】

线路设计　团队跟踪　接待业务

> **案例导入**

中国最后水上人家"光福" 访精雅百工

凭着八百里太湖和二千多年的吴地文化,原住民们当仁不让地将"湖光山色,洞天福地"这样的赞誉取下两字做了自己家乡的名头。"光福"是吴文化的一个极重要的关键词,这里有太湖千帆竞发、百舸争渡的恢宏场景,那些充满古典气质的木质多桅帆船或许早在宋代就已经在湖面上漂泊,至今仍有渔民终年生活在船上,他们是最后的、坚守着传统的水上部落。古老的"光福"是名动江南的"百工之乡",数个世纪以来,这里一直出产精雅、隽永、书卷气十足的玩意儿。紫檀、核雕、玉雕、刺绣不一而足。手工,是当地人讨生活的能耐,即便是那些做锣儿、磬儿、钹儿这类的传统响器,他们都要沿用老底子的手工制作,一丝不苟,把老祖宗的一把好手艺传承得享誉全国。

1. 帆影惊澜,最后的水上人家

光福镇渔港村,56 岁的周玉珍在离岸边二百多米的五桅木质渔船上拾掇着,那些是一早捞上来的白虾,"晒干了,跟白菜一起炒,鲜得很!"她边忙边说。船尾上塑料桨叶的简易风力发电机"呼呼"作响。为"未尝一日舍舟楫"的太湖船民们带去些许不稳定的电力。柏木桅杆早已经看不出漆色,帆篷亦是黑灰老旧,缝补颇多。船舱里却是清爽,红漆铮亮,日用器具一应俱全,甚至还有液晶电视、电脑等物件。"电视么,信号不好的,靠近岸边才能看到点节目,电脑么,就给小孩子玩玩游戏了。"周玉珍说。

因为太湖东南区域水浅,大船吃水又深,和太湖上拥有传统大渔船的渔民们一样,她家的船也傍不了岸,入不得港,只得常年在水面生活,过着乘桴而生的日子。

这种被称为"七扇子"的太湖传统大渔船又叫"罛船""帆碾""戈船",坊间演绎的说法是,这类"大块头"是由南宋岳家军的战船演变而来。演绎却也有些可考证的依据:这些大船至今仍带有古战船的痕迹,如舱堂宽、船帮高,人站舱堂船帮齐胸高,可代盾避箭,攻战时也可弯腰行走;船头有隆起的横梁,渔民却都称之为"箭板";太湖大船由对船或四船结伴捕鱼作业,太湖渔民称"对船"为"舍",称四船为"带",带有古代水师军事建制的称谓;在大船渔民中普遍崇信岳飞,有不少渔民都自称是岳飞的后裔。

传承既久的太湖木质七桅大渔船至今仍稳坐中国淡水湖捕鱼船的头把交椅。尽管多数传统太湖渔民都已经在岸上拥有了固定的居所,告别了祖祖辈辈飘萍般无根的日子,但仍有像周玉珍那样习惯了船居生活的人们选择了传统的延续,他们依然期盼着湖面上的大风,期盼着休渔期尽快结束，他们的船没有橹橹，风是他们最为渴望的自然馈赠，像浮萍一般，只等风停时，方才下锚歇息、整理渔具，待到风再起时，又张帆而行。日子还在继续，传统的接力却未必能乐观，或许，作为真实存在的生活状态，这些古典而瑰丽的帆影最后总归难免成为一种只读记忆。

2. 精雅百工，道法自然

镇子上靠手艺吃饭的人比比皆是，做古典红木家具的、刻核雕的、做仿古青铜器的、做刺绣的、做玉雕的，甚至是做些苏锣、广钹等传统铜乐器的，"都是靠着祖宗聪明，手头又勤快，能讨到一口饭吃!"上了年纪的工艺师们很是谦虚，嘴上介绍着，手上的活儿也不停。

36岁的"三藏"是镇子上的传统苏式雕刻艺人，这个名字是当年他在苏州灵岩山寺皈依的时候，师傅给他取的，取佛教典籍"经、律、论"三大法藏之意。这样的经历，或许对于一个靠手艺吃饭的雕刻师来说，至少在作品的构思上更能"师法自然"。

"三藏"没有受过正统的艺术训练，零星学的东西也是很杂，印纽、橄榄核雕、牙雕、桃核雕、硬木把件、竹刻、甚至器物底座，却无一不精。师诸名家，不若师诸造化。一截紫檀枯木，信手而来，寥寥数刀，就是一个可乱真的莲蓬头。让人不由想起《卖油翁》里的句子——"无他，唯手熟尔"。荸荠、花生、柿子等乡野物件也是他创作的好素材，盈盈一握的小玩意儿，看似寻常之物，却满是作者缜密的心思和游刃有余的功力。

"真的荸荠是紫黑色或枣红色，与小叶紫檀的质感和色泽都非常接近，做得好了，完全可以以假乱真。"他一边做一边用最细的刻刀勾勒出荸荠顶芽的细节。"荸荠的顶芽和侧芽最难做了，色泽和质感上要有差别，脐芽部分多毛和鞘膜，表现起来有不小的难度。"他边刻边说。甚至于小小的蜗牛，也可以成为文房小件的好题材，紫檀细密的质地将这些小生灵的模样刻画得细致入微，油亮的蜗牛壳，宣泄着湿润的空气里，雨润众生的那份愉悦。粗粝无形的紫檀原料在刻刀下一点点具象起来，一截田埂和几粒蜗牛成了一个妙趣横生的笔架，上手把玩者多会欣然一笑，叹自然之美方为大雅，叹作者之巧思精工，一见而不能释手。

芭蕉亦是妙物，文人雅士素以"蕉叶题诗"为一大韵事。三藏的紫檀芭蕉镇纸颇可把玩，蕉叶平滑如丝，曲线曼妙婀娜，即便是不起眼处的虫洞也处理得俏皮可爱，令人莞尔。想来，如此雅物，爱者必每日摩挲把玩，不几日即宝光内敛，凝泽润雅。或置之于案头，捧卷夜读之际，余光瞥见，亦可获片刻清娱。"人物更难，开脸做不好，东西的路份就差了。"他说。那件达摩出山紫檀臂搁放在他的工作台上，人物衣着只寥寥几笔，却是剔底阳刻，线条写意流畅，但张力宛若雕塑。开脸则用浅浮雕、细腻如工笔，神态俨然，法相庄严。

一张满是木屑的旧课桌、二十来把尺寸不一的刻刀，外加钉在旧课桌上的一块满是刀痕的木板就是他全部的工具了。"有很多作品，我就是做给自己的，也不想去迎合谁，自己喜欢就好了。"他说。不受羁绊，信马由缰的创作能带来泉涌般的灵感。苏工的作品所以精巧、细腻、隽永、温文雅致见长，想来，也不无道理。

3. 赏玩攻略

(1) 寻觅太湖老式木帆船最佳的时节是在开捕节上，开捕节一般安排在 8 月底禁渔期结束之后举办。当地政府会在开捕节时组织各村的船队一起出发，千帆竞渡，场面恢宏。

(2) 休渔期，大型的木帆船一般都不靠岸，小型的三桅船，可在光福镇一些渔业村的港口里找到，仍会有船家住宿在船上，拍照要记得征得对方同意。

(3) 光福是闻名全国的百工之乡，工艺美术行业传承历史悠久，镇上手工作坊林立。离镇不远的舟山村更是苏派核雕的发源地和制作中心，是选购精美核雕作品的好地方。玉雕、红木雕刻、苏绣、古典家具制作亦是光福的好物件，地道的苏工作品，讲究的是手工的精细、设计的文雅和书卷气。当然，价格差距很大，从几百元到几百万元的艺术品都能在这个镇子上见到。推荐红木小件雕刻、核雕，除非大师作品，价格都还适中，是很雅气的旅游纪念品。

(4) 太湖渔家珍馐不少，响油鳝糊算是地道的苏州菜品，可谓声、色、味俱全。苏州菜讲究"春有刀鲚夏有鲥，秋有肥鸭冬有蔬"，一年四季有不同的时鲜名菜。入夏时节，鳝鱼鲜嫩肥美，就有应时的响油鳝糊。这个菜妙处是将鳝丝大火煸熟，加淀粉勾芡至糊状。出锅装盘时在鳝糊中拨出一凹槽，入葱花、姜丝、蒜泥、火腿末。装盘上桌，另将一勺香油加温，待八、九分热，浇淋于鳝糊上，热油遇青葱、姜丝等生冷之物，滋啦作响，异香扑鼻，其趣盎然。此外，甜糯酥香的酱汁肉也值得尝尝。

(资料来源：许志伟金羊网——羊城晚报)

子情境一　函电处理

一、下达任务

哈尔滨××旅行社现接到北京天坛旅行社发来的传真，内容如表 3-1 所示。

情境三　中国内地游计调

表3-1　北京天坛旅行社传真

收件人旅行社：哈尔滨××旅行社	发件日期：2018年5月2日
收件人姓名：陈立华	共1页　第1页
发件人旅行社、传真号： 北京天坛旅行社：010-66891234	发件人姓名：宋红女士

陈立华女士：

　　您好！

　　由我社组织的旅游团一行22人(外加全陪1人)，将于2018年6月2日乘T17次火车6月3日早7:13分到达哈尔滨站，6月9日晚7:16分乘K216次火车离延吉返回北京。北京往返的火车票已经定妥，请安排哈尔滨、齐齐哈尔、五大连池、牡丹江、长白山、延吉六地九日游，按内宾标准团接待。请尽快将行程安排及每个人的接待价格报给我社。

　　谢谢！

二、填写任务单

任务单如表3-2所示。

表3-2　任务单

小组成员：		指导教师：
任务名称：	模拟地点：	
工作岗位分工：		
工作场景： 哈尔滨××旅行社； 传真的处理； 设计线路； 安排落实接待事宜； 模拟团队跟踪		
教学辅助设施	模拟旅行社真实工作环境，配合相关教具	
任务描述	通过对外来函电的处理，进行线路设计和团队跟踪	
任务资讯重点	主要考查学生对外来函电处理的程序和设计线路水平	
任务能力分解目标	1. 传真的处理； 2. 设计线路； 3. 安排落实接待事宜； 4. 模拟团队跟踪	
具体实施		

三、任务整体评价考核点

当哈尔滨××旅行社计调人员接到北京天坛旅行社的传真后,具体工作如下。

(1) 传真的处理。

(2) 景点安排。

(3) 安排落实接待事宜。

(4) 团队跟踪。

四、相关知识点

现代社会通信发达,人们利用多种联系方式进行沟通,旅行社之间往来的方式已经不仅仅局限于打电话和发传真,而是采用多种方式进行沟通,比较常见的是 E-mail、QQ、微信等。但旅行社之间沟通的内容并没有改变,旅行社函电往来有很多种(如询价函电、委托代办函电等),计调人员收到后,应处理和管理好各类函电。

(一)函电的处理

函电的处理八字方针:阅读、设计、计算、回复,其具体操作内容如下。

1. 阅读

阅读内容,函电由何地发来、客户名称、发函电人是谁、日期(发电日期和回复日期)、是否是老客户;确认函电类型,是询价函电还是委托代办函电。

2. 设计和计算

(1) 询价函电办理的程序。按函电的要求的线路安排、服务标准、住宿档次、用餐标准及其他一些特殊要求排出"旅游行程表"。

算:计算车费、餐费、景点门票、交通费、综合服务费及附加费等各种费用。

报:将以上旅游行程及每位旅游者购买该产品的价格报给客户。

得到确认后,根据确认的旅游行程、服务等级及客户特殊要求写接待计划单交给经办部门,以做接待准备。

(2) 零星业务委托函电办理程序。

算:根据委托业务项目,计算出委托代办费用。

报：将计算出的委托代办费用报给委托方，并确认。

填：根据函电内容填写任务通知书，一式两份，一份留存备查、一份同原件一起交给经办部门。

3. 回复

将经办的情况及时回复委托方。

以上函电要根据函电要求及时处理，一般在48小时内明确答复对方。

(二)函电的管理

整体函件存档一般有如下三种方法。

1. 按客户建档

将函电按客户名称建档存放，档案封面标明客户名称、地址及通信号码，这种方法有利于随时掌握各个客户情况。

2. 按旅游团建档

将函电按旅游团队建档存放。将已报价或已成团的函电按团队名称建档，档案封面标有团队名称、编号及月份，这种做法有利于外联及时安排各团计划。

3. 按确认与否建档

将所有"已确认"与"未确认"的函电分别存档，档案封面标明"已确认"或"未确认"。

(三)函电处理实例

哈尔滨××旅行社计调人员收到该传真后按下列步骤处理。

1. 阅读

(1) 传真由北京天坛旅行社传来，发件人：陈立华；

(2) 日期：2018年5月2日；

(3) 旅游团人数：22人+1全陪；

(4) 服务等级：标准；

(5) 线路：哈尔滨、齐齐哈尔、五大连池、牡丹江、长白山、延吉；

(6) 饭店：三星级；

(7) 要求：无特殊要求；

(8) 2018 年 6 月 2 日乘 T17 次火车 6 月 3 日早 7:13 到达哈尔滨站，6 月 9 日晚 7:16 乘 K216 次火车离延吉返回北京，往返火车票由对方定妥。

2. 设计

第一天　早 7:13 抵哈尔滨。早餐后，游览中外闻名的太阳岛风景区(游览时间大约 2.5 小时)、太阳石、太阳门、松鼠岛、水阁云天、室内冰灯展(自理 50 元)、中日友谊园、鹿苑，游览世界上最大的东北虎养殖基地东北虎林园(游览时间大约 1 小时，自理 50 元)，游览圣索菲亚教堂(远东地区最大的东正教堂)广场、俄罗斯商品城，游览具有欧式建筑艺术长廊之誉的百年老街中央大街步行街，车游哈尔滨标志性建"防洪纪念塔"，游览土特产商场。午后乘车赴齐齐哈尔。

晚住齐齐哈尔。

第二天　早餐后，车游黑龙江省西部地区最大的佛教寺院——大乘寺(外景)，后乘车赴国家 4A 级景区扎龙自然保护区(游览时间大约 3 小时)，抵达后观湿地风光，登上望鹤楼欣赏一望无际的芦苇荡，用高倍望远镜寻觅野生丹顶鹤的足迹(自理 2 元)，于观鹤区观赏丹顶鹤的仙姿，观看丹顶鹤放飞表演(定时放飞)，欣赏群鹤起舞、百鹤争鸣、与吉祥长寿的丹顶鹤合影留念，可乘扎龙快艇畅游扎龙湖(自理 60 元)。午餐后，乘车赴五大连池风景区，游览南北饮泉(游览时间大约 1.5 小时，国水国宝，神水圣水)，观药泉湖、益身亭、神泉旧址、长寿廊、北苑赏苇。

晚住五大连池。

第三天　早餐后，游览黑龙山景区(游览时大约 3 小时)，山巅火口、熔岩石海、岩浆溢出口、桦林沸泉、桦林幽静。游水晶宫和地下冰河(自理 30 元)，游览龙门石寨(自理 40 元)，龙门云顶、兴安桧柏、云彬。午餐后，乘车返回哈尔滨。

晚住哈尔滨。

第四天　早餐后，乘车赴中国第一大高山堰塞湖——镜泊湖景区。观光车(自理)，乘船(自理 80 元)游览镜泊湖的毛公山、湖心岛、元首楼、抱月湾、地下电站等，晚餐后，入住酒店。

晚住镜泊湖。

第五天　早餐后，参观中国第三大名瀑布吊水楼瀑布、黑龙潭、玄武岩石壁等。乘车赴长白山，途中观赏大自然的田园风光，观婀娜多姿的美人松、亭亭玉立的白桦林、原始森林、垂直景观带引您走进林海世界，感受大自然的美丽。

晚住二道白河。

第六天　早餐后，乘车长白山，换乘景区环保车进入长白山自然保护区。自费乘到站车(自理 80 元)或步行沿天池长廊登上长白山主峰(自理 25 元)。游览三江之源长白山天池，观赏长白大瀑布(自理 15 元)，观聚龙温泉群；自费沐浴火山温泉(自理 60~80 元)，自费品尝温泉鸡蛋；游览风光旖旎的小天池、地下森林等。视时间情况可自费观赏东北虎林园或峡谷浮石林及参加长白山第一漂流。

晚住二道白河。

第七天　早餐后，乘车到延吉，途中观赏生态沟，沿途参观梅花鹿养殖基地。观亚洲最大的人工养熊基地——熊乐园，逛韩国商品城延吉农贸市场，中午 11:00 乘 K216 次列车返回北京。

晚住列车。

3. 计算报价

① 用房：元/人(如出现单男或单女，客人自补房差)。

a. 哈尔滨　三星：90 元/人/天(含早餐)。

b. 五大连池　双人标间：75 元/人/天(不含早餐、无空调)；120 元/人/天(含早餐、有空调)。

c. 齐齐哈尔　三星：85 元/人/天(含早餐)。

d. 二道白河　准三星：110~130 元/人/天(含早餐)。

e. 镜泊湖　准三星：110~130 元/人/天(含早餐)。

f. 延吉准二星/准三星：110~130 元/人/天(含早餐)。

② 用餐：12 正 6 早。

早餐：15 元/人/餐。

正餐：25 元/人/餐，十菜一汤，十人一桌；20 元/人/餐，八菜一汤，十人一桌。

长白山上中餐为路餐或盒饭，桌餐为 25~30 元/人。

③ 用车：分段用车。

哈尔滨→齐齐哈尔→五大连池→哈尔滨→牡丹江→延吉→长白山。

哈 33 座：11000 元/台；45 座：13000 元/台；55 座：15000 元/台。

④ 门票：景点第一门票。

哈尔滨段太阳岛：30 元。

五大连池段(一个景点全价，两个景点 95 折，三个景点 9 折)黑龙山：60 元；南北饮泉：

20 元；龙门石寨：40 元；地下冰河+水晶宫：30 元(7 月、8 月、9 月全价)。

齐齐哈尔段扎龙 20 元/人(如价格调整，客人应按门市价自补差价)。

牡丹江/镜泊湖段镜泊湖：50 元。

延吉/长白山段长白山：100 元；环保车：45 元。

⑤ 导服：优秀的导游服务 35 元/人。

⑥ 保险：旅社行责任险 50 元/人。

4. 回复

将以上行程和每人接待费用报给北京天坛旅行社。

请同学们将刚刚接收的外来函电的处理结果发送给对方旅行社，并填写传真回复件及计调操作确认单，如表3-3 和表 3-4 所示。

表 3-3　传真回复件

收件人旅行社：北京天坛旅行社	发件日期：2018 年 5 月 2 日
收件人姓名：宋红	共 1 页　第 1 页
发件人旅行社、传真号： 哈尔滨启航旅行社 0451-82395874	发件人姓名：陈立华女士
宋红女士： 　　您好！ 　　谢谢！	

表 3-4　计调操作确认单

北京天坛旅行社有限公司计调操作确认单

接单日期：		编号：		等级：□政府　□企业　□拼团	
业务员：　人数：　天数：　主题：					
去程交通：□飞机　□火车　□大巴　　返程交通：□飞机　□火车　□大巴					
	接客车辆	飞机	火车		大巴
去程	驾驶员姓名：	航班号：	车次：		主驾驶员姓名：
	车牌：				副驾驶员姓名：
	车型：	起飞时间：	发车时间：		车牌：
	接客地址：				车型：
	接客时间：	起飞机场：	发车站台：		接客地址：
	行车线路：				接客时间：
	□已确认	□已确认	□已确认		□已确认

情境三　中国内地游计调

续表

返程	接客车辆	飞机	火车	大巴	
	驾驶员姓名：	航班号：	车次：	主驾驶员姓名：	
	车牌：			副驾驶员姓名：	
	车型：	起飞时间：	发车时间：	车牌：	
	接客地址：			车型：	
	接客时间：	起飞机场：	发车站台：	接客地址：	
	行车线路：			接客时间：	
	□已确认	□已确认	□已确认	□已确认	
火车，大巴餐食标准及详情，参考附件					□已确认
领队(全陪)姓名、联系电话：					□已确认
客人资料信息(参考附件)，已确认无误，名字无模糊，身份证号码无错误					□已确认
地接社信息	地接社全称：		导游：		
	地接社电话：		联系方式：		
	地接社传真：		注意事项：		
	地接社负责人：				
	负责人联系电话：				
	□以上地接社信息已确认				
出团前的准备资料			备注：		
1. 计调业务操作确认单		□已确认			
2. 导游费用报销单		□已确认			
3. 导游联系卡		□已确认	□已确认		
4. 帽子、胸牌、水、导游旗		□已确认			
5. 宾馆确认单		□已确认			
6. 景点确认单		□已确认			
7. 餐厅确认单		□已确认			
8. 车队确认单		□已确认			
9. 旅游任务单		□已确认			
10. 保险确认		□已确认			
11. 其他补充		□已确认			
部门经理审核：　　　公司副总经理审核：　　　公司总经理审核：					

小　　结

本子情境主要介绍旅行社外来函电的处理和管理。掌握函电的处理八字方针：阅读、设计、计算、回复。学习之后可以进行具体操作演练，并对外来函电能够进行管理。

子情境二 中国内地主要旅游目的地景点介绍及线路示例

一、下达任务

请根据我国内地旅游资源的特点进行旅游区的划分，了解每个旅游区的特色，进行线路设计。

二、填写任务单

任务单如表 3-5 所示。

表 3-5 任务单

小组成员：		指导教师：	
任务名称：		模拟地点：	
任务描述	了解旅游区的特色，设计线路		
任务资讯重点	主要考查学生对中国内地主要旅游目的地景点的了解，并能够进行线路设计		
小组成果展示			

三、任务整体评价考核点

(1) 了解中国内地六大旅游区的主要景点特色。

(2) 了解当地风土人情和当地禁忌。

(3) 根据旅游区特色，能够自行设计有新意的旅游线路。

四、相关知识点

中国幅员辽阔，旅游资源丰富。各地旅游资源各有特色。作为一名计调人员，在设计

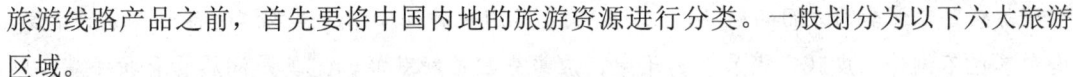

情境三　中国内地游计调

旅游线路产品之前，首先要将中国内地的旅游资源进行分类。一般划分为以下六大旅游区域。

(1) 东北旅游区：黑龙江省、吉林省、辽宁省。
(2) 华北旅游区：北京市、天津市、河北省、河南省、山西省、山东省、陕西省。
(3) 华东旅游区：上海市、江苏省、浙江省、安徽省、江西省。
(4) 华南旅游区：湖北省、湖南省、广东省、福建省、海南省。
(5) 西南旅游区：云南省、贵州省、重庆市、四川省、广西壮族自治区、西藏自治区。
(6) 西北旅游区：甘肃省、内蒙古自治区、宁夏回族自治区、新疆维吾尔自治区、青海省。

(一)东北旅游区

东北旅游区包括黑龙江省、吉林省、辽宁省三省。北国风光，虽不如江南婉约秀美，可在北风呼啸中看漫天雪花，也绝对是不可错过的风景。

以黑龙江省为例。黑龙江省是中国最东北的省份，位于东经121°11′～135°05′，北纬43°25′～53°33′。面积为45万多平方千米，约占全国总面积的4.7%，省会哈尔滨。北部、东部以黑龙江、乌苏里江为界，与俄罗斯相望；西部与内蒙古自治区毗邻；南部与吉林省接壤。有长10千米以上的河流1700多条，多处平原海拔50～200米。西部属松嫩平原，东北部为三江平原，北部、东南部为山地。

黑龙江省属寒温带，一半温带湿润一半湿润季风气候。冬季长而寒冷，夏季短而凉爽，南北温差大，北部甚至长冬无夏。因而夏宜避暑，冬宜赏雪、观冰灯、进行冰雪运动。1月平均气温-31～-15℃，极端最低气温达-52.3℃(漠河1969年2月13日)。7月为16～23℃，无霜期仅3～4个月，年平均降水量300～700毫米。有汉族、满族、朝鲜族、蒙古族、回族、达斡尔族、鄂伦春族、赫哲族、柯尔克孜族、鄂温克等民族。

专栏 3-1

旅游攻略

黑龙江地理位置特殊，处于中国最寒冷的地区，加上别具特色的地方生活风俗和多个民族的聚居，游客到黑龙江旅游一定要对如下事项特别的注意。

1. 装备

黑龙江属于高纬度地区，气温相对于东中部特别是南部都低很多。无论哪个季节去黑龙江都要留心天气，携带好相应的装备。冬天游黑龙江首先要携带好保暖防寒的衣物，携带好防感冒、晕车等方面的药品，以免影响自己游玩时的心情。黑龙江的冬天十分的干燥，哈尔滨也不例外。皮肤、嘴唇容易干裂，应事先配备护肤品，尤其是润唇膏和护手霜。驾车的游客要带上防滑链条，冰雪路上车速勿快，牢记安全第一。爱好摄影、登山的朋友，请带好有关器材，注意户外保暖和行路安全。喜爱滑雪的游客注意个人的安全及选择适合自己的场所游玩。

2. 滑雪

在进行滑雪等活动时，要做好准备工作，以免受伤：选择透气的外套，因为滑雪时的排汗量比较大，一旦水分不能排出，会在衣服内结露，冷风吹来，非常容易感冒；滑雪是连续运动，使人根本不会感觉到冷，只在关节部位加厚保护一下即可，这样做不但增强了滑雪的安全系数，而且也利于保暖，认为穿的越多越好是错误的；建议旅游者，最内层选择棉质的贴身衣物，不但吸汗，而且舒服；因为滑雪时，多为下坡，可选择穿长袖高领、套头毛衣，保证胸前的温度，如果上衣在腰部能有抽带就更加完美了，能更好地保暖；外裤最好选择比较宽松的运动裤，如果没有准备，不紧绷的牛仔裤也可。

3. 节庆

黑龙江是少数民族聚居的地区之一，不同的民族有不同的习俗、不同的文化、不同的节令性活动。在黑龙江多种多样的节庆活动中规模最大、影响最大的节令性活动是黑龙江省滑雪节和哈尔滨市冰雪节。一年一度的黑龙江省滑雪节，时间定在12月5日至翌年的1月5日，为期一个月，游客若在此时来到黑龙江，可以到滑雪场上去一试身手，尽享冰雪运动的乐趣。哈尔滨冰雪节的时间和滑雪节相近，游人可以到哈尔滨市一睹冰灯、雪雕的美景，欣赏冰雪文艺晚会，还可以参加很多冰雪娱乐项目。

4. 民俗

黑龙江省是中国满族人民的主要聚居区，满族人有着自己独特的风俗和习惯，希望游客们可以尊重。满族忌杀狗、吃狗肉和用狗皮，不戴狗皮帽子；历史中古老的黑龙江满族还是"风度翩翩的礼仪之族"，满族传统的礼仪表现在衣、食、起、居、言、行、举、止各个方面，十分讲究，希望游客们留心相关的信息。

鄂伦春族很注重礼仪，尊老爱幼是传统。无论在什么场合，都必须让老者坐在正位，饮酒要由老人开杯，吃肉吃饭要等老人举刀动筷后，其他人才能动。

鄂伦春族好客，宾友光临，除好酒好肉接待外，客人临别之际，还要馈赠自家的土特产。鄂伦春族待客纯朴、诚恳，猎人驮肉归来，不管相识与否，只要你说想要一点肉，主人立即把猎刀交给你，从何部位割，割多少，都由客人自己动手，十分慷慨大方。

鄂伦春人

黑龙江有三十四个少数民族，其人口总数却只有一百二十五万，其中鄂伦春人是生活在黑龙江大兴安岭上最古老的少数民族，1958 年，在党和政府的关怀资助下，才从山上走下来，实现了居有定所、衣食无忧。也许现在，再了解一下他们定居前的生活状态，看看他们原始的生存方式，你还能发现一些逝去的往事，感觉那些被凝固的历史。

1. "撮罗子"与"奥伦"

"撮罗子"是一种用二三十根五六米长的木杆和兽皮或桦树皮搭盖而成的简陋的圆锥形房屋。这种房屋是勤劳智慧的鄂伦春人在长期的游猎生活中创造出来的。"撮罗子"的搭建十分简单，先用几根顶端带枝杈、能相互咬合的木杆支成一个斜度为 60°的圆锥形架子，然后将其他木杆均匀地搭在这几根主架之间，使之形成一个伞状的骨架，上面再覆盖上狍皮或桦树皮。这样，夏天可防雨，冬天能御寒。"撮罗子"的顶端留有空隙，以便里面生火时透风出烟，又可采光，南侧或东南还要留出一个进出的门。"撮罗子"的覆盖物根据季节的更迭而变换：冬天气候寒冷，多用狍皮覆盖；到了春天，天气渐暖，就换成桦树皮。从"撮罗子"的设计看，它就地取材，结构简单，拆盖很容易，十分适合从事游猎生活的鄂伦春人。只要鄂伦春猎民觉得这里的猎物少了，他们就可以很快地迁移到其他适宜的地方。这种房屋也是他们不断迁居的保证。

和这种房屋相适应的是鄂伦春族的另一种传统建筑"奥伦"。"奥伦"其实是建在树上的仓库。它利用自然生长的树木悬空而建，在那里储藏暂时不用的衣物、用品、食物等。"奥伦"和"撮罗子"相比，"奥伦"是不动的，是供给站；而"撮罗子"就是流动的列车。听鄂伦春人说，"奥伦"往往是鄂伦春人的救命稻草。在过去，当一些饥饿寒冷的人们遇到别人家留下的"奥伦"时，完全可以自己取其中的物品，但是事后要归还。这是粗犷善良的鄂伦春人的自我考验，也是他们在艰苦的生活中为自己、为别人留下的生存机会。从 20 世纪 50 年代开始，越来越多的鄂伦春人走出白桦林，走下兴安岭，开始半耕半猎的定居生活。但是，他们仍然在家里供奉着"昭路布如坎"（马神）、"白纳恰"（山神），他们仍然会用最简单的方法为自己创造出最方便的设施，他们仍然给自己、给别人、给自然留下一条能生存的后路。

2. "手把肉"与狩猎

俗话说：靠山吃山，靠水吃水。鄂伦春族就是博大的兴安岭养育出来的。绵亘千里的兴安岭上,茂密的原始森林,生长着落叶松、桦树、柞树等耐寒树种和木耳、蘑菇、榛子、都柿等土产品和药材。林中栖息着虎、熊、鹿、狍子、野猪、豹、狐狸、野鸡等珍禽异兽。河里游弋着鲑鱼、鳇鱼等鱼类。鄂伦春人世世代代就顽强地生活在这片十分富饶的土地上,辛勤地耕耘繁衍至今。仿佛从远古起,他们的一切就传承着一如既往的原始习俗,任何来自于自然的、人为的因素都不能对他们产生些许的雕琢与改变。鄂伦春人的吃也像他们的住一样简单实惠。"手把肉"就是鄂伦春族最原始的吃法,也是人类远古时候生存方式的保留。

"手把肉"做法十分简单。先把打到的狍子的皮剥掉,掏出内脏,洗干净,再把狍子肉切成几块,放在架起的锅里煮就行了。"手把肉"的特点是不要煮得过熟,只要翻几下捞出来就可以了。

吃的时候要每人发一把腰刀,再给每人一块带骨头的肉,用刀削着吃。这些肉大多不会全熟,都带着血丝的,只要五分熟就好。所用的佐料除盐外也没其他什么。即使是这样,吃时仍会感觉味道十分鲜嫩。吃香喷喷的"手把肉",当然要配上猎人自己酿制的米酒,边喝边聊。

恶劣的自然条件、落后的狩猎工具使鄂伦春人吃上一次"手把肉"变得十分难得。但是,艰苦的生存条件造就了鄂伦春人,他们无论男女老少都精通骑马、射箭技艺,而且能熟练地掌握各种野生动物的生活习性,准确地掌握各种野生动物的解剖知识,又创造了依据各种野生动物不同生活习性及特征进行狩猎的方法。比如:堵截、设围、追捕、蹲碱泡、用鹿哨引诱、伪装、下套、埋地箭、设夹子等。正是他们的坚韧不拔才真正保全了自己的民族。

鄂伦春族在漫长的原始狩猎生活中,因地制宜,就地取材,发明和制作了很多具有民族特色的实用工具和手工艺品。在那些心灵手巧的鄂伦春族妇女手里,树皮和兽皮成了最宝贝的东西。

桦树皮是大兴安岭原始森林最最常见的东西。鄂伦春人就是用最简单、最平常的桦树皮丰富了他们的生活。桦树皮碗、桦树皮水桶、桦树皮盆和桦树皮盒,这些精美的桦树皮手工艺制品,不仅具有实用价值,如今还具有收藏价值。更叫绝的是,鄂伦春人为了适应古代原始狩猎生产及生活需要,创造了很多适宜于在森林中狩猎及运输的交通工具及运输方法,比如桦树皮船、犴皮船、独木舟、滑雪板、雪橇、拖架等。最典型的是桦树皮船。桦树皮船宽约一米、长约五米、窄而长。桦树皮船首先用松木板做成两头翘起的骨架,用大张没有孔洞的桦皮做船底和船帮,全船不用一根铁钉,而是用松木削成钉,用以加固各部位。这种船可乘二至三人,用单桨划行,划行时声音极小,划着它出猎,有利于接近猎物并捕获。

鄂伦春人以野兽皮作为服装的主要材料，用兽皮、兽骨做成各种装饰品，加工缝制后制作出了各种精美的服饰。鄂伦春族男子，在狩猎或平时生活中，多戴狍子头皮制作的帽子，身穿用狍皮制作的皮袍，筒式皮裤，手上戴着用兽骨制作的手镯和用狍子腿皮缝制的"手闷子"(手套)，腰带上挂着狍皮制的烟口袋和猎刀，左侧别着烟袋，脚穿用狍子小腿皮做成的皮靴子，出门多背枪、扎子弹袋，显得英俊威武。鄂伦春妇女喜欢用布把头包上，爱戴野花，穿的上衣用皮子镶边，而且还在袖口和大襟处都绣上绚丽的花纹。冬季穿用狍子皮制作的靴子(皮上有圆形白斑纹)。鄂伦春妇女皮袍装饰最精美的是开衩纹装饰，她们的缝制、花绣和刺绣的手艺是非常精湛的，她们利用各种野生动物不同颜色的皮毛镶嵌出的色泽艳丽、图案优美、制作精良的各种手工艺品，让人叹为观止。

3. 火神与篝火节

鄂伦春族对火神的崇拜历史悠久。他们认为火有驱邪祛污的作用。将器皿衣物置于火上烘，被认为是变洁净了。每年春节，初一的早晨都要向火神供祭，拜访亲朋好友，进门的第一件事情也是敬火神。

关于鄂伦春族对火神的崇拜还有这样一则故事。

相传在很久以前，一位鄂伦春妇女清晨起来做饭，火星蹦到身上，烧坏了她的皮袍，也烫痛了她的皮肉，她一气之下，拔出猎刀就往火里乱扎，直到把火捅灭。一气之下她把家也搬走了。当天晚上，她在新居内想把篝火点燃，却怎么也点不起来，只好去邻居家借火种。半中上遇见一位老人在树下哭泣，一只眼流着泪水，另一只眼流着鲜血。她好奇地问老人怎么了？老人气冲冲地说："还不是你早晨在火堆里乱扎，把我的这只眼睛给扎坏了。"这位妇女才恍然大悟："原来我触犯了火神！"她急忙跪下向火神认罪，请求宽恕。火神说："念你勤劳，每天喂马、煮饭，就饶恕你了，快回去点火吧。"这位妇女拜谢火神后，回去一点火火苗就呼呼地着了起来。

因为火对于处在原始狩猎生产时代的鄂伦春人来讲尤为珍贵，火不但是煮食取暖的依赖，也是抵御野兽的一种武器。从那以后，鄂伦春人对火神更加敬仰和崇拜，并一代代传下了崇拜"火神"的习惯。

按照鄂伦春族的习俗，每年的6月18日是鄂伦春民族传统的节日——篝火节。这一天，鄂伦春人都要燃篝火，欢歌畅舞，庆祝自己民族的节日。傍晚，全乡男女老少全部出动，在山下的河边沙滩上点起一堆堆的篝火。先是向火神祭祀，鄂伦春族的男女老少都要面向篝火磕头祈福；然后，就是鄂伦春人的大聚会了，杀狍子的、烤鱼肉的、煮"手把肉"的，那场面比过年还热闹。男女老少围坐在篝火旁边，边吃边喝。夜幕降临，大家酒足饭饱后，就围着篝火跳起了欢快的鄂伦春舞,热情好客的姑娘们跑上前把客人也拉入了她们的歌舞阵容,一时间,掌声、歌声把"篝火节"欢乐的气氛推向了高潮。

(资料来源:http://zhidao.baidu.com/question/3634252)

1. 黑龙江省常规旅游线路

黑龙江省常规的旅游线路如表3-6和表3-7所示。

表3-6 哈尔滨—亚布力—雪乡六日游

日 期	行程安排
第一天	抵达哈尔滨后,入住宾馆。
第二天	早7:00左右宾馆接团,乘旅游车赴亚洲最大的国际滑雪中心——亚布力滑雪旅游度假区(车程约3个半小时),沿途欣赏北国林海雪原风光。10:30左右抵达亚布力(俄语"亚布洛尼"音译,即苹果园的意思),坐车游览极具荷兰特色的风车山庄,"大地之子"风车网阵,木屋别墅。聆听导游员讲解好汉尚布、灵芝女希拉美丽动人的传说。午餐后,休息片刻后在初学者滑雪场学习滑雪2小时(教练费自理),亲自体验惊险而刺激的滑雪运动,自费乘坐缆车登上锅盔山参与新奇、刺激的世界第一滑道(全长2680米、48个弯道、落差560米),或自费高空索道登上亚布力山区最高峰,海拔1374.80米的大锅盔山山顶,观雪山胜景,晚上住在亚布力! 用餐:午餐、晚餐 住宿:亚布力
第三天	早餐后,欣赏雾气缭绕的山城日出,自费乘高空索道,登上亚布力景区最高峰海拔1374.80米的大锅盔山山顶(山顶雪深约1.5米),打雪仗、堆雪人、欣赏世界稀有植物——偃松,观雪山胜景、山顶石海(约1亿年前形成)、高山树挂等自然奇景;也可选择参加惊险刺激的世界第一滑道。午餐后自由选择亚布力风景区内各项雪上娱乐活动:溜滑圈、马拉爬犁、狗拉爬犁等。返回哈尔滨后专车送回下榻酒店! 用餐:早餐、午餐 住宿:哈尔滨
第四天	早上于预定时间在酒店大堂等候,集散中心专车接贵宾到发车地点——天竹宾馆,集合出发乘车前往中国第一雪乡——双峰林场(约4.5小时),沿途欣赏千里冰封、万里雪飘的北国冬季雪景。抵达后参观国家级雪上冬训基地、中国人民解放军"八一"滑雪场,有可能观摩到国家级滑雪运动员高山花样滑雪训练。坐上原始的交通工具马拉爬犁一边走、一边照,前往"朱开山影视城"(费用自理,亲临《闯关东》《大约在冬季》等著名电视剧的取景地。漫步最为淳朴的北方

情境三 中国内地游计调

续表

日 期	行程安排
第四天	特色农家村落——雪韵大街，前往梦幻家园(费用自理，视天气情况开放)；到木屋博物馆参观伐木工具和衣帽；亲自体验拉锯、劈柴、规楞等劳动作业，感受林区生产生活场景；登观景台俯瞰雪乡全景，坐滑圈返回山下；有兴致的游客还可以欣赏到搞笑开心的东北二人转表演。雪乡的夜景尤为美丽，洁白如玉的白雪在大红灯笼的照耀下，宛如朵朵白云飘落人间，幻化无穷…… 用餐：午餐、晚餐 住宿：雪乡农家特色火炕
第五天	可乘坐雪域登山车登雪乡最高峰——羊草山(费用自理)，拍摄雪乡奇观：炊烟、白雪、松柏、高山，构成的一幅神奇、美丽画卷。(国家级获奖雪景摄影作品大多从这里拍摄的)也可继续感受高山滑雪的乐趣(自费)，继续在白雪皑皑的童话世界赏雪、咏雪、戏雪、堆雪人、打雪仗，尽情地在雪地里打滚，感受宁静自然的乡村风光。返回哈尔滨后专车送回下榻酒店！ 用餐：早餐、午餐 住宿：哈尔滨
第六天	9:00 左右集合出发游览哈尔滨经济开发区，亚洲第一高钢塔——龙塔广场(上塔自费100元)，龙的传人上龙塔。可登塔俯瞰哈尔滨全市城景，远东地区最大的东正教堂——圣·索菲亚教堂，参观列那俄罗斯工艺品商店。哈尔滨母亲河——松花江，参加松花江冰上活动：打冰滑梯、观冬泳，参观东北土特产参茸中心。乘车经松花江公路大桥游览太阳岛风景区，太阳岛碑前留影纪念，可参观雪雕作品展——太阳岛雪博会(自费150元)，本届雪博会以"风情意大利，雪韵太阳岛"为主题，选材意大利标志性建筑、雕塑、异域文化、冰雪活动为创作内容，打造集观赏性、娱乐性、参与性为一体的冰雪盛会。本届雪博会以意大利著名旅行家、商人——马可·波罗，探险家——哥伦布，传教士——利玛窦为三条主线，推出"探索之旅""冒险之旅"和"文化之旅"，规划7大景区。雪博会期间将举行狂欢大巡游活动；2011年元旦至春节期间还成功举办"全家总动员趣味冰雪运动会"系列比赛，据介绍，这届雪博会打造一个完美的意大利美食城，仿制意大利餐馆咖啡馆，营造意大利浪漫唯美的餐饮环境，并邀请意大利厨师担任主厨举办意大利美食周。并能够观看到海狮或白鲸表演——极地馆(自费120元)，哈尔滨人民战胜汹涌肆虐的洪水的标志——防洪纪念塔，逛一逛拥有71座欧洲各风格建筑、亚洲最长的商业步行街——中央大街，体验踩在坚实而精巧、光滑而细腻的石头路面上，置身于建筑艺术长廊中，感受充满异国情调百年老街的无穷韵味……晚上乘坐空调旅游巴士赴我们美丽的松花江北岸前往梦幻乐园——冰雪大世界(自费300元)，进行愉快的冰雪之旅，体验冰雪的魅力。 用餐：早餐、午餐

表 3-7 漠河—呼中四日游

日 期	行程安排
第一天	漠河接机(火车),乘车出发(50 千米 60 分钟)→观音山拜观音(1 小时)→参观李金镛祠堂(30 分钟)→安排入住家庭宾馆——品尝以黑龙江鱼及北极村农家菜为主的特色晚餐
第二天	早晨 7 点用餐后,参观北极村景区景点。开始"找北"之旅→乘车(约 3 千米)到北极沙洲岛→游玄武广场、金鸡之冠广场和北望亚口广场→参观最北一家、最北一店→游览与海南天涯海角齐名的北极广场→在漠河象征神州北极碑前合影→船游黑龙江观江对岸俄罗斯风光(自费)→参观最北邮政所,制作自拍照明信片(自费)→晚餐后入住农家宾馆,晚自由活动,可在黑龙江边举办篝火晚会(自费)
第三天	早晨 7 点用餐,7 点 30 分乘车从北极村出呼中区(行程 230 千米,用时 3 小时)→途经白卡鲁山大岭停车观光(20 分钟)→午餐品尝呼中特色后参观呼中老知青纪念馆(30 分钟)→参观保护区资源馆(30 分钟)→苍山景区(20 千米,用时 40 分钟)→途中停车观呼玛河谷森林地下森林风光(20 分钟)→抵达苍山景下停车场后登山至石林景区参观(1 小时)→晚餐后安排入住白山宾馆
第四天	早晨 7 点 30 分用餐,早餐后前往呼中国家级自然保护区参观(行程 60 千米,用时 1 小时)→午餐后返回漠河县→晚餐后游览中国唯一城中原始森林公苑松苑公园→游西山广场观漠河小城全貌后晚上送机

2. 黑龙江省主要旅游景点简介

1) 中国雪乡

雪乡位于黑龙江省牡丹江市境内的大海林林业局辖区内的双峰林场,林场位于黑龙江省海林市长汀镇秃顶子山西侧,张广才岭中段。距长汀镇 105 千米,占地面积 500 公顷,海拔 1500 米左右。受日本海暖湿气流和贝加尔湖冷空气影响,冬季降雪期长,雪期也长达 7 个月,积雪厚度可达 2 米左右。雪质好、黏度高,积雪从房檐悬挂到地面形成了独特的雪帘、树挂,雪乡受山区气候影响,每年秋冬开始,就风雪涌山,号称全国降雪量最大的地区,素有"中国雪乡"美誉。

2) 镜泊湖

中国最大的高山堰塞湖——镜泊湖,位于黑龙江省牡丹江市的西南面。镜泊湖是 5000 年前经多次火山喷发,熔岩阻塞牡丹江古河床而成的火山熔岩堰塞湖。湖水南浅北深,湖面海拔 350 米,最深处超过 60 米,最浅处则只有 1 米;湖形狭长,南北长 45 千米,东西最宽处 6 千米,面积约 91.5 平方千米。景区总面积 1214 平方千米,容水量约 16 亿立方米。镜泊湖是中国最大、世界第二大高山堰塞湖,著名旅游、避暑和疗养胜地,国家级重点风景名胜区，国际生态旅游度假避暑胜地、世界级地质公园。距离牡丹江市区仅百余千米。"镜泊"意为"清平如镜"。

在历史上有"忽汗海"等名谓，至明代始称镜泊湖。沿湖两岸有"外八景"等众多天然景点，还流传着许多美丽的神话与传说，并有许多古代文化遗址与现代革命史故址。邓小平有"镜泊胜景"，叶剑英有"高山平湖，风光胜江南"的赞誉。

3) 五大连池

五大连池风景名胜区自然保护区位于黑龙江省北部，距哈尔滨 380 千米，距黑河 230 千米。五大连池风景名胜区自然保护区总面积 1060 平方千米，有耕地35.8万亩、林地32.1万亩、草原5.73万亩，湿地15万亩。五大连池火山群是由远古、中期和近期火山喷发形成的，火山地质地貌保存完好，是世界上少见的类型齐全的火山地质地貌景观，专家称其具有科学性、系统性、完整性、典型性和美学性，是中国首屈一指世界著名的火山。五大连池矿泉水是世界三大冷泉之一，有铁硅质、镁钙型重碳酸低温冷矿泉水，天然含汽，可饮可浴，健身治病；有偏硅酸、氡等类型矿泉水。享有"药泉""圣水"之誉。五大连池具有纯净的天然氧吧、独特的火山全磁环境、特效的药性洗泉、灵验的药用矿化离子水、神奇的火山岩太阳能理疗场等。中国著名火山学家刘嘉麒教授评价说：五大连池风景名胜区融山、水、岩、泉为一体，是中国火山地貌景观最丰富、最精彩、历史记载最详尽、研究程度很高的火山区，堪称火山博物馆。

(二)华北旅游区

华北旅游区包括北京市、天津市、河北省、河南省、山西省、山东省、陕西省。

北京与西安、洛阳、南京并称中国"四大古都"，拥有6项世界遗产，是世界上拥有文化遗产项目数最多的城市，具有重要的国际影响力，也是世界上最大的城市之一。北京，自金朝起，第一次成为古代中国的都城(1153 年)，是为北京建都之始，2013 年是北京建都860 周年。金朝时的北京称为中都，人口超过一百万。金中都为元、明、清三代的北京城的建设奠定了基础。北京市位于华北平原的西北边缘，背靠燕山，有永定河流经老城西南。

1. 华北旅游区常规旅游线路

华北旅游区常规旅游线路如表3-8和表3-9所示。

表 3-8　北京二日游

日期	行程安排
第一天	天安门、故宫、天坛、颐和园、万寿寺 世界上现存规模最大的皇家园林——颐和园(游览约 2.5 小时)，共有亭、台、楼、阁、廊、榭等不同形式的建筑 3000 多间。其中佛香阁、长廊、石舫、苏州街、十七孔桥、谐趣园、大戏台等都已成为家喻户晓的代表性建筑。 参观万寿寺——乾隆曾三次在这里为其母祝寿。东路为方丈院，西路为行宫院，慈禧就曾住在这里。所以也称作慈禧行宫。 前往皇帝用来祭天、祈谷的场所——天坛，北京天坛坐落在皇家园林当中，四周古松环抱，是保存完好的坛庙建筑群，无论在整体布局还是单一建筑上，都反映出天地之间的关系，而这一关系在中国古代宇宙观中占据着核心位置。同时，这些建筑还体现出帝王将相在这一关系中所起的独特作用。 游览世界五大宫殿之首北京故宫，游览故宫三大殿(太和殿、中和殿、保和殿)，历经了明、清两个朝代二十四位皇帝，是明清两朝最高统治核心的代名词，明清宫廷五百多年的历史，经历了帝、后活动，等级制度，权力斗争，宗教祭祀等。约 18:00 行程结束，游客广场散团
第二天	八达岭长城、十三陵定陵、古神路、石牌坊、鸟巢、水立方 登万里长城，车览居庸关外景，游览八达岭长城(活动时间约 3 小时)，如若乘坐滑车费用自理。 前往十三陵，路程约 20 分钟，游览我国明朝唯一已开发的地下宫殿——定陵(活动 2 小时左右)，途中观赏古神路石牌坊，远眺当年由毛主席指挥万人修建的十三陵水库外景。后可自愿参观十三陵明皇蜡像宫，蜡像宫截取了明朝 26 个历史场景，辅以现代影视、声光效应，再现明朝 16 位皇帝 276 年历史。 游览鸟巢水立方，游客沿途就近下车，结束行程

表 3-9　游曲阜"三孔"赏五岳独尊

日期	行程安排
第一天	趵突泉东门(或 7:20 火车站泉城宾馆门口)集合，乘车赴鲁国故城——曲阜(150 千米左右，车程约 2.5 小时)。 抵达曲阜后游览世界文化遗产——三孔：孔庙(80 分钟)，孔府(70 分钟)，孔林(50 分钟)。世界上祭祀孔子规模最大、最原始的庙宇——孔庙(仿鲁宫之制而建的宏伟建筑群，与北京故宫，承德避暑山庄合称中国三大古建筑群)，天下第一家——孔府(孔子嫡系子孙办公、生活的地方，身临其境感受孔氏家族的奢华气息)，世界上延时最久、面积最大的家族墓地——孔林(孔子及其家族专用墓地)(若乘三孔景区周转车，费用自理 15 元/人)

续表

日 期	行程安排
第二天	前往泰山游天外村，乘坐当地的换山车(25 分钟)，抵达中天门，步行(120 分钟)或索道上山(费用自理索道 80 元/人，往返 140 元/人(15 分钟))，如徒步上山，可观赏到斩云剑、步云桥、迎客松，体会"天门云梯"——十八盘。南天门集合后游览天上的街市——天街，欣赏洋洋洒洒的摩崖石刻——大观峰，汉武大帝所立的石碑——无字碑，青帝宫、玉皇顶等景点，后步行或索道下山(索道费用自理，80 元/人)，途中参观中华奇石——木鱼石(30 分钟)、山东土特产汇总店(30 分钟)，乘车返回济南，结束愉快的行程

2. 华北旅游区主要景点简介

1) 明清故宫

明清故宫又称紫禁城，是明清两代的皇宫，故宫是世界上现存规模最大、最完整的古代木结构建筑群，为我国现存最大、最完整的古建筑群。它始建于明永乐四年(公元 1406 年)，历时 14 年才完工，共有 24 位皇帝先后在此登基。无与伦比的古代建筑杰作紫禁城占地 72 万多平方米，共有宫殿 9000 多间，都是木结构、黄琉璃瓦顶、青白石底座，饰以金碧辉煌的彩画。这些宫殿是沿着一条南北向中轴线排列，并向两旁展开，南北取直，左右对称。这条中轴线不仅贯穿在紫禁城内，而且南达永定门，北到鼓楼、钟楼，贯穿了整个城市，气魄宏伟、规划严整，极为壮观。建筑学家们认为故宫的设计与建筑，实在是一个无与伦比的杰作，它的平面布局，立体效果，以及形式上的雄伟、堂皇、庄严、和谐，都可以说是世界上罕见的。它标志着我们祖国悠久的文化传统，显示着五百多年前匠师们在建筑上的卓越成就。

2) 八达岭长城

八达岭长城位于北京市延庆县军都山关沟古道北口。史称天下九塞之一，是万里长城的精华，在明长城中，独具代表性。

该段长城地势险峻，居高临下，是明代重要的军事关隘和首都北京的重要屏障。八达岭地理环境优越，自古以来就是通往山西、内蒙古、张家口的交通要道。

八达岭长城其关城为东窄西宽的梯形，建于明弘治十八年(1505 年)，嘉靖、万历年间曾修葺。关城有东西二门，东门额题"居庸外镇"，刻于嘉靖十八年(1539 年)；西门额题"北门锁钥"，刻于万历十年(1582 年)。两门均为砖石结构，券洞上为平台，台之南北各有通道，连接关城城墙，台上四周砌垛口。

八达岭长城为居庸关的重要前哨，古称"居庸之险不在关而在八达岭"。明长城的八达岭段是长城建筑最精华段,集巍峨险峻、秀丽苍翠于一体,"玉关天堑"为明代居庸关八景之一。

3) 颐和园

颐和园原是清朝帝王的行宫和花园,前身清漪园,为三山五园(三山是指万寿山、香山和玉泉山。三座山上分别建有三园清漪园、静宜园、静明园,此外还有附近的畅春园和圆明园,统称五园)中最后兴建的一座园林,始建于1750年,1764年建成,面积290公顷,水面约占3/4。乾隆继位以前,在北京西郊一带,已建起了四座大型皇家园林,从海淀到香山这四座园林自成体系,相互间缺乏有机的联系,中间的"瓮山泊"成了一片空旷地带。乾隆十五年(1750年),乾隆皇帝为孝敬其母亲动用448万两白银在这里改建为清漪园,以此为中心把两边的四个园子连成一体,形成了从现在清华园到香山长达二十千米的皇家园林区。咸丰十年(1860年),清漪园被英法联军焚毁。

光绪十四年(1888年),慈禧太后以筹措海军经费的名义动用银两(据专家考证,应为500万~600万两白银),由"样式雷"的第七代传人雷廷昌主持重建,改称颐和园,作为消夏游乐地。到光绪二十六年(1900年),颐和园又遭"八国联军"的破坏,许多珍宝被劫掠一空。光绪二十九年(1903年)修复。后来在军阀混战、国民党统治时期,又遭破坏,1949年之后政府不断拨款修缮,1961年3月4日,颐和园被公布为第一批全国重点文物保护单位,1998年11月被列入《世界遗产名录》。2007年5月8日,颐和园经国家旅游局正式批准为国家5A级旅游景区。2009年,颐和园入选《中国世界纪录协会》,是中国现存最大的皇家园林。颐和园拥有多项世界之最、中国之最。

4) 泰山

泰山是中国五岳之首,古名岱山,又称岱宗,位于山东省中部,济南、长清、肥城、泰安之间。其南麓始于泰安城,北麓止于济南市,方圆426平方千米。矗立在鲁中群山间。泰山主峰玉皇顶,海拔1532.7米。泰山是中国第一批国家级风景名胜区之一,又是天然的艺术与历史博物馆。泰山约形成于3000万年前新生代中期。泰山区域地层古老,主要由混合岩、混合花岗岩及各种片麻岩等几种古老岩石构成,距今约24亿~25亿年,属于太古代岩类。泰山有"五岳之长""五岳独尊"的称誉。泰山上存有许多人文景观。据中国古代各朝代文献记载,此山经常是皇帝设坛祭祀祈求国泰民安和举行封禅大典之地。第一个在此举行大规模封禅仪式的是秦始皇,在泰山封禅祭祀被人认为是天神必将赐予吉祥的"符瑞",这便形成泰山大典的历代传统。

5) 三孔

"千年礼乐归东鲁,万古衣冠拜素王"曲阜之所以享誉全球,是与孔子的名字紧密相连的。孔子是世界上最伟大的哲学家之一,中国儒家学派的创始人。在两千多年漫长的历史长河中，儒家文化逐渐成为中国的传统文化。

曲阜的孔府、孔庙、孔林，统称"三孔"，是中国历代纪念孔子，推崇儒学的表征，以丰厚的文化积淀、悠久历史、宏大规模、丰富文物珍藏，以及科学艺术价值而著称。因其在中国历史和世界东方文化中的显著地位，被世人尊崇为世界三大圣城之一。

(三)华东旅游区

华东旅游区包括上海市、江苏省、浙江省、安徽省、江西省。

1. 华东旅游区常规旅游线路

华东旅游区常规旅游线路如表3-10、表3-11所示。

表3-10　上海、苏州、无锡、南京、杭州、乌镇、西溪湿地、黄山、千岛湖八日精华游

日　期	行程安排
第一天	乘机赴国际化都市上海。入住酒店
第二天	早餐后，乘车前往无锡，游览"太湖佳绝处，毕竟在鼋头"——鼋头渚(约90分钟)，赏中国第三大淡水湖——太湖美丽风光，感受太湖的烟波浩渺(天气许可)。游览灵山大佛景区(约2小时，观赏88米高的世界最高释迦牟尼铜像，欣赏太湖美景、摸佛手、求佛寿。参观堪称"东方卢浮宫"的灵山金色梵宫。参观无锡蠡湖紫砂博览馆(约50分钟) 用餐：早餐、中餐　住宿：无锡
第三天	早餐后，乘车赴南京。游览伟大革命先驱者孙中山先生的陵墓——中山陵(约90分钟,周一闭馆)。游览中华门(约30分钟)。参观夏普蕾刀具展览中心。后乘车赴黄山 用餐：早餐、中餐　住宿：黄山山下
第四天	早餐后，游览黄山景区：始信峰、猴子观海、梦笔生花、排云海、清凉台、远眺天都峰，游览世界奇松迎客松、玉屏峰，观莲花峰、百步云梯、一线天、天海、光明顶、飞来石等，领略奇伟俏丽、灵秀多姿的黄山风采。体验"五岳归来不看山，黄山归来不看岳"的感觉。(黄山缆车自理单程81元/人，景区交通38元/人自理，登山时间可能较早，请视身体及天气情况量力而行) 用餐：早　住宿：黄山山下
第五天	早餐后，乘车赴群山绵延、森林繁茂、绿视率100%、湖区573平方千米、能见度达12米、国家一级水体、被赞誉为"天下第一秀水"的千岛湖。游览千岛湖3~4个岛。后乘车赴杭州，乘船游览(约40分钟)"古今难画亦难诗"的西湖，沿途可欣赏到断桥、白堤、雷峰塔、三潭印月风光。车至梅家坞梅坞问茶购物店(约45分钟)，晚上游客驱车前往全国最大的仿宋建筑群——宋城(约120分钟)，游览宋朝古街，观赏投资6000多万的大型古装表演"宋城千古情" 用餐：早餐、中餐　住宿：杭州

续表

日　期	行程安排
第六天	早餐后，游览2008年贺岁片《非诚勿扰》拍摄基地——西溪湿地(约90分钟，含电瓶车、船票)。参观丝绸展示购物中心，看丝绸表演(约45分钟)。后参观江南水乡乌镇(约50分钟)，参观茅盾故居、钱币馆、蓝布馆等。中途至桐乡品养颜精品——杭白菊(约45分钟)。晚上船游苏州古运河(约60分钟)，观赏苏州古桥、小桥流水人家、体验红楼梦开篇中人间最为逍遥富贵之处的苏州古运河 用餐：早餐、中餐　住宿：苏州
第七天	游览苏州著名园林——定园(游览时间约50分钟)，亭台楼阁映画其中、曲廊流水浑然天成，古迹遗址、大小景点三十多处，既有苏州古典园林之精、又有江南水乡之秀。游览枫桥景区(游览时间约50分钟)，含枫桥、铁关岭、大运河、虎丘斜塔。参观新东吴珍珠馆或华东珍珠展览馆(约45分钟)。后乘车赴上海，参观上海哈亚斯水晶城(约45分钟)。晚上游览上海夜景(约120分钟)，观百年外滩夜色，登上金茂大厦340米高空旋转观光厅，俯瞰东方明珠外景，近览环球金融贸易中心，乘坐黄浦江豪华游轮畅游灯火辉煌的浦江风情 用餐：早餐、中餐　住宿：上海
第八天	早餐后，乘飞机返回温馨的家。 用餐：早

表3-11　上海、普陀山、杭州祈福六日游

日　期	行程安排
第一天	哈尔滨太平国际机场乘机赴大都市上海 用餐：无　住宿：上海
第二天	早餐后，乘车赴杭州后船游西湖(约1小时，观三潭印月(不上岛)、阮墩环碧、湖心亭、孤山烟岚、断桥等，游览花港观鱼、漫步苏堤)。赴龙井村，龙井问茶(约1小时)。晚上可自费欣赏斥资六千万打造的"给我一天，还你千年"大型歌舞表演——宋城千古情(约2个半小时，240~280元/人，参加宋代各种民间活动，感受清明上河图的古老风韵) 用餐：早餐、中餐、晚餐　住宿：杭州
第三天	早餐后，观赏杭州丝绸推广中心美轮美奂的丝绸文化表演。乘车赴中国历史文化名城——绍兴，游览鲁迅故居(约1.5小时，游览三味书屋、鲁迅祖居、鲁迅故居、百草园、咸亨酒店等)。乘车赴宁波，经舟山连岛大桥至朱家尖快艇赴中国四大佛教名山之一的"海天佛国普陀山紫竹林景区"，参观普陀山标志性建筑33米高的"露天观音佛像南海观音大佛"，远眺海上卧佛珞珈山 用餐：早餐、中餐、晚餐　住宿：宁波

情境三　中国内地游计调

续表

日　期	行程安排
第四天	早餐后，游览西天景区(约 1.5 小时)：广福禅院、观音古洞、磐陀石、梅福庵、心字石、二龟听法石等美景，普陀第一大寺——普济寺(约 45 分钟)。快艇返回宁波，入住酒店 用餐：早餐、中餐、晚餐　　住宿：宁波
第五天	早餐后，乘车赴国家 4A 级风景名胜区奉化溪口(费用自理 120 元/人，约 90 分钟，参观近现代重要史迹及代表性建筑蒋氏故居丰镐房、蒋介石出生地玉泰盐铺、宋美龄别墅文昌楼、蒋经国别墅小洋房。乘车赴上海，途经世界第一跨海大桥——杭州湾大桥，尽情领略东海风光，此桥全长 36 千米，横跨东海杭州湾海域。晚上可自费观赏视觉盛宴的上海夜景(门票自理 240 元/人，2～2.5 小时：含浦江游船+登金茂大厦+车游夜外滩超千米车费) 用餐：早餐、中餐、晚餐　　住宿：上海
第六天	早餐后，参观上海德国希尔曼刀具店(约 1 小时)，游览万国建筑博览群——外滩，在十里洋场南京路步行街自由活动，后送团(如是早班机的游客，自动放弃上海当日景点行程) 用餐：早餐

2. 华东旅游区主要景点简介

1) 外滩夜景

外滩面对开阔的母亲河——黄浦江，背倚造型严谨、风格迥异的建筑群。由于其独特的地理位置及近百年来在经济活动领域对上海乃至中国的影响，使其具有十分丰富的文化内涵。外滩的江面、长堤、绿化带及美轮美奂的建筑群所构成的街景，是最具有特征的上海景观。早晨，外滩是人们的健身的场所；白天，它是繁华热闹的游览胜地；晚上，则是情侣的恋爱天地。每当华灯初上之时，外滩各栋建筑物上灯光辉煌，一座座犹如水晶宫似的，令海内外游客赞叹不已。

2) 杭州西湖

雷峰塔位于净慈寺前，为南屏山向北伸展的余脉，濒湖勃然隆重起，林木葱郁。其山虽小巧玲珑，名气在湖上却是数一数二，因为山巅曾有吴越时建造的雷峰塔，是西湖众多古塔中最为风光也最为风流的一塔，可惜七十余年前倒掉了，塔倒山虚，连山名也换成了夕照山。西湖南岸这座三面临水呈半岛状的名山，当年曾为南宋御花园占据。1949 年以后，山上种植了大量香樟、枫香、榆树等观赏树木，夕照林涛，景色依然富丽。

3) 苏州风情

提起苏州难免会想到："水乡泽国""人家尽枕河""东方威尼斯"等别称。找一家茶馆喝上一壶碧螺春,然后听一段伊伊侬侬的数周评弹,苏州的井千姿百态,仔细看看这些都是生活中业已消失的旧物,再看看苏州人悠闲打水的样子,不由得心生妒意。

4) 南京风情

南京文化遗存众多,文化积淀深厚,历代在此留下了丰富多彩的文化遗产,六朝文化中的石刻辟邪成了南京城市标志之一。中山陵、夫子庙及秦淮风光带两处景区1991年被列入"中国旅游胜地四十佳",每年接待海内外旅游者1500万人次。今日南京,尽展中国优秀旅游城市风采。雪松(市树)、梅花(市花)辉映着雄伟的明城墙、绿荫古都——南京,笑迎八方宾朋。

5) 无锡风情

无锡风景秀丽,历史悠久,又是一座享誉国内外的旅游城市。无锡地处太湖北端,是江南蒙蒙烟雨孕育出的一颗璀璨的太湖明珠。无锡以丰富而优越的自然风光和历史文化,跻身于全国十大旅游观光城市之列。无锡历史悠久,人杰地灵,经济繁荣,在文化上也充分展示了它瑰丽的特色。无锡是人文荟萃之地。泰伯、范蠡、秦始皇、陆机、李白、陆羽、王安石、苏轼、文天祥、仇瓒、康熙帝、乾隆帝等历史名人均曾留下遗迹、诗文,为无锡增光添彩。

(四)华南旅游区

华南旅游区包括湖北省、湖南省、广东省、福建省、海南省。

1. 华南旅游区常规旅游线路

华南旅游区常规旅游线路如表3-12、表3-13所示。

表3-12 海南三亚五天四晚豪华游

日 期	行程安排
第一天	海口接站,入住酒店,沿路观椰城美景抵达酒店入住,迎接第二天的尊贵之旅
第二天	早餐后,乘车游览万泉河风光,前往红色娘子军故乡琼海市;外观亚洲人对话平台"博鳌会址景区";乘船游览载入吉尼斯纪录的分隔河、海最狭长的沙滩半岛(游览约60分钟);乘竹筏游览中国的"亚马逊"河,体验快乐"万泉河竹筏漂流",参观海南特有的少数民族村寨——黎村苗寨,蚩尤部落,欣赏黎苗歌舞,了解少数民族的风土人情;接着参观槟榔谷,探访神秘的莽莽苍苍的热带雨林(游览约共100分钟),体会海南原始部落居民的生活,品味海南原汁原味的土著文化;后继乘车赴海南最大的归国华侨聚集地;晚餐后,可自费选择观看欣赏"泰国红艺人表演"(停留时间150分钟)

情境三 中国内地游计调

续表

日 期	行程安排
第三天	早餐后，亲临冯小刚执导，葛优、舒淇主演的《非诚勿扰2》精美大片拍摄地、海天仙境、热带天堂的"亚龙湾热带天堂森林公园"(游览约150分钟)。这里，依山傍海、山在海上、人在树中、海在眼底，是上帝遗落在人间的天堂。乘快艇登上"中国的马尔代夫"蜈支洲岛(含船票，海上娱乐项目自理)，小岛四周海域清澈透明，海水能见度6~27米，是世界上为数不多的没有礁石或者鹅卵石混杂的海岛，是国内最佳度假基地(游览时间150分钟)；晚餐自费享用可充分体现海南饮食文化的海鲜风味大餐(停留时间150分钟)
第四天	早餐后，游览国家珊瑚保护区(最佳潜水基地)——大东海旅游区(游览约180分钟，海上娱乐项目自理)，海滩嬉戏、海边拾贝、大海冲浪、感悟大海情怀；中餐后，参观集中外园林、佛教文化于一体的福泽之地南山寺(含南山素斋)(游览约180分钟)，瞻仰雄伟的大雄宝殿，膜拜世纪之作海上108米的三面观音圣像；午餐后，赴著名的4A级景区游览，天涯海角、南天一柱(游览约120分钟)，有情人终成眷属的浪漫开端，南天一柱天荒地老不变的爱情圣地；晚间可自费乘坐游轮(游览约80分钟)或自费享受海南独有的温泉鱼疗SPA(停留约150分钟)
第五天	早餐后，参观海南最具特色的水晶基地(游览约30分钟)；前往4A景区亚龙湾国家旅游区，欣赏亚龙湾中心广场(游览约30分钟)亚龙湾风景区，游览世界上天然与人工结合的最好的蝴蝶园(游览约30分钟)，游览陈列来自四大洋的数千种珍奇贝类的贝壳馆(游览约30分钟)；赠送海南仙山文笔峰(游览约90分钟)，山上植被茂盛，山顶常有云雾缭绕，仙人洞、仙人掌、仙人石等仙迹及秀美山色让人流连忘返；返回海口，结束快乐的旅程

表3-13 闽都文化、客家土楼、福州厦门、永定土楼四日游

日 期	行程安排
第一天	福州接团，入住酒店，自由活动
第二天	前往独具福州地域特色、堪称闽都文化的聚合地、中国十大历史文化街区之首、被誉为中国明清古建筑博物馆、中国城市里坊制度的活化石——三坊七巷(费用自理，120元/人，游览约120分钟)，参观辛亥革命志士、革命先驱林觉民与文坛祖母冰心曾先后居住过的，林觉民、冰心的故居，游览西学第一人、著名的教育学家、翻译家严复故居，全国重点文物保护单位、独具闽都民居文化特色的水榭戏台，参观福州楹联大师梁章钜的故居小黄楼。逛一逛独具闽都特色的南后街，领略榕城市井风情，可自费品尝福州特色风味小吃。登临三山之一、素有东南山国第一峰美誉的于山(游览约60分钟)，这里见证了千年古城福州从汉代到民国的城市变迁。远眺市中心最大的城市广场——五一广场，感受福州日新月异的城市发展脉动。游览有福建园林明珠之誉、

续表

日　期	行程安排
第二天	福建省历史最悠久的古典园林西湖(游览约 60 分钟)，位于市区西北部，景区占地面积 45 公顷，始建于晋，五代曾为闽王御花园，1914 年正式辟为公园，向大众开放。参观"开眼看世界第一人"的民族英雄林则徐出生地，品福建茗茶(停留约 50 分钟)。晚上可乘豪华游轮，畅游福建第一长河、养育八闽儿女的母亲河——闽江(费用自理，100 元/人，游览约 60 分钟)，徜徉于伟大母亲宽广的怀抱中，领略两岸的秀丽风光，目睹崛起中的海峡西岸经济区首善之都的活力与激情后，入住酒店
第三天	福州乘 D6201 次动车 8:22 发车，10:07 抵达，D6225 次动车 8:40 发车，10:13 抵达经济特区、鹭岛——厦门。远古时，因为白鹭栖息之地，厦门岛故而又称"鹭岛"。宋代太平兴国年间，因岛上产稻"一茎数穗"，又名嘉禾屿。明代被称中左所。美国前总统尼克松曾称赞厦门为"东方夏威夷"。参观游览闽南千年古刹——南普陀寺(游览约 50 分钟)，南普陀寺是厦门著名古刹，居于鹭岛名山五老峰前，背依秀奇群峰，面临碧澄海港，风景绝佳，始建于唐代，为闽南佛教胜地之一。游览国家 4A 级风景区"海上花园"——鼓浪屿(游览约 120 分钟)，鼓浪屿原名圆沙洲、圆洲仔，因海西南有海蚀洞受浪潮冲击，声如擂鼓，明朝雅化为今名，由于历史原因，中外风格各异的建筑物在此地被完好地汇集、保留，有"万国建筑博览"之称，小岛还是音乐的沃土，人才辈出，钢琴拥有密度居全国之冠，又得美名"钢琴之岛""音乐之乡"。游览鼓浪屿第一胜景——日光岩(费用自理，门票+缆车 60 元/人，游览约 60 分钟)，日光岩俗称岩仔山，别名晃岩，相传 1641 年，郑成功来到晃岩，看到这里的景色胜过日本的日光山，便把"晃"字拆开，称之为"日光岩"。日光岩游览区由日光岩和琴园两个部分组成。日光岩耸峙于鼓浪屿中部偏南，是由两块巨石一竖一横相倚而立，成为龙头山的顶峰，海拔 92.7 米，为鼓浪屿最高峰。参观民族英雄郑成功纪念馆，郑成功一生，抗清驱荷，以赶走荷兰殖民主义者、收复祖国领土台湾的业绩载入史册，海峡两岸均立像树碑纪念。乘缆车前往百鸟园。参观林巧稚纪念园——毓园，毓园占地 5700 平方米，为纪念鼓浪屿的优秀女儿、人民医学家林巧稚大夫，厦门市政府于 1984 年 5 月修建此园。林巧稚大夫于 1901 年 12 月 23 日诞生在日光岩下一个教师之家。游览怀旧鼓浪屿(费用自理，60 元/人)、海天堂构(费用自费，60 元/人)，这里是在原海天堂构老别墅基础上历时一年多，耗资 1000 多万元重新改造成的鼓浪屿上最时尚精致的老别墅文化旅游新景点。可乘坐游船海上游金门(费用自理，126 元/人，游览约 90 分钟，请务必携带第二代身份证)。观赏摩闽南茶文化表演(停留约 50 分钟)，游厦门环岛路珍珠湾(游览约 20 分钟)，参观台福金门菜刀店(停留约 50 分钟)后，入住酒店

续表

日 期	行程安排
第四天	早上厦门乘车赴著名的革命老区、烤烟之乡——永定(车程约230千米,行车约180分钟),参观土楼民俗文化村(游览约120分钟)。永定土楼,位于中国东南沿海的福建省龙岩市,是世界上独一无二的神奇的山区民居建筑,是我国古建筑的一朵"奇葩",它历史悠久、风格独特,规模宏大、结构精巧,土楼分方形和圆形两种,龙岩地区共有著名的圆楼360座,著名的方楼4000多座。游览"最富丽堂皇的土楼王子"——振成楼,数百年的榕荫消夏,富丽堂皇的"府第式的方形土楼"——福裕楼,"最小的袖珍圆楼"——升楼,气势磅礴的"布达拉宫式的土楼"——奎聚楼等。永定乘车返回厦门,厦门送团,结束愉快的福建之旅!

2. 华南旅游区主要旅游景点简介

1) 鼓浪屿

鼓浪屿位于厦门岛西南隅,与厦门市隔海相望,与厦门岛只隔一条宽600米的鹭江,轮渡4.5分钟可达。

鼓浪屿原名圆沙洲,别名圆洲仔,明朝改称鼓浪屿。因岛西南方有一礁石,每当涨潮水涌、浪击礁石、声似擂鼓,人们称"鼓浪石",鼓浪屿因此而得名。鼓浪屿是一个让人挖掘记忆的地方。鼓浪屿是厦门最大的一个卫星岛,岛上岩石峥嵘、挺拔雄秀,因长年受海浪扑打,形成许多幽谷和峭崖,沙滩、礁石、峭壁、岩峰,相映成趣。鼓浪屿楼房鳞次栉比,掩映在热带、亚热带林木里,日光岩奇峰凸起、群鸥腾飞……组成一幅美丽的画卷。

岛上气候宜人、四季如春、无车马喧嚣、鸟语花香,素有"海上花园"之誉。主要观光景点有日光岩、菽庄花园、皓月园、毓园、环岛路、鼓浪石、博物馆、郑成功纪念馆、海底世界和天然海滨浴场、海天堂构等,融历史、人文和自然景观于一体,为国家级风景名胜区、福建"十佳"风景区之首、全国35个著名景点之一。随着厦门经济特区的腾飞,鼓浪屿各种旅游配套服务设施日臻完善,成为观光、度假、旅游、购物、休闲、娱乐为一体的综合性的海岛风景文化旅游区。

2) 天涯海角

出三亚市沿海滨西行26千米,马岭山下便是"天涯海角"(见图3-1)奇景。游客至此,似乎到了天地之尽头。古时候交通闭塞,"鸟飞尚需半年程"的琼岛,人烟稀少,荒芜凄凉,是封建王朝流放"逆臣"之地。来到这里的人,来去无路、望海兴叹,故谓之"天涯海角"。宋朝名臣胡铨哀叹"区区万里天涯路,野草若烟正断魂"。唐代宰相要德裕用"一去一万里,千之千不还"的诗句倾吐了贬谪的际遇。这里记载着历史上贬官逆臣的悲剧人生,经历代文人墨客的题咏描绘，成为我国富有神奇色彩的著名游览胜地。

图 3-1　天涯海角

这里碧水蓝天一色、烟波浩瀚、帆影点点、椰林婆娑、奇石林立，那刻有"天涯""海角""南天一柱"等巨石雄峙海滨，使整个景区如诗如画，美不胜收。南天一柱据说是清代宣统年间崖州知州范云梯所书。南天一柱来历还有其他传说，相传很久以前，陵水黎族有两位仙女偷偷下凡，立身于南海中，为当地渔家指航打鱼。王母娘娘恼怒，派雷公电母抓她们回去二人不肯，化为双峰石，被劈为两截，一截掉在黎安附近的海中，一截飞到天涯之旁，成为今天的"南天一柱"。

(五)西南旅游区

西南旅游区包括云南省、贵州省、重庆市、四川省、广西壮族自治区、西藏自治区。

1. 西南旅游区常规旅游线路举例(见表3-14、表3-15)

表3-14　九寨沟、黄龙、峨眉山、乐山大佛五日游

日　　期	行程安排
第一天	早餐后，从成都出发，途经都江堰，沿紫坪铺库区而上，观赏"地震壁画"、映秀电厂遗址、老虎嘴(堰塞湖)，沿"震中"大峡谷观国道213遗址、受灾最严重的"一碗水村"、彻底关断桥、路中巨石、房中石遗址、被山石掩埋的村庄及被堰塞湖浸泡的房屋后到达汶川县城，乘车参观县医院、汽车站、红军桥、远观姜维城点将台。前往松潘县境内的素有人间瑶池美誉的黄龙风景区，

续表

日期	行程安排
第一天	景区黄龙沟的数千个钙化彩池形态各异、流光泛彩,长达 2500 米的钙化硫是世界之最。沿途主要景点有洗身洞、金沙铺地、盆景池、黄龙洞、黄龙寺、石塔镇海、五彩池、转花玉池等。游览时请量力而行(可自费乘索道上下,上 80/人,下 40/人),一般游览时间在 4 小时左右,后乘车前往川主寺入住,晚餐后,参加走进藏家烤羊晚会,品尝烤羊、手抓肉及爽口的青稞酒、酥油茶(烤羊 150 元/人,自费)
第二天	早餐后,换乘观光车前往整个行程的游览重点九寨沟,世界级自然遗产保护区。九寨沟是由翠海、叠瀑、彩林、烟云、雪峰以及奇异多彩的藏族风情组成格调自然风韵独具的仙境。九寨沟的景观主要分布在树正沟、日则沟、则查洼沟三条主沟内,景区内有最宽、最高、最雄伟壮观的三大瀑布;珍珠滩瀑布、诺日朗瀑布、熊猫海瀑布,108 个高山湖泊及数十处流泉飞瀑等景观。最美、最奇特的是九寨沟的水,清冽透底、变幻无穷;细细体味"黄山归来不看岳,九寨归来不看水"的意境。(此日午餐不含,请自带零食或自行前往九寨沟唯一的餐厅诺日朗餐厅用餐 50 元/人自理)约下午 17:30 出沟,晚餐后,可融入九寨沟第五道风景线独具特色的藏羌风情晚会
第三天	早餐后,乘车前往途中车观美丽的天然草甸牧场"甘海子"和川西"母亲河"岷江源,途中参观大唐林卡水晶店(约 45 分钟)、工艺品店(约 45 分钟)、黄龙仙水大药房(约 45 分钟)并可以免费在土特产展示中心品尝免费的高原牦牛肉;经松潘、汶川,车观映秀地震遗址,沿震中大峡谷车观国道 213 遗址、受灾最严重的一碗水村、彻底关断桥、路中巨石、房中石等遗址;可再次了解地震知识,感受灾后重建的成果及热情;再次经过都江堰市成灌高速到达成都(约 17 点)入住酒店
第四天	早餐后,前往乐山(车程约 2 小时)参观世界第一大佛——乐山大佛,游览著名的三江汇合,参观中国三大千年古刹之一的乐山凌云寺。登九曲古栈道瞻仰乐山大佛,体验"蜀道之难,难于上青天"的感觉,抱千年佛脚(游览时间约 4 小时)。并可参观乐山东方佛都(自费 80 元/人+10 元/人的讲解费,参观约 1 小时),乘车前往峨眉,途中可参观世界之最乌木博物馆(自费门票 90 元/人),参观时间 1 个小时。之后到达酒店入住(晚上可自费观赏川剧变脸秀,自费 200 元/人,时间为 1 小时 30 分)
第五天	早上乘坐观光车前往雷洞坪,体验峨眉山"一山有四季,十里不同天"自然景色。步行前往接引殿,乘索道前往金顶(自费往返 120 元/人)。朝拜 48 米高的十方普贤金像。返回至雷洞坪乘观光车至万年寺停车场。午餐后乘坐索道(客人自费单程索道 65 元/人)至皇家寺庙——万年寺(自费 10 元/人),游览十景之一的"白水秋风",参观镇山之宝——62 吨的普贤骑象。下行经白龙洞前往峨眉山自然景观精华——清音阁,聆听峨眉山十大自然景观之首的"双桥清音"。游览全国最大的野生自然生态猴区(全程游览时间约 8 小时)。后经清音平湖下山返成都

表 3-15　丽江、香格里拉(双飞)5 天 4 晚游(玉龙雪山)

日　期	行程安排
第一天	自由游览金马碧鸡坊、南屏步行街、东风广场。晚乘飞机到丽江
第二天	早餐后，大理乘豪华大巴至丽江，途中游览新华民族村——世界文化遗产之称的丽江古城(欣赏小桥流水人家)、大研古镇四方街，街区民居多为"三坊一照壁，四合五天井"的传统布局，山水相映的是三条从玉龙山流下的清溪穿城而过，给古城带来勃勃生机。这些古朴典雅的古建筑，造型典雅古朴，雕刻和绘画技法高超，美不胜收。观赏人类音乐活化石纳西古乐(自费)
第三天	早餐后，乘车(丽江—香格里拉)前往藏语意为"吉祥如意的地方"香格里拉，途中游世界最深的峡谷之——虎跳峡，虎跳峡又称"金沙劈流"，位于玉龙雪山与哈巴雪山之间，金沙江穿峡而过，眺望长江第一湾。晚可自费藏民家访(品尝酥油茶、青稞酒、糌粑、酸奶)
第四天	普达措国家公园一日游：碧塔海、属都湖、霞给民族村、藏民家访(费用自理)晚乘车丽江
第五天	早餐后，游览玉龙雪山风景区(包进山费，不含云杉坪索道、环保车)，自费乘索道观玉龙雪山，游览甘海子牧场、白水河；游览山水相连、碧波荡漾、被美誉为"小九寨"的璀璨明珠的自然生态大峡谷"蓝月谷"(不含景区电瓶车费用)。晚飞机返回昆明

2. 西南旅游区常规旅游景点

1) 乐山大佛

乐山大佛，位于四川省乐山市南岷江东岸凌云寺侧，濒大渡河、青衣江和岷江三江汇流处(见图 3-2)。大佛为弥勒佛坐像，通高 71 米，是我国现存最大的一尊摩崖石刻造像。大佛开凿于唐代开元元年(713 年)，完成于贞元十九年(803 年)，历时约 90 年。大佛两侧断崖和登山道上，有许多石龛造像，多是盛唐作品。凌云寺右灵宝峰上，现存一座砖塔，塔高 13 层，造型与西安小雁塔相似。寺左江中一孤峰卓立，名乌尤，即秦所凿乐山离堆，上有唐创建乌尤寺，以及相传汉郭舍人注《尔雅》处。

图 3-2　乐山大佛

2) 九寨沟

九寨沟位于四川省阿坝藏族羌族自治州九寨沟县漳扎镇，是白水沟上游白河的支沟，以有九个藏族村寨(又称何药九寨)而得名。九寨沟海拔在 2000 米以上，遍布原始森林，沟内分布 108 个湖泊，有"童话世界"之誉。九寨沟为全国重点风景名胜区，并被列入世界遗产名录，如图 3-3 所示。

图 3-3　九寨沟

"九寨归来不看水"，水是九寨沟的精灵。湖、泉、瀑、滩连缀一体，飞动与静谧结合，刚烈与温柔相济。泉水、瀑布、河流、河滩将 108 个海子连缀一体，碧蓝澄澈、千颜万色、多姿多彩、异常洁净，能见度高达 20 米。以翠海(高山湖泊)、叠瀑、彩林、雪山、藏情、蓝冰"六绝"驰名中外，有"黄山归来不看岳，九寨归来不看水"和"世界水景之王"之称。现代诗人肖草《九寨沟》诗："放眼层林彩池涟，鱼游云头鸟语欢。飞瀑洒落拂面来，九寨山水扬海天。"便是对九寨沟真实的诠释。

3) 丽江古城

丽江古城，又名大研镇，位于中国西南部云南省的丽江市，坐落在丽江坝中部，与同为第二批国家历史文化名城的四川阆中、山西平遥、安徽歙县并称为"保存最为完好的四大古城"，它是中国历史文化名城中两个没有城墙的古城之一(见图 3-4)。丽江古城始建于宋末元初(公元 13 世纪后期)。古城地处云贵高原，海拔 2400 余米，全城面积达 3.8 平方千米，自古就是远近闻名的集市和重镇。古城现有居民 6200 多户，25000 余人。其中，纳西族占总人口绝大多数，有 30%的居民仍在从事以铜银器制作、皮毛皮革、纺织、酿造业为主的传统手工业和商业活动。

图 3-4　丽江古城

4) 普达措

普达措是我国第一个国家公园,位于云南省迪庆藏族自治州香格里拉县东 22 千米处,公园的大门设在"香格里拉第一村"霞给村的村头。"普达措"藏语意为神助乘舟到达湖的彼岸(见图 3-5)。

图 3-5　普达措

普达措现以碧塔海和属都湖为主要组成部分,海拔在 3500～4159 米,是"三江并流"风景名胜区的重要组成部分。公园拥有地质地貌、湖泊湿地、森林草甸、河谷溪流、珍稀动植物等,原始生态环境保存完整。

(六)西北旅游区

西北旅游区包括陕西省、甘肃省、内蒙古自治区、宁夏回族自治区、新疆维吾尔自治区、青海省。

1. 西北旅游区常规旅游线路举例

西北旅游区常规线路如表3-16、表3-17所示。

表3-16 南疆民俗风情6日游

日 期	行程安排
第一天	飞往举世闻名的歌舞之乡、瓜果之乡、黄金玉石之邦新疆维吾尔自治区首府乌鲁木齐,踏上举世闻名的丝绸之路第一站,抵达后市区自由活动
第二天	早餐后,乘车前往国家重点风景名胜区——天山天池(区间70元/人费用自理,游览约2.5~3小时),抵达后乘缆车或区间车进入景区,游览以高山、湖泊为中心的景色,欣赏雪峰倒影、云杉环拥、碧水似镜的自然风光,在西王母与周穆王的动人传说中领略人间仙境般的瑶池胜景,景区内可乘船(费用自理,具体收费根据时间有所不同)体验天池近景,参观野生植物馆(约40分钟)。返乌市,参观"一生缘"玉器店(约40分钟),后赴有中亚风情缩影之称的二道桥国际大巴扎(约1小时),体验浓郁独特的民族风情,晚上乘飞机赴喀什
第三天	早餐后,乘车赴喀什参观达瓦昆沙漠,感受沙漠与湖泊的自然和谐相处,自由参观喀什夜市
第四天	早上乘车参观全国规模最大、等级最高的艾提尕尔清真寺(游览时间约50分钟),寺内杨树参天、浓荫蔽日,您不仅可感受到一份惬意,更可了解那浓厚的伊斯兰文化。后进入在国内享有盛誉的香妃墓(游览时间约1小时),拜访这位倾国美女,看一部曾经辉煌的家族兴衰史,会让您对喀什从此有了一份难舍的情结。后参观维吾尔族手工艺人街(约1.5小时)。在喀什保护完好的喀什噶尔老城区(约1小时)里体验独特的、古老的维吾尔民俗风情。让大家最尽兴的就是去已有千年历史的大巴扎,选购自己心爱的物品做纪念。参观艺博园(约40分钟)。晚餐后,返回乌鲁木齐
第五天	早餐后,乘车经"白水涧道"赴"火洲"吐鲁番,沿途免费参观亚洲最大的风力发电站。电站停车拍照(10分钟左右)。后途经柴湖、盐湖,到达达坂城古镇参观。抵达吐鲁番后参观具有两千多年历史的交河故城,重现西域古老文化的维吾尔族古村,参观中国唯一的地下水利工程生命之泉——坎儿井。午餐后,前往以种植数百种葡萄而闻名世界的葡萄沟,参加维吾尔民族家访,品尝瓜果,游览西游记中描述的八百里火焰山,下午乘车返回乌鲁木齐
第六天	早餐后,市内自由活动,机场乘航班(航班号及航班时间待定),结束愉快旅程

表 3-17 青海、兰州、嘉峪关、敦煌 6 日游

日 期	行程安排
第一天	参观藏传佛教格鲁派(黄教)创始人宗喀巴的诞生地塔尔寺,欣赏艺术三绝:酥油花、壁画、堆绣,后返回西宁入住酒店休息
第二天	早餐后,统一地点集合,经海藏咽喉——湟源峡谷,翻越黄土高原与青藏高原的分界线——文成公主赴藏摔镜之地日月山(费用自理),也是青海省农业区与牧业区,汉文化与藏文化的分界线。经过"天下河水皆东流,唯有此溪向西流"的倒淌河欣赏自然风光,后抵达中国最大、最美的内陆咸水湖(不含游船、观光车,游览约 1.5 小时),蓝天、白云、草场与湖让人沉醉留恋
第三天	早餐后赴兰州,参观位于兰州市黄河北岸的白塔山公园,之后前往黄河第一桥,到黄河母亲塑像前留影纪念。参观"宇拓宫"(主售藏药)或者"陇翠堂"(主售特产)(参观时间 40 分钟),后乘火车赴嘉峪关
第四天	早上接火车后参观万里长城西端的起点,天下雄关嘉峪关城楼(2 小时),嘉峪关城楼是举世闻名的万里长城西端的险要关隘,也是长城保存最完整的一座雄关。参观"百草堂"(主售药材)(30～40 分钟)后乘车赴敦煌,晚上可自由参观敦煌市沙州夜市
第五天	早餐后,乘车前往世界级东方文化艺术宝库,建筑规模之大、壁画数量之多、塑像造型之美、保存之完整享誉海内外的莫高窟(2.5 小时)。之后乘车前往千百年不为流沙而淹没,不因干旱而枯竭,集天地之韵律,其造化之神奇,令人神醉情驰的月牙泉、鸣沙山(3 小时)
第六天	早餐后,乘车赴玉门关(往返 350 千米),玉门关(游览约 1 小时)是丝绸之路通往西域北道的咽喉要隘,俗名"小方盘城"。途经敦煌影视城,远观隐形睡佛。后乘车赴《英雄》拍摄地——雅丹魔鬼城

2. 西南旅游区常规旅游景点

1) 敦煌莫高窟

敦煌莫高窟是指甘肃省敦煌市境内的莫高窟,也是西千佛洞的总称,我国著名的四大石窟之一,世界上现存规模最宏大、保存最完好的佛教艺术宝库。它坐落在河西走廊西端,以精美的壁画和塑像闻名于世。莫高窟始建于十六国的前秦时期,历经十六国、北朝、隋朝、唐朝、五代、西夏、元代等历代的兴建,形成巨大的规模,现有洞窟 735 个、壁画 4.5 万平方米、泥质彩塑 2415 尊,是世界上现存规模最大、内容最丰富的佛教艺术圣地。它南北长约 1600 多米;上下排列五层,高低错落有致、鳞次栉比,形如蜂房鸽舍,壮观异常。它是

我国现存规模最大、保存最完好、内容最丰富的古典文化艺术宝库，也是举世闻名的佛教艺术中心。

2) 嘉峪关

嘉峪关位于甘肃嘉峪关市向西 5 千米处，是明长城西端的第一重关，也是古代"丝绸之路"的交通要冲。是明代万里长城西端起点，始建于明洪武五年(公元1372年)，先后经过168年时间的修建，成为万里长城沿线最为壮观的关城。

嘉峪关由内城、外城、城壕三道防线成重叠并守之势，壁垒森严，与长城连为一体，形成五里一燧、十里一墩、三十里一堡、一百里一城的军事防御体系。嘉峪关内城墙上还建有箭楼、敌楼、角楼、阁楼、闸门楼共14座，关城内建有游击将军府、井亭、文昌阁，东门外建有关帝庙、牌楼、戏楼等。

3) 塔尔寺

塔尔寺位于青海省西宁市西南25千米处的湟中县城鲁沙尔镇。塔尔寺又名塔儿寺。得名于大金瓦寺内为纪念黄教创始人宗喀巴而建的大银塔，藏语称为"衮本贤巴林"，意思是"十万狮子吼佛像的弥勒寺"。酥油花、壁画和堆绣被誉为"塔尔寺艺术三绝"，另外，寺内还珍藏了许多佛教典籍和历史、文学、哲学、医药、立法等方面的学术专著。

4) 玉门关

玉门关，俗称小方盘城，位于甘肃敦煌市西北90千米处。始置于汉武帝开通西域道路、设置河西四郡之时，因西域输入玉石时取道于此而得名。汉时为通往西域各地的门户，故址在今甘肃敦煌西北小方盘城。元鼎或元封中(公元前116—前105年)修筑酒泉至玉门间的长城，玉门关随之设立。据《汉书·地理志》，玉门关与另一重要关隘阳关，均位于敦煌郡龙勒县境，皆为都尉治所，为重要的屯兵之地。当时中原与西域交通无不取道两关，它曾是汉代时期重要的军事关隘和丝绸之路交通要道。提起玉门关首先要讲到张骞出使西域的一段历史，丝绸之路开通后，东西方文化、贸易交流日渐繁荣，为确保丝绸之路安全与畅通。在公元前121—前107年，汉武帝下令修建了"两关"，即"阳关""玉门关"。

5) 天山天池

天池处于天山东段最高峰博格达峰的山腰，平面海拔 1928 米，天池古称"瑶池"，地处天山博格达峰北侧，阜康市南偏东 40 余千米，距乌鲁木齐市 110 千米。"天池"一名来自乾隆48年(公元1783年)乌鲁木齐都统明亮的题《灵山天池统凿水渠碑记》。天山天池风景区以天池为中心，包括天池上下 4 个完整的山地垂直自然景观带，总面积380.69平方千米。天池湖面呈半月形，长3400米，最宽处约1500米，面积4.9平方千米，最深处约105

米。湖水清澈，晶莹如玉。四周群山环抱、绿草如茵、野花似锦，有"天山明珠"盛誉。挺拔、苍翠的云杉、塔松，漫山遍岭，遮天蔽日。天池自然保护区可分为"大天池北坡游览区""大天池游览区""十万罗汉涅槃木山游览区""娘娘庙游览区"和"博格达峰北坡游览区"，每区八景，五区四十景。

6) 艾提尕尔清真寺

艾提尕尔清真寺始建于 1442 年，是全疆乃至全国最大的一座伊斯兰教礼拜寺，在国内外宗教界均具有一定影响，为自治区重点文物保护单位。其占地 25.22 亩，坐落在喀什市中心艾提尕广场西侧。这是一个有着浓郁民族风格和宗教色彩的伊斯兰教古建筑群，坐西朝东，由寺门塔楼、庭园、经堂和礼拜殿四大部分组成。艾提尕大清真寺不仅是新疆地区宗教活动的重要场所，在古代还是传播伊斯兰文化和培养人才的重要学府。

工学结合 3-1

请将国内六大旅游区的主要旅游景点介绍进行总结和归纳。

小　　结

作为合格的计调人员在安排中国内地游、设计线路之前，首先要对中国的旅游资源有所了解，本子情境主要是对中国六大旅游区域旅游资源进行简单的介绍。

子情境三　专线组团计调操作流程

一、下达任务

主题："夕阳红"——给父母的礼物

背景资料：随着"重阳节"的到来，子女都想为父母做些什么，让父母出去旅游作为一份即可以愉悦身心又可以广交朋友的礼物，现在越来越受到欢迎，请小组设计两条"夕阳红"线路。

要求：大交通采用火车的方式，行程安排不宜过长，以一个星期至十天为宜。

总体要求：本次情境安排的任务都属于特殊人群，在进行计调工作时，除了设计线路、安排食宿等活动外，请小组思考还应该考虑哪些问题？采取哪些应急预案？

(1) 熟悉每日同行业线路价格，掌握最低价格，了解价格区别。

(2) 接听电话时，客气委婉，接到电话必须说：您好，××旅行社，我是计调××(姓)，很高兴为您服务。接听电话时，一定要音质甜美、音速适中、语言委婉流畅，让客户感到放心、舒服。接听业务咨询电话，一定要记住对方旅行社的名称、业务联系人、电话、线路要求(人数、线路景点、住宿标准、用车情况、返程情况、大概出发时间)，如果有手机最好留下对方的直接联系方式。

(3) 报价时，一定要迅速、准确，5分钟之内将报价给对方。

(4) 如果发传真件，在传真给对方发过去5分钟之后打电话问询对方是否收到传真件，并询问对方所收到的传真是否符合要求。

(5) 如果传真准确无误，和对方业务人沟通团队的情况，要了解团队大概的出发日期、人数，做到心中有数，尽量通过和对方沟通尽快把旅游团报价确定下来。

(6) 如果团队确定下来，要和对方合同(确认件)确认、约定结账方式，并在传真确认件上注明清楚。如果团队没有及时定下来，要及时跟单，并在上面注明每次跟单的情况，做到心中有数。

(7) 团队定下来以后，在传真件上注明需要特殊注意事宜，以及所要求导游性别、性格。

(8) 按照传真件上约定的情况及时催收团款。

(9) 在团队的游览过程中，要多和带团导游联系，知道团队的进度情况，尽量做到问题早发现、早解决，团队出发前所有事宜都已做好。

(10) 团队返回目的地后，及时打服务跟踪电话，做到团队满意，团队心中有数，做到以后操作中应该注意的事，并将意见及时转发给业务操作计调。

(11) 操作完团队之后，将业务联系人的资料整理、备档，并在特殊时间致电问候。必须在团队结束三日内(含下团当日)将结算单传真到组团社，并确认对方收到。

二、填写任务单

任务单如表3-18所示。

表3-18 任务单

小组成员：		指导教师：	
任务名称：		模拟地点：	
任务描述	对老年旅游夕阳红专线进行线路设计和调度		
任务资讯重点	主要考查学生对专线旅游产品的设计和调度能力，同时考查应急预案的制订		

	续表
小组成果展示	

三、任务整体评价考核点

(1) 专线组团计调的工作内容和操作流程。

(2) 对一些特殊人群，在进行团队操作时就考虑的问题及处理预案。

四、相关知识点

专线组团计调是专门负责某一线路、某一群体或某一项目的计调人员。作为一名合格的专线组团计调，首先，必须要熟悉自己所负责专线的航班、航空公司情况，有时一家旅行社在大交通上所取得的优势能够让旅行社在最短时间内获得丰厚利润。其次，要了解自己所负责的专线市场情况，了解地接社能力、信誉以及资金信用情况。最后，了解自己专线的时间和季节变化情况下的团队力量，能合理安排时间进行系统销售，通过走访了解自己专线客户需求和市场潜力。

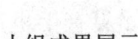
工学结合 3-2

龙广海南自驾游

背景资料： 黑龙江广播电台将于 2018 年 12 月 20 日—2019 年 1 月 20 日举办"龙广海南行"自驾游活动，请贵社为其设计从黑龙江省出发至海南的路线图。

要求： (1) 本次活动是自驾游，设计线路和安排住宿时要考虑到车队的方便。

(2) 跨越南北两地，线路设计时能够体现出自驾游的方便性，设计线路时，请注明行车所走高速公路名称。

(3) 自驾游期间会经历两次大的节日，请做好节目策划活动。

(4) 去程和返程线路要不同(所走的省份)。

(5) 本次活动共计 300 人参加，100 辆家用车组成的车队，请安排好停车用地和途中的住宿。

小　　结

本子情境主要介绍专线组团计调的操作流程和注意事项，在完成本子情境的学习后，学生能够进行某一专线的设计和操作。

子情境四　接待计调操作流程

一、下达任务

背景资料：由香港大学、香港理工大学、香港中文大学联合国内知名大学举办的"香港青年游大陆"活动。

要求：(1) 设计的游览线路主要围绕国内名牌大学所在城市，安排参观体现中国文明的古迹，并请专业导游给予讲解。

(2) 本次活动共计 100 名学生，分为三个小分队进行活动，他们所游览的线路可以相同，但安排在不同时间，请做好相应的食宿和游览、参观活动。

二、填写任务单

任务单如表 3-19 所示。

表 3-19　任务单

小组成员：	指导教师：
项目名称：	模拟地点：
工作岗位分工：	
工作场景：	

续表

教学辅助设施	模拟旅行社真实工作环境，配合相关教具
项目描述	通过对中国内地游的操作，引导学生对中国内地主要旅游资源设计线路，由学生完成以下主要环节：线路设计、报价、销售、计划调度、总结汇总等工作
项目资重点	主要考查学生对线路产品本身的了解、计调业务的熟悉程度
项目能力分解目标	要求学生将知识和技能运用到本次旅游活动的各个环节，完成： 特色线路设计； 根据客人的具体情况落实相应计调工作； 根据老师所给计调流程进行相应程序的操作(以情景模拟的形式进行)
小组实施过程记录	

三、任务整体评价考核点

(1) 学生对自己设计的线路了解程度。

(2) 按不同方式给出报价。

(3) 根据客户要求落实地接社计调工作。

四、相关知识点

地接社在接受组团社委托后，由地接社计调安排在本地活动的行程。主要进行地接报价和接待工作。

情境三　中国内地游计调

(一)地接报价方式

1. 分项报价

分项报价是应旅游客源市场需要而产生的一种报价方式，随着旅游者素质的提高和旅游经验的丰富，人们已经不满足于全包价的旅游收费方式，更喜欢灵活的收费方式。地接社将旅游行程中的收费项目详细列出，分项进行收费，透明度高，便于组团社和旅游消费者了解费用的组成和价格，消费者可根据自己的需要，自由进行选择消费内容和档次，可以更好地维护自身利益。

分项报价包括以下收费内容：一日三餐的收费及特色风味餐费用、住宿费用、大交通费(汽车、轮船、飞机、火车)、景点第一门票及娱乐项目、导游服务费、旅行社责任保险以及其他费用等。

在进行分项报价时，计调人员应注意以下几点。

(1) 餐费。注明一日三餐的标准和次数，有特色风味餐，注明价格。如果客人要提高用餐标准，应提前告知补差价。

(2) 住宿费。注明出行期间每晚住宿酒店的名称、星级标准和价格，如酒店不含早餐，应提前告知。有些景点如果住民宿，应提前告诉组团社和旅游者。

(3) 大交通费。如乘坐旅游大巴，注明旅游大巴座位数和费用，并按照出团人数计算出每个人的价格。

(4) 景点门票。一般来说，旅游团的景点门票主要指景点第一门票，里面的分项收费由旅游者自行负责，但要在报价中有所体现。在报给组团社时，最好注明每个景点的价格和季节差价。

(5) 导游服务费。有两种计算方式：一种是算出每人每天的价格乘以总天数；另一种是按照整团的价格进行计算。

(6) 其他费用。客户需要提供会议室、翻译等特殊要求时的收费。

2. 总体报价

总体报价是将所有分项旅游产品的价格加上旅行社利润后形成的价格，包括餐费、住宿费、大交通费、市内交通费、景点门票、导游服务费以及合理的利润等费用。

(二)组织接待

当地接社计调向组团社计调发出报价后，接下来的工作就是负责组织在当地旅游的接待工作。

1. 确认旅游接待计划

旅游接待计划是地接旅行社和组团旅行社之间合作的基础和处理旅游纠纷和矛盾的法律依据。旅游接待计划必须通过双方的友好合作才能获得相应的经济回报，关乎双方共同的经济利益和社会利益。

当地接社将旅游接待计划，双方就行程安排和报价达到一致后，就进入了旅游接待计划的确认阶段。

确认接待计划主要通过传真、E-mail、QQ 等方式，双方需要盖章确认，并以传真方式发给对方旅行社。这样，组团社才可以放心发团，地接社才可以放心接团。

2. 做好接待旅游团准备

地接计调在确认旅游接待计划后，接下来需要马上做的就是，按照接待计划的内容进行采购和安排，当团队来到本地后做好接待准备。

(1) 用餐。根据团队人数、用餐要求、用餐次数等内容，以传真或电话方式通知协议餐厅，发送"用餐计划单"，一式三份，旅行社、导游、餐厅各一份。如有变更，应提前告知餐厅，并以传真方式向餐厅做出"用餐更改单"，并要求对方给予书面确认。

(2) 用房。根据团队人数、要求，以传真方式向指定酒店或协议酒店发出订房计划并要求给予书面回复。遇到人数变更，及时做出更改。对方有全陪或领队，在订房计划上应标注。如遇到酒店无法接待时，应及时告知组团社，经同意后调整至同级酒店(一般在旅游接待计划中会备注两个酒店以供参考)。

(3) 用车。根据人数和要求派车，以传真方式发送"用车计划单"，并要求对方给予书面回复，如有变更，及时做出变更通知。一般来讲中国内地游客为一人一座，境外游客会要求一人两座，视游客要求来确定用车大小。

3. 制订团队运行计划表

地接计调对于已经确认的接待计划，应根据组团社和旅游者的要求，有针对性地制订团队运行计划表，包括团队基本情况、日程安排、游客名单、备注四个部分组成。

(1) 团队基本情况：旅游团队名称、团号、组团社名称；团队人数、团员姓名、性别、年龄、身份证号、工作性质等个人信息；团队服务等级(豪华、标准、经济)；用餐和住宿要求；对地陪导游的要求；全陪或领队信息(性别、联系方式、语种等个人信息)特殊要求。

(2) 旅游日程安排：游览时间和日期；出发、中转和离开城市；团队抵离时间、班次和机场名称；住宿、用餐、用车、游览安排；其他特殊要求。

(3) 编制预算。编制旅游团队的"预算单",注明组团社或旅游者现付费用、用途、余款给付时间,交由主管经理审核后报给财务部门审核。

(4) 跟踪团队。在旅游团来到本地旅游过程中,地接社计调要随时与导游保持联系,时刻了解旅游团动向,及时处理团队运行中出现的问题,在旅游团用餐时前去探望,以示重视。

当一名合格、称职的接待计调,首先要储备一批很棒的专职导游员。好导游能帮计调减轻压力,减少和缓解矛盾,增加边际效应和团队利润。接待计调务必制订好工作计划,确保团队操作的得心应手。其日常工作包括以下几点。

(1) 建立房源档案(国内主要以三星、二星级酒店为主,适当寻找一些有特色或特价的四星、五星级酒店;国际入境偏重四星、五星级高档次酒店)。

(2) 建立车队档案(以享有客运行驶、省际交通营运资质的大中型车队为主,辅以私人车队)。

(3) 建立景区档案(以本地区常规景点为主,周边景区为辅)。

(4) 建立团餐档案(国内接待以低价团餐为主,入境团队以特色风味团餐为主)。

(5) 建立购物店档案(分地区归类,客源归档,以实用易销产品为主,注意购物店信誉)。

(6) 建立交通档案(主要以飞机票和火车票为主,适当收集一些具有票务优势的专业人员信息,以备急用)。

(7) 建立导游档案(主要以专职导游为主,适当找一些兼职导游以备急用)。

(8) 建立协作档案(主要以周边城市和地区的协作旅行社为主,选取标准是质量好、价格低并能调配资金流动)。

(9) 建立保险资料档案(主要以国内各大保险公司、保险险种、保险范围为主)。

(10) 建立客户档案(包括客户基本信息和客户评估)。

案例 3-1

旅行社客户管理

目前的旅游行业,旅行社、机票代理公司、各种等级的住宿如雨后春笋般地撒满全国各地。旅游产品的价格如沙漠里的旋涡越旋越低,而各家货架上的产品类型却大同小异,无甚区别,差异性渐趋为零。旅行社的数量由20世纪80年代的国旅、中旅、青旅三家发展到目前的上万家。旅游产品的毛利率也由过去的30%降低至如今的5%(有很多旅行社还达不到这个比例)。在如此恶劣的竞争环境中,旅行社靠什么生存、发展呢?靠客户,尤其是靠那些长期购买我们产品的"终身客户"。

怎样才能找到这些客户呢？通过对客户信息的有效管理，对客户的正确评估，对客户关系的有效维护，找到适合自己企业的"终身客户"。

一、建立客户档案(信息库)

建立客户档案(信息库)是客户管理的基础，方式有两大类。一种是通过电脑办公软件进行；另一种是通过引进大的客户管理系统，如 Call Center(呼叫中心)和 CRM(客户关系管理系统)等。前一种的管理成本低，适合中小旅行社，后一种投入大，适合大型旅游企业。

1) 散客客户档案(信息库)的主要内容

(1) 客户的基本信息。如，姓名、性别、生日、工作单位，以及职务、联系方式(电话、传真、电子邮件、微信等)、通信地址(可邮寄资料)、个人爱好等。

(2) 历史消费记录。例如，参加过哪些旅行社的哪些旅游团？

(3) 未来消费需求与取向。例如，有哪些出游计划和意向？

(4) 产品信息来源，即通过哪些渠道了解到旅行社产品信息。例如，从报纸、电视、电台的广告中或亲戚、朋友介绍等。

2) 集团客户档案(信息库)的主要内容

(1) 客户的基本信息，如公司名称、企业性质、公司地址。

(2) 联系人信息，指专门负责与旅行社进行旅游活动联系的人。例如，办公室主任、秘书、工会主席等，其信息主要指姓名、手机号码、个人爱好等。

(3) 历史消费记录。例如，组织过哪些与旅游相关的活动？

(4) 未来消费需求与取向。例如，未来计划组织哪些与旅游有关的活动？

(5) 产品信息来源，即通过哪些渠道了解旅行社产品信息。例如，从报纸、电视、电台广告中或亲戚、朋友介绍等。

客户档案越详细越全面越好。详细、全面的客户信息有利于对客户全面、详细的了解，以便更加贴切、有效地了解客户，留住客户。

二、客户评估(真正地去了解你的客户)

客户类型，无论是作为整体的集团客户还是作为个体的散客客户，根据他们消费量和忠诚度，可以将其分为以下几类。

(1) 消费量小，忠诚度低。这类客户对企业毫无价值，及时淘汰，不要手软。

(2) 消费量小，忠诚度高。这类客户是需要全力扶持和培育的，他们是企业的未来。

(3) 消费量大，忠诚度低。这类客户是需要掌控的。他们是企业潜在的敌人，很可能在不久的将来背离企业。在企业的客户总量中，这类客户的比例要严格控制。

(4) 消费量大，忠诚度高。这类客户是企业的财富，拥有的越久越有发展潜力，这是企业应该花大力气开发和维护的目标客户。

客户类型有很多种，分类方法也千差万别，但是无论按照哪种方法分类，关键的问题，是要根据每个客户对企业重要性的不同，定期对他们进行评估。犹如商场中对商品的定期"盘点"一样，对那些有贡献的客户，应及时进行奖励，而对那些不符合企业要求的客户，则应及时淘汰。

三、巩固客户关系

建立客户档案和对客户进行评估，最终目的，都是为了留住客户。怎样才能留住客户、让他能长期消费你的产品、成为你的终身客户呢？或者我们倒过来想，企业怎样失去客户的呢？让我们一起来分析一下导致失去客户原因及其所占的比例吧。

(1) 1%的客户过世了，不在了。对此我们毫无办法，只能面对现实。

(2) 3%的客户搬离了我们的范围。去了另一座城市。我们够不到他们了，或者说够到的成本实在是太高了。

(3) 5%的客户已不再是我们的目标客户了。他们的消费观念或消费水平已和我们相去甚远。

(4) 9%的由于我们把价格作为企业的核心竞争力，客户无法接受，因而转向。

(5) 14%硬件缺陷。客户无法接受产品或的某项缺陷而转向了竞争对手。

(6) 68%软件缺陷。我们的"差"、对客户不友好，使客户最终离开我们。

从以上的分析数据看，我们失去客户的最主要的原因是我们不够努力，没有在客户和企业之间建立起一种客户管理意义上的热情、负责、细致周到的关系。那么，你会问究竟怎样才能巩固和客户的关系呢？

以客户为本，急客户之所急，应客户之所需，具体讲就是要随时了解客户的需求，并在恰当的时候以恰当的方式满足客户的需求，这样客户就会把你铭记在心。

巩固客户关系的具体方式如下。

(1) 生日问候；

(2) 节日问候；

(3) 设计发行消费积分卡；

(4) 定期组织"客户联谊会"之类答谢客户的活动；

(5) 建立回访制度。

总之,想让客户记住你,在有出游意向时就想到你,你就先得记住客户,并在有"好事"的时候想着客户,对其进行不间断的"感情投资"。

(资料来源:baidu.com/view/1f48a16faf1ffc4ffe47ac70)

工学结合 3-3

张家界奇山异水双飞四日游(人数:18 人+1 全陪)

(1) 行程。

第一天:乘 CZ6335 次航班飞往张家界,入住酒店。

第二天:早餐后,茅岩河漂流一日游,及人间瑶池宝峰湖(62 元自理)。

第三天:早餐后,游张家界森林公园、黄石寨、六奇阁、南天一柱、天书宝匣、金鞭溪、千里相会、水绕四门。

第四天:早餐后,游天子山、贺龙公园、天台、仙女散花、玉笔峰、十里画廊、黄龙洞、百丈峡,晚餐后乘 CZ6336 次航班(20:40~23:50)返程。

(2) 服务标准。

交通:往返飞机,小交通为国产旅游车(机票:1320 元,车费:52 元);

住宿:二星或同级双标准,25 元/人;

导游服务:全程优秀导游服务,20 元/人;

用餐:正餐八菜一汤,35 元/人/天;

门票:行程内第一景点门票(含天门山往返索道)(漂流 82 元+天子山 160 元+黄龙洞 61 元);

保险:旅游保险及旅行社责任险,20 元/人;

附:每人利润,200 元/人,旅游帽,5 元/人。

根据以上行程算出组团报价(每个人的收费及总团费)。

案例分析 3-1

误机,谁的错

案情:

2017 年,上海某旅游团通知,乘 8 月 30 日 1301 次班机于 14:05 离开沪飞往广州,9月 1 日早晨离开广州飞往香港。8 月 26 日有关人员预订机票时,该航班已满员,便改订了同

情境三　中国内地游计调

日 3102 次班机的票，12:05 起飞。订票人当即在订票单上注明"注意航班变化，12:05 起飞"，并将订票单附在通知单上送到计调部门。但计调部门工作人员并没有注意到航班的变化，仍按原通知中的航班起飞时间安排活动日程，并预订了起飞当日的午饭。日程表送达内勤人员后，内勤人员也没有核对把关，错误地认为，导游员应该知道航班的变化。因此，内勤人员只通知了行李员航班变化的时间，而没有通知导游员。8 月 30 日上午 9:00，行李员发现导游员留言条上写的时间与他的任务单上的时间不符，经过提醒，也没有引起导游员的注意。结果造成了误机的重大责任事故。

点评：

(1) 导游员违背《接待工作规程》的规定，既没有看到注明"注意航班起飞的准确时间变化"的通知，也未看所订机票的起飞时间；更没有认真核实飞机起飞时间，所以对造成这次误机事故负有重要责任。

(2) 在这次事故中，导游员之所以负有重要责任而不是全部责任，是因为旅行社计调部门也有过错，也应负有一定的责任。我国民法第一百三十条规定，两人以上共同侵权造成他人损害的，应当承担连带责任。按照我国法律的规定，旅行社在支付了因其导游的行为造成的受害者的损失后，有权在内部向有过错的导游人员进行追偿。

(3) 误机(车、船)事故发生后，旅游者不能按计划离开本地，游客的不满和沮丧是可想而知的，旅行社必然招致游客的抱怨和指责。同时，误机事故也会给旅行社带来大量的工作和经济损失。旅行社管理人员必须采取各种必要的补救措施，妥善安排游客在本地滞留期间的生活和活动，力争缓解他们的不满情绪，使不利影响减少到最低限度。旅行社经营管理人员在处理误机(车、船)事故时，首先，应立即设法与机场(车站、码头)联系，争取安排游客乘最早班次的交通工具离开，如果无法获得当天其他航班(车次、船次)的交通票据，可设法购买最近期的飞机票，使游客尽快赶赴旅游计划中的下一站。第二，如果正值旅游旺季，旅行社无法购买到近期正常航班的机票，可采取包机或改乘其他交通工具的方式，使游客能够尽快前往下一站。第三，游客无法离开本地时，必须稳定游客的情绪，妥善安排他们在当地滞留期间的食宿、游览等事宜。同时，游客离开后，要认真清查造成事故的原因和责任承担者，并处理善后事宜，实事求是地认真总结经验教训，避免类似事件的发生。

(4) 严格制度管理，规范运作。旅行社计调部的工作是一项组织复杂而细致的工作，接待一个团队，常常在几天之内，由几个城市的几家旅行社及几十家提供用餐、住宿、交通、游览、购物、娱乐服务的企业，按预定的程序提供相应的服务才能完成。它需要计调部及各地接待社进行复杂而细致的组织、调度，需要各部门按时、保质、保量地提供相关服务。

同时，还要有全陪和地陪的现场联络和安排。在实际操作过程中，还常常会因为主客观原因，发生预想不到的变化(如本案例中的误机等)而于打乱行程，甚至造成人身、财物损失等较大的事故。所以，旅行社要认真做好组织接待服务工作，制定科学、严密的管理制度和信息传递的工作程序，以及发生事故的应变处理方法。

(资料来源：wenku.baidu.com.2219e8691eb91a37f1115c64.html)

案例分析 3-2

计划安排不周，影响游客利益

案情：

2017年6月，西安的导游员赵小姐接待一个住××饭店的旅游团。该团原计划在西安的活动为：第一天下午看城墙、大雁塔、小雁塔；第二天去乾陵、昭陵、华清池；第三天上午参观兵马俑，下午乘飞机去桂林。第二天晚上11:00，赵小姐突然接到全陪打来的电话，说该团次日去桂林的飞机改变了航班，起飞时间改在第三天上午7:00多钟。赵小姐得此消息后非常焦急，因为航班一改，将牵扯到游览、用餐、行李、送机和通知游客等一系列问题。而那时大部分游客已经入睡，司机也早回家了。这情况究竟该如何处理呢？她马上与旅行社联系，得知情况属实，并让她到社里取机票。赵小姐质问内勤人员为什么不及早通知她。内勤人员说，已经通过BP机传呼过她，也给她的手机打过电话，但没联系上。赵小姐没有继续与其争辩，忙请他帮助联系第二天的旅游车、行李车、退餐等事宜，又请全陪通知客人第二天早晨出运行李和出发的时间，在与饭店联系有关早餐、出行李、退房等事宜后，又赶去旅行社取机票，夜里12:00多才赶回饭店。那时，旅游团的随员和全陪正在等着她，等一切都落实后已经是凌晨1:00了。

第三天凌晨5:00，该团就由饭店出发赶往临潼机场。赵小姐见大家的脸色都很难看，忙向大家解释改航班的原因："由于最近去桂林的航班很紧张，据天气预报讲，桂林今天要下雨，大家在那里也只停留一天，旅行社为了你们以后的日程，所以想尽办法为大家订购到咱们团去桂林的飞机票，昨天晚上临时通知了大家，还请诸位多多见谅。至于大家没有看到兵马俑，确实很遗憾，这属于我们安排上的失误。我会向旅行社反映，让他们将以后的日程安排得更合理些。不过兵马俑博物馆最近正在维修，只开放小部分俑坑，况且，今天西安要下大雨，即使今天不改航班，我们也准备更改一下游览线路。不管怎样，对今天的事我都要向大家道歉。"大家听完赵小姐的解释并没有发火，他们仍对赵小姐这两天的导

情境三 中国内地游计调

游和服务表示非常满意，鼓了掌，并对旅行社的安排表示理解。然而，赵小姐心里仍不是滋味，因为万一天气预报不准，游客到桂林后晴空万里，而西安又没有下雨，兵马俑博物馆也只是进行小规模维修的话，岂不是要怀疑我欺骗他们吗？在从机场回来的路上，西安下起了大雨，此时桂林也正在下大雨。虽然游客不会怀疑她欺骗他们，但赵小姐的心情仍和雨天一样阴沉，始终因客人们没能参观兵马俑而感到不安。

点评：

导游员在接待过程中要随时与旅行社和全陪保持联系，为下一步日程安排做好准备，以免在实际工作中处于被动。准备的内容包括：了解和确认游览项目、游客用餐、航班时间、办理离开饭店和去机场的有关事宜等。如计划安排游客第二天走，最好提前一天去取机票。本例中的赵小姐只是在听到全陪的电话后，才得知航班改变的情况，如能事先自己亲自到旅行社去取机票，即使没有得到通知，也能及早地了解情况，争取主动。

旅行社内勤值班人员在安排计划和准备工作方面起到关键性的作用。没有内勤人员的协助和配合，工作在第一线的导游，就不可能顺利地完成任务。因此，内勤人员一定要精心安排好计划中的每一个环节，遇到计划变更的情况要及时通知导游，并为其安排好所有的辅助措施。本例中的内勤，虽然通过BP机和手机联络了导游，但在得不到回音后并没有进一步联系，致使该团的接待工作出现了麻烦。如果他进一步与导游要去的饭店联系或留言，一定能将航班时间变更的消息及早通知到导游，使她赢得准备时间及与客人沟通解释的时间。因此，在这个案例中，计调部内勤人员没有及早采用多种渠道通知地陪赵小姐，造成了赵小姐工作的被动，是本案例的焦点；再则，赵小姐的解释工作应做在客人上车之前，否则客人会拒绝上车，在这个案例中，游客虽未做出异常反应，但这只能说这批客人实在是太好了！或者说是地陪赵小姐前两天的工作做得很好，客人谅解了她。

至于行程安排问题，原计划第三天上午去临潼观兵马俑博物馆，下午送机场，刚好方便，应该说并没有错。

小 结

本子情境主要介绍接待计调的操作流程和注意事项，在完成本子情境的学习，学生能够进行国内接待计调产品设计和流程操作。

思考与能力训练

1. 请介绍西北地区主要旅游景点。
2. 请设计一条西北旅游线路。
3. 请填写附录中相关的任务单和评量表。

情境四

港澳台游计调

【教学目标】

知识目标：了解港澳台主要旅游目的地景点知识、线路设计，熟悉港澳台游团队跟踪和接待业务流程。

能力目标：能够根据港澳台主要旅游目的地景点，进行科学合理的线路设计，能够进行港澳台游团队跟踪和接待业务流程的操作。

素质目标：具有较强爱国主义精神；较强的责任心；敬业精神。

【核心概念】

线路设计　团队跟踪　接待业务　证件办理

案例导入

6月台湾旅游活动汇总：乌来泡汤赏景两相宜

6月份台湾各地区的月平均温度上升到25.6℃，比起5月份升高约3℃左右，至于雨量方面：台湾地区除了澎湖、花莲、台东、基隆等地，6月份的雨量为100~300毫米，其他各地都在300毫米以上。

1. 6月台湾有什么节日

六月去台湾一般会赶上端午节。在台湾端午节是一个仅次于春节的节日。每逢节日来临，家家户户都清扫一新，节前人人都要理发。端午节那天，妇女们头上佩戴艾叶，孩子们身上挂着香囊，也叫"香荷包"。端午节的食品中，少不了黄花鱼、粽子。台南地区端午节不吃粽子，而是吃一种叫"煎堆"(又叫"煎锤")的食物。台湾和大陆一样，端午节最有气氛、最为热闹的是划龙舟。台湾各地的主要河川在端午节这天都举行盛大的龙舟竞赛。台湾端午节最有趣的活动是"立鸡蛋"比赛。那就是在端午节正午12点整，谁能很快将一只鸡蛋立起来，谁就会有好运。

2. 阳明山蝴蝶季——蝶舞草山

每年初夏，台北阳明山的南国蓟、野当归、岛田氏泽兰等蜜源植物盛开，吸引大量蝴蝶聚集采蜜，形成彩蝶飞舞的美丽景致，阳明山管理处也展开一系列的阳明山蝴蝶季——蝶舞草山系列活动，还有专业蝴蝶生态解说员，带领游客漫步于大屯山，认识蝴蝶的生态奥秘。

3. 台湾台东太麻里青山农场——绣球花盛开

台湾台东太麻里青山农场绣球花绽放，没受到大雨灾害影响，每株绣球花展露美丽笑靥，有白色、黄色、蓝色、紫色，美不胜收，还有台湾原生百合争奇斗艳，让游客直呼"好美喔!"

每年5~8月是绣球花开花期，位于海拔约1000米的太麻里青山农场内，栽种了500多棵的绣球花，正值开花期，步道旁随处可见盛开的花朵，随风摇曳，好像在向游客招手说"哈啰!"

"实在美极了，原来台东有这秘密地方。"远从高雄来的一位游客惊奇地说，首次来太麻里，原本要看野百合，没想到青山农场里有比百合更美的绣球花，色彩缤纷的花朵，一大片开在步道两旁，走入其中，有如在拍MV的感觉。

4. 夏季台北——灿烂夺目凤凰花、富含诗意黄金雨

台北的各个公园都可看见大片火红的凤凰花开，好不美丽。凤凰花是夏季开花的木本植物，花色鲜红亮丽，大片簇拥的花海，正是初夏时节的赏花焦点。

凤凰花又名金凤花、红花楹树、火树，除了常见于校园中，台北市公园路灯工程管理处在仁爱路四段及青年公园等地也有大面积的种植。它原生于非洲及东南亚等地，是豆科凤凰花属的大乔木，每年 5~7 月为盛花期，此时正逢离情依依的毕业季，"凤凰花开"就成了最婉约的惜别词。

5. 乌来泡汤赏景两相宜

乌来位于台北县最南端，它地处两条溪流的汇流处，得天独厚的瀑布、山林，加上温泉、泰雅山地风情最吸引游客前往。

近年来兴起的樱花季、桂竹笋大餐以及温泉泡汤是观光的新宠。沐浴在天然涌出的溪畔温泉、共赏青山绿水、品尝泰雅风味佳肴，这样结合人文与自然的丰富飨宴，是冷天里的一大享受。

"乌来"在泰雅族中意指"冒着热气的溪水"。喜爱自然情调的游客可到溪边露天温泉泡汤；偏好精致休闲者则可选温泉旅馆或汤屋。

(资料来源：中国台湾网)

子情境一 港澳台游计调业务操作流程

一、下达任务

任务 1(见表 4-1)

表 4-1 台湾十日风情游

小组成员：		指导教师：
项目名称：	模拟地点：	
工作岗位分工：		
工作场景： 1. 为拓展业务，贵社现设计台湾风情游线路； 2. 现有询价的客人，请负责接待； 3. 有 49+3 位客人已经决定参加台湾地区八日风情游项目，请负责计调工作		
教学辅助设施	模拟旅行社真实工作环境，配合相关教具	
项目描述	通过对台湾八日游的操作，引导学生根据台湾省主要旅游资源设计线路，由学生完成以下主要环节：线路设计、报价、销售、计划调度、总结汇总等工作	

	续表
项目资讯重点	主要考查学生对线路产品本身的了解、计调业务的熟悉程度
项目能力分解目标	要求学生将知识和技能运用到本次旅游活动的各个环节，完成： 了解台湾概况、特色文化及主要旅游资源，做出风情游的特色线路设计； 根据客人的具体情况落实相应计调工作

任务 2(见表 4-2)

表 4-2　港澳游

小组成员：		指导教师：	
项目名称：		模拟地点：	
工作岗位分工：			
工作场景： 1. 为拓展业务，贵社现设计几条港澳风情游线路。 2. 现有询价的客人，请负责接待。 3. 有几位客人已经决定参加港澳地区旅游项目，请负责计调工作			
教学辅助设施	模拟旅行社真实工作环境，配合相关教具		
项目描述	通过对港澳游的操作，引导学生对港澳主要旅游资源设计线路，由学生完成以下主要环节：线路设计、报价、销售、计划调度、总结汇总等工作		
项目资讯重点	主要考查学生对线路产品本身的了解、计调业务的熟悉程度		
项目能力分解目标	要求学生将知识和技能运用到本次旅游活动的各个环节，完成： 了解港澳概况、特色文化及主要旅游资源，做出风情游的特色线路设计； 根据客人的具体情况落实相应计调工作； 根据老师所给计调流程进行相应程序的操作(以情景模拟的形式进行)		

任务 3

根据客户的需要，将不同的台湾游和港澳游组合成一个产品进行销售和计调工作。

二、填写任务单

任务单如表 4-3 所示。

表 4-3　任务单

小组成员：		指导教师：	
任务名称：		模拟地点：	
工作岗位分工：			
工作场景：			

情境四　港澳台游计调

续表

教学辅助设施	模拟旅行社真实工作环境，配合相关教具
任务描述	进行线路设计、出境证件办理、相关程序操作和团队跟踪
任务资讯重点	主要考查学生设计线路水平和出境线路操作
任务能力分解目标	1. 设计线路； 2. 安排落实接待事宜； 3. 证件办理； 4. 模拟团队跟踪
具体实施	

三、任务整体评价考核点

(1) 港澳台游操作内容。

(2) 港澳台游操作程序。

(3) 港澳台游操作注意事项。

(4) 相应材料准备：赴台湾、香港、澳门地区通行证的办理程序、地图册、景点旅游知识、特色住宿设施、民俗民风体验、特色小吃安排、购物、敏感问题应对。

四、相关知识点

(一)港澳台游计调操作内容和程序

1. 收集信息

收集同业同类港澳台旅游的特价信息；收集港澳台酒店、门票、车队行程信息以及航线特价信息；关注我国对港澳台政策的变化与汇率的信息。

2. 产品设计和市场推广策划

推出具有卖点和竞争力的港澳台旅游产品。

3. 核价、包装产品

对线路行程的整体价格进行核算、调整和包装。

4. 编制团号、制订出团计划

对计划推出的产品线路编制团号，并根据客户的需要制订相应出团计划。

5. 通过各种渠道销售

对业务骨干的培训完成后，开始通过中转营销、外联直销、门市前台销售、同业代理、媒体网络等各种方法进行产品销售。

6. 办证审核

游客报名签合同后，办理港澳台通行证，并认真审核。

7. 向协作单位核价

确认航班、酒店、车辆、景点、合作旅行社，决定最终行程，并召开出团前游客说明会。

8. 派发陪同、导游及游客出团通知书

应根据最终确定的团队内容向游客派发出团通知书(见表 4-4)。给游客的出团通知书上包含团队的行程、出发时间、地点、紧急联系人姓名、电话等信息。如团队派陪同，应将确认的行程、标准、出发时间及地点、游客名单、联系电话、接团导游姓名及电话、接待社联系人及电话等信息列明，并对陪同的职责和义务要详加提示，起到团队监督的作用。

9. 跟踪团队

在出团前 24 小时要再次与接待社落实和确认，以防接待社疏忽和遗漏，发现问题可及时补救。在团队进行过程中，计调人员应保持 24 小时手机开机，随时与接待社、陪同、领队及游客保持联系，掌握团队的行程，发现问题及时沟通解决。

10. 审核报账单据

团队行程结束后，接待社会很快传来团队催款单，组团计调人员应根据团队实际运作情况进行单据和费用的审核及结算。

11. 交主管审核签字，交财务报账

将审核无误的单据附报账单交由主管再度审核、签字，并交由财务部门报账请其按协议准时付清款项。

12. 团队结束归档，跟踪回访

团队结束后，要将所有操作传真及单据复印留档，作为操作完毕团队资料归档。并对参团客人进行回访，建立客户档案。

13. 根据产品销售情况进行调整

根据产品销售情况、出团量、团队质量对产品进行适当调整。销售好的产品继续销售

情境四 港澳台游计调

也可适当增加出团计划,销售欠佳的产品要总结是线路本身不够有吸引力,还是市场等情况造成,如团队质量出现问题,要追溯原因,对于接待单位也要磨合、斟酌和再选择。

港澳台游计调工作

以"北京直飞台湾精华 8 日游"为例(见表 4-4)。

表 4-4 北京直飞台湾精华 8 天出团通知书

参团贵宾	各位贵宾
参加线路	台湾 8 天游
人数	49+3 人
出发日期 及航班 返回日期 及航班	1. 2018 年 1 月 26 日　北京首都国际机场　MU2047 08:20/10:35 2. 2018 年 1 月 26 日—2018 年 2 月 2 日台湾游行程 3. 2018 年 2 月 2 日　桃园机场　MU2048 11:35/14:20
集合时间地点	1 月 26 日 05:00 北京首都国际机场国际航站楼与领队联系(逾期影响行程责任由客人自行承担)
导游领队	全程领队:刘红　13970209638 台湾导游:一号车　待　定 　　　　　二号车　待　定
出团说明会	说明会召开地点
出境及入境口岸	北京首都国际机场

备注: 1. 行程必须以我社确认的行程为准。

2. 客人参团须听从随团领队和导游的安排,不得在台湾中途自行离团或滞留台湾,否则由个人承担由此产生相关法律责任。

3. 如产生单男单女,我社有权进行调整,如产生单房差请客人自理。

4. 行程中如因天气、自然灾害、火车、航班晚点等不可抗拒因素造成景点更改、取消或旅客自动放弃行程景点,费用一律不退换。(阿里山若因任何因素无法安全、顺利上山,我社有权根据当时情况更换其他景点)

特别注意:

药物:老年人需带足服用之药,还应备些治疗感冒、晕车等药品;如有心脏病、哮喘还得备急救药;建议老人身上带一张记有自己身体状况和亲人联系方式的卡片,以便出现不适时,可及时提供帮助。

续表

	应急：台湾处在地震带上，地震来临时应迅速寻找坚固之梁、柱或床铺、家具旁躲避，加强保护头部。若身在室内，离开时不可搭乘电梯。如在室外，请待在室外空旷处，并远离山壁、电线杆，远离海滩、港口，以防海啸
第一天	北京——桃园 MU2047 08:20/10:00 台北故宫博物院(90 分钟)—孙中山纪念馆(40 分钟)—101 大楼商圈(登顶 90 分钟)—士林夜市(40 分钟)—饭店 住宿：君迪大饭店或同级——新北市(4 花)
第二天	早餐后行程：慈湖(60 分钟)—中台禅寺(40 分钟)—日月潭风景区(光华岛、玄光寺 90 分钟)—饭店 住宿：北港溪沙八度假村或同级——南投(5 花)
第三天	早餐后行程：阿里山林游乐区(神木、三代木、姐妹潭)—富顺茶园—饭店 住宿：佳士堡或同等级——嘉义(4 花)
第四天	早餐后行程：佛光山(90 分钟)—西子湾风景区(30 分钟)—打狗领事馆(30 分钟)—船游爱河(40 分钟)—高雄 住宿：名贵大饭店或同等级——高雄(4 花)
第五天	早餐后行程：林红国际珠宝(60 分钟)—猫鼻头(30 分钟)—鹅銮鼻灯塔(40 分钟)—南回公路—饭店内泡温泉 住宿：亚庄饭店或同等级——台东(4 花)
第六天	早餐后行程：东林珊瑚(60 分钟)—花东海岸线风景区—水往上流(30 分钟)—途经三仙台—北回归线—太鲁阁国家公园(燕子口、长春祠 90 分钟)—饭店 住宿：澄品大饭店或同级——花莲(4 花)
第七天	早餐后行程：大玉大理石(60 分钟)—苏花公路—野柳(40 分)—宝时精品(60 分钟)—祥邑饼店(60 分钟)—升恒昌免税 住宿：桃园大饭店或同等级——桃园(4 花)
第八天	早餐后行程：桃园机场乘班机至北京首都国际机场　MU2048 1135/1420 结束愉快的台湾之行

温馨提醒：

(1) 行程中如因天气原因、自然灾害、航班晚点等不可抗拒因素造成景点更改、取消或旅客自动放弃行程景点，费用一律不退还。

(2) 各位贵宾必须集体活动，不可离团、不可滞留，遵循团进团出之原则，否则我社有权报告相关部门并追究其法律责任。

(3) 在旅游期间所有贵宾的证件(通行证、入台证)由领队统一保管,请各位贵宾配合,并请协助导游填写旅客意见反馈表。谢谢!!

未尽事宜,请听从领队安排,祝旅游愉快!

(二)往来台港澳签注种类及逗留期

往来港澳签注分为 6 个种类:探亲(T)、商务(S)、团队旅游(L)、个人旅游(G)、其他(Q)和逗留(D)。根据申请事由分类签发。

1. 探亲签注

(1) 探望配偶、父母或者配偶的父母、子女,可以签发 3 个月一次签注,在香港或者澳门逗留不超过 14 天;或者 3 个月多次签注,在香港或者澳门逗留不超过自首次进入之日起 90 天。

(2) 探望兄弟姐妹,签发 3 个月一次签注,在香港或者澳门逗留不超过 14 天。

2. 商务签注

(1) 已办理登记备案的单位人员,根据各地制定的审批条件,可以签发 3 个月一次签注、3 个月多次签注、1 年多次签注,每次在香港或者澳门逗留不超过 7 天。

(2) 未办理登记备案的单位人员,个体工商户经营者,签发 3 个月一次签注,在香港或者澳门逗留不超过 7 天。

(3) 驾驶往返内地与香港或者澳门交通工具人员,可以签发 3 个月多次签注、1 年多次签注,每次在香港或者澳门逗留不超过 7 天。

3. 团队旅游签注

可以签发 3 个月一次签注、3 个月二次签注、1 年一次签注、1 年二次签注,每次在香港或者澳门逗留不超过 7 天。

4. 个人旅游签注

可以签发 3 个月一次签注、3 个月二次签注、1 年一次签注、1 年二次签注,每次在香港或者澳门逗留不超过 7 天。

5. 其他签注

可以签发 3 个月一次签注、3 个月二次签注、1 年一次签注、1 年二次签注,每次在香港或者澳门逗留不超过 14 天。

6. 逗留签注

签发多次签注，出境有效期根据香港或者澳门有关部门批准的期限签发。

(1) 赴香港就学、就业、培训人员及其亲属，签注出境有效期按照香港入境事务处进入许可批准的最长有效期签发。

(2) 赴澳门就学，签注出境有效期按照澳门高等教育辅助办公室出具的"确认录取证明书"批准的学习期限签发，但最长不超过 1 年。赴澳门就业，签注出境有效期按照澳门治安警察局出入境事务厅或者澳门社会文化司或者经济财政司批准的期限签发，但最长不超过 2 年。赴澳门就业人员的亲属，签注出境有效期按照澳门治安警察局出入境事务厅批准的期限签发，但最长不超过 2 年。持证人每次在澳门逗留不超过 90 天。

专栏 4-1

签证流程及资料准备

1. 申请人携带本人有效身份证及户口簿，亲自到当地公安局出入境管理处提出申请，并接受询问。

2. 按要求如实填写《申请表》，字迹要清楚工整。采用 A4 规格纸复印户口簿第一页、本人页、身份证。

3. 在《申请表》上，提交有关单位对申请人办理通行证的政审意见。

(1) 国家公职人员，由其组织人事部门按干部管理权限出具意见。

(2) 大、中学校在校学生，由所在学校出具意见。

(3) 国有和国有控股企业和事业单位员工，由所在企业法人代表其授权的单位人事、保卫部门签署意见，法人代表本人申请出国，由相应的人事管理部门出具意见。

(4) 未满 14 周岁的儿童，需提交其父母或监护人同意出境的证明，免交派出所意见。

(5) 其他人员，由其户口所在地的公安派出所出具意见。

4. 根据出境事由的不同，须提交如下相关手续。

(1) 赴港澳旅游。

需交验指定旅行社出具的全额旅游费用的发票原件，并提交复印件。

(2) 赴港澳探亲。

① 亲属在香港或澳门定居的，需提交香港或澳门居民身份证复印件及邀请函件。

② 被探望人在港澳就学、就业、从军的，根据事由不同提供相应的证明。

(3) 赴港澳商务。

① 交验申请人所在企业，经营单位的工商营业执照副本的复印件。

② 提交所在企业法人代表或者企业经营单位负责人或者其授权的人事部门出具的派遣申请人赴港澳从事商务活动的证明。

(4) 赴香港培训、就业。

交验香港入境事务处签发的培训类进入许可原件或就业类进入许可原件，并提交复印件。

(5) 赴香港或者澳门就学。

交验经国家教育企管部门批准在内地招生的，港澳地区高等院校出具的录取通知书或其他就学证明原件，并提交复印件。赴香港就学的还须交验香港入境事务处签发的学生类进入许可原件，并提交复印件。

(6) 赴港澳定居。

需提交与定居事由相关的证明。

(7) 赴台湾探亲。

需交验有效的入台许可证明及亲属关系证明，并交复印件。

(8) 赴台湾地区进行经济、文化、科技、教育、体育等活动。

需交验有效的入台许可证明及国务院台办"赴台批件"原件及复印件。

(9) 赴台湾旅游。

大陆居民须持有效《大陆居民往来台湾通行证》及旅游签注(签注字头为 L，以下简称签注)，所以要向其户口所在地公安机关出入境管理部门申请办理《通行证》及签注。

办理手续所需如下资料。

① 亲自如实填写新版"大陆地区来台观光旅行申请书"一份，不得空白，简体版无效。

② 有效大陆居民身份证复印件(清晰)。

③ 有效护照复印件，证件有效期为七个月或以上(清晰)。

④ 在职人员需提供任职六个月以上的单位在职证明一份。在职证明必须以公司抬头纸(有公司抬头、公司电话及地址)，内容应有申请人姓名、出生年月日、任职日期、单位、职务、直属主管详细联络电话并加盖公司或机构印章。必须写明自某年某月工作至今，工作年限至少半年以上，还须写明月薪或年薪。

⑤ 近三个月两寸半身正面脱帽照片 6 张(照片背面写下姓名及出生年月日)。

⑥ 公司营业执照复印件或机构代码证复印件。

5. 通行证领取。

申请人将填写完整无误申请表(见表 4-5)递交出入境管理处后，该处将在十个工作日内将数据传递到省厅制证中心。申请人可通过特快专递或亲赴省厅领取。

第二次赴港澳台人员除国家公职人员外免交政审意见。

收费标准：按公安部收费规定(具体收费标准以当地公安机关公布为准)。

(1) 港澳(新)一次 140 元。

(2) 港澳(新)二次 180 元。

(3) 港澳(新)多次 300 元。

(4) 港澳(旧)一次 40 元。

(5) 港澳(旧)二次 40 元。

(6) 港澳(旧)多次 200 元。(以上如只去香港或澳门一地价格减半)

(7) 赴台证(新)70 元。

(8) 赴台证(旧)20 元。

表 4-5 台湾居民来往大陆通行证、签注申请表

申请编号：

台湾居民来往大陆通行证、签注申请表

姓名		性别		出生日期		照片
原籍		婚姻状况		出生地		
台湾相关资料	身份证号码：					
	住址：			职业：		
	服务处所：			职务：		
本次入境	口岸：			时间：		
入境持用证件	□台湾居民来往大陆通行证 证件号码：			□中华人民共和国旅行证 有效期至：		
入境持用签注	□壹次入出境签注 签注号码：		□来往大陆签注 有效期至：		□居留签注 有效次数：	
申请类别		□台湾居民来往大陆通行证		□来往大陆签注		□居留签注
申领台湾居民来往大陆通行证		□首次申领		□补、换发		□口岸入境
来往大陆签注申请事项	来往次数：□一次 □多次 有效期： □3 个月 □1 年					
居留签注申请事项	申请事由：□投资 □就业 □交流 □就学(大学以上) □就学(专科以下) □寄养儿童 □其他 有效期： □1 年 □2 年 □3 年 □5 年					
在大陆联系方式	住址： 工作单位：			联系电话： 职务：		
大陆主要亲属	称谓	姓名	年龄	住址		

我谨声明，我如实地填写了上述内容并对此负法律责任。

代办人签名：_____ 申请人签名：_____   ___年___月___日

情境四　港澳台游计调

工学结合 4-1

情景 1　第××届绿色食品展销会计划于 2018 年 12 月 7 日—10 日在香港会展中心举办，黑龙江森工总局拟派出参展队伍前往香港进行宣传和展销，现将参展人员和随行人员名单发给贵社，请协助办理赴香港地区参展活动、翻译活动、赴港澳旅游活动及日常食宿的安排。

时间安排：2018 年 12 月 5 日从哈尔滨抵达深圳，12 月 6 日抵港布展。

12 月 11 日—15 日进行旅游活动，16 日从珠海返回哈尔滨。

客户要求：全程四星住宿安排；随行翻译人员；新闻媒体宣传；旅游活动安排；当地相关部门会晤安排。

人数：15 位男士(其中五位为处级以上领导)，8 位女士；其中有两对夫妻和一对父子，无未成年人，合计 23 位游客，另派 1 名全陪。

任务：请按以上要求做好线路设计和相应会展活动安排，迅速给出报价。(小组间对线路报价进行评价，以速度和效率为测评标准)

按计调接待工作流程进行，小组自行设计情节，进行仿真模拟。

情景 2　哈尔滨某高校组织骨干教师在 2019 年 1 月 4 日赴台湾进行为期十天的培训，外加 5 天的旅游交流活动，请为其安排相应的活动。人数：45 名教师，包括 4 位处级领导(男士)，19 位女教师，外加 1 名女全陪。

客户要求：全程三星住宿安排，每人每天 120 元伙食标准。

任务：

请迅速设计线路和旅游活动安排，给出报价。

按计调接待工作流程进行，小组自行设计情节，进行仿真模拟。

任务实施：

小组讨论计调方案：线路设计、会场布置、游览项目、与当地相应部门的会晤。

小组展示自己的方案(以 PPT 形式)。

工学结合 4-2

请将工学结合 4-1 中的两条线路进行地接报价计算，组团社计算组团报价后呈报给客户。

小　　结

本子情境主要介绍港澳台游计调的操作内容和操作流程，通过本子情境的学习和实际演练，学生可以进行简单的港澳台游计调的操作。

子情境二　港澳台主要旅游景点简介

一、下达任务

请根据港澳台的旅游景点特色，进行线路设计。

二、填写任务单

任务单如表 4-6 所示。

表 4-6　任务单

小组成员：		指导教师：
任务名称：	模拟地点：	
任务描述	了解港澳台旅游景点的特色，设计线路	
任务资讯重点	主要考查学生对港澳台主要景点的了解，并能够进行线路设计	
小组成果展示		

三、任务整体评价考核点

(1) 了解港澳台主要景点特色。
(2) 了解当地风土人情和当地禁忌。
(3) 根据旅游区特色,能够自行设计有新意的旅游线路。

四、相关知识点

(一)台湾主要旅游景点简介

1. 日月潭

日月潭旧称水沙连,又名水社里,位于阿里山以北、能高山之南的南投县鱼池乡水社村。是台湾最大的天然淡水湖泊,堪称明珠之冠。在清朝时即被选为台湾八大景之一,有"海外别一洞天"之称。区内依特色规划有六处主题公园,包括景观、自然、孔雀及蝴蝶、水鸟、宗教等六个主题公园,还有八个特殊景点,以及水社、德化社两大服务区。

日月潭由玉山和阿里山的断裂盆地积水而成。环潭周长 35 千米,平均水深 30 米,水域面积达 900 多公顷,比杭州西湖大 1/3 左右。日月潭中有一小岛,远望好像浮在水面上的一颗珠子,名"珠子屿"。抗战胜利后,为庆祝台湾光复,把它改名为"光华岛"。岛的东北面湖水形圆如日,称日潭,西南面湖水形瓠如月,称月潭,统称日月潭。

日月潭本来是两个单独的湖泊,后来因为发电需要,在下游筑坝,水位上升,两湖就连为一体了。潭中有一个小岛,远看好像浮在水面上的一颗珠子,故名珠仔岛,现在叫光华岛或拉鲁岛。以此岛为界,北半湖形如日轮,南半湖状似上弦之月,因名日月潭。旧台湾八景之一的"双潭秋月"就是由此而来。日月潭之美在于环湖重峦叠峰,湖面辽阔,潭水澄澈;一年四季,晨昏景色各有不同。七月平均气温不高于 20℃,一月不低于 15℃,夏季清爽宜人,为避暑胜地。潭东的水社大山高逾 2000 米,朝霞暮霭,山峰倒影,风光旖旎。潭北山腰有一座文武庙,自庙前远眺,潭内景色,尽收眼底。南面青龙山,地势险峻,山麓中有几座寺庙,其中玄奘寺供奉唐代高僧唐玄奘的灵骨。西畔有一座孔雀园,养有数十对孔雀,能表演开屏、跳舞,使人倍添游兴。东南的邵族居民聚落,有专供旅客观赏的民族歌舞表演。泛舟游湖,在轻纱般的薄雾中飘来荡去,优雅宁静,别具一番情趣。

2. 台北故宫博物院

台北故宫博物院，位于外双溪，占地 20 亩，启建于 1962 年，于 1965 年孙中山诞辰纪念日落成；整座建筑仿北京故宫博物院的形式，采中国宫廷式设计，外观雄伟壮丽，背负青山。

1931 年"九·一八"事变后，日本侵略者步步进逼，北平故宫等地存藏的珍宝南迁。在故宫博物院院长马衡主持下，经过挑选、造册、编号、装箱，迁走故宫博物院古物约 20 万件，《溪山行旅图》也包括在内。

南迁古物暂存上海，抗战前夕运到四川，抗战胜利后又迁回南京，1948 年又从南京迁往台湾。幸运的是当时虽然兵荒马乱，烽火连天，文物的迁运过程时日绵长、道路艰险，却无损毁丢失，确实是奇迹。

进入故宫广场前，即见六根石柱所组成的牌坊，坊上题有孙中山手迹"天下为公"，拾级而上，可见刻有"博爱"二字的铜鼎。

3. 台湾阿里山

阿里山属于玉山山脉的支脉，由地跨南投、嘉义二县的大武峦山、尖山、祝山、塔山等 18 座大山组成。相传以前，有一位邹族酋长阿巴里曾只身来此打猎，满载而归后常带族人来此，为纪念他便以其名为此地命名。园区内除了有丰富珍贵的自然资源之外，也保留了邹族 200 多年原住民的人文资源，如今更因新中横公路而与玉山公园串联起来，是一段兼具知性与感性的森林之旅。

景观特色：赏花、看日出、夕阳、晚霞、观云海、森林浴、赏枫、赏鸟、登山。

4. 垦丁公园

垦丁公园位于台湾本岛最南端的恒春半岛，三面环海，东面太平洋，西邻台湾海峡，南濒巴士海峡。陆地范围西边包括龟山，向南至红柴之台地崖与海滨地带，南部包括龙銮潭南面之猫鼻头、南湾、垦丁森林游乐区、鹅銮鼻，东沿太平洋岸经佳乐水，北至南仁山区。海域范围包括南湾海域及龟山经猫鼻头、鹅銮鼻北至南仁湾间，距海岸一千米内的海域。

5. 台北 101

台北 101(Taipei 101)，位于台湾省台北市信义区，由建筑师李祖原设计，熊谷组-华熊营造-荣民工程-大友为所组成的联合承揽团队建造，保持了世界纪录协会多项世界纪录。

情境四 港澳台游计调

2010 年以前，台北 101 是世界第一高楼(高 508 米，但不是世界最高建筑)。

夜间的台北 101 外观会打上灯光，以彩虹七种颜色为主题，每天更换一种颜色，如星期一是红色、星期二是橙色等，每天落日时间开始点灯，至晚上 10 点关闭。

其中观景使用的电梯，其上行最高速率可达每秒 16 米，相当于时速 60 千米，从 1 楼到 89 楼的室内观景台，只需 39 秒；从 5 楼到 89 楼的室内观景台，只需 37 秒。下行最高速率可达每分钟 600 米，由 89 楼下行至 5 楼仅需 46 秒，至 1 楼仅需 48 秒。另外，它也是到目前为止，世界最长行程的室内电梯。此电梯由美国电梯顾问公司 Lerch, Bates and Associates 规划，日本东芝与中国台湾的台湾崇友公司合作制造。此台电梯的模型在 89 楼的室内观景台有展示。电梯停靠 1 楼、5 楼与 89 楼，其中，1 楼为公司内部接待贵宾使用，不对外开放。一般参观民众需至 5 楼购票后排队入场参观。世界最快速电梯证书在 1 楼、5 楼和 89 楼的电梯厅皆有展示。

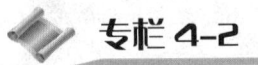
专栏 4-2

台湾旅游须知

托运行李： 托运行李每人限一件不得超过 20 千克；手提行李限带一件以尺码不超过 14 英寸×22 英寸×9 英寸为准。如有酒类产品不得手提(在机场内免税店购买的除外)，须打包与行李一起托运。压缩空气类瓶罐不得携带。

海关： 当局规定入境旅客每人只准带新台币 60000 元，美元 10000，人民币 20000 元或同等值之外币，如外币超过规则需在入境单上翔实注明申报，以便在出境时携带，旅行支票则不受限制。所有国际性的违禁品皆列为严禁品之列，新鲜蔬果、腌制之鱼肉类禁止带入。免税品包括洋酒一瓶(1000 毫升)、香烟一条(200 支)、香水少量，自用品适量。在台湾的便利商店中可以购买到大陆部分品牌香烟，价格与大陆相当。

币值： 人民币在台湾无法直接使用；港币的换率约 HK1∶NT4，美元约 US1∶NT30，汇率每日浮动不定。台湾纸币分为 2000 元、1000 元、500 元、200 元、100 元；硬币分为 50 元、20 元、10 元、5 元、1 元。

人民币、美元、港币市面不通用，使用时须先兑换(人民币在台湾本岛银行及饭店是能兑换的，银联卡在台湾较大商场消费是可以使用)。

天气： 台湾天气大致与海南相近，南部较热，高山则较凉，雨具应自行备用。

服装： 衣服及鞋以轻便为主，女士尽量不要穿高跟鞋，但冬季北部会下毛毛雨，需备雨具。阿里山气温较低，需备外套。台北、台东等均有温泉，行程中如有安排温泉酒店的(一一般是在台东知本)，请旅客自备泳衣及泳帽，否则不能在大温泉池泡温泉，但温泉酒店贩卖部一般都会销售泳衣及泳帽。

交通： 台湾与大陆一样是靠右行驶，行人横闯马路或不遵守规则会被处以罚金。

电压： 台湾电压为110伏特，插座为偏头二脚式，部分旅馆有220伏特设备，旅客应自备转换插头及变压器备用。大多数饭店前台也可以借用，但须付押金，旅客于离店时归还，归还后押金会退回。

酒水饮料： 用餐如需饮料(啤酒、汽水等)，使用由餐厅提供的，需自行付费；自备酒水类，酒店可能会收取开瓶费。一般餐厅及公共场所的室内是不允许吸烟的。部分场所会设有室内吸烟区，在禁烟区吸烟会被罚款。

语言： 以普通话为主，第二语言为闽南语(台湾话)，部分地区用客家话。原住民会说原住民方言，且各族不同。

国际电话： 公用电话或酒店电话均可拨，打回大陆使用方法：002+86+地区+电话号码；以南昌为例：002+86+0791+12345678，有办理国际漫游的中国全球通手机可在台湾使用，在酒店使用电话一般都需加上手续费，旅客需自行负担电话费用，并于退房时结账付清。一般便利店都有卖IP卡。

饭店设备： 一般旅馆之设备齐全，浴室内如毛巾、牙膏、牙刷、香皂、吹风机均一应俱全，旅客对室内之用品如毛巾、烟灰缸等物品感觉有纪念价值，可直接向旅馆洽购、带离。冰箱内之饮料、食品如有取用，在退房时需向柜台结账。部分旅馆设有收费频道，如有观赏亦应在退房时一并付费结账。

台湾土产： 台湾各地有不同的特产，可适量采购纪念，如猫眼石、大理石、珍珠、高山茶、珊瑚饰品、钻石、新鲜鹿茸、灵芝、玉辟邪(貔貅)、牛肉干、麻薯、凤梨酥等。

计量单位： 台湾的计重单位计算方式与大陆计重单位有些不同，大陆一市斤是500克，一市斤是10两，一两是50克；台湾一台斤是600克，一台斤是16两，一两是37.5克，所以在台湾仍旧是"半斤八两"，购买以重量计价的物品时要记得换算。

小费： 旅客在进入旅馆办理入住手续时，随身大型行李应由服务生代送至房间，依一般国际惯例，均会给小费，每间房间每次约台币50元或美元2元。

观光团体： 据有关规定各观光游客不得私自脱队，需跟随团队进行活动。

天气： 台湾属于热带与亚热带气候，夏长冬短，最好带好雨具，台湾天气见表4-7。

情境四　港澳台游计调

表4-7　台湾天气

单位：℃

月份	1月	2月	3月	4月	5月	6月
台北	10～17	12～20	18～25	23～28	25～32	25～36
台中	15～23	15～23	19～26	23～28	25～32	25～34
高雄	17～23	17～23	19～25	23～30	25～33	26～36
月份	7月	8月	9月	10月	11月	12月
台北	25～36	25～36	25～35	22～30	18～27	15～23
台中	25～34	25～34	25～34	22～29	20～25	18～23
高雄	25～37	25～37	25～36	25～32	21～28	19～24

中国公民旅游文明行为公约

营造文明、和谐的旅游环境，关系到每位游客的切身利益。做文明游客是我们大家的义务，请遵守以下公约。

（1）维护环境卫生。不随地吐痰和口香糖，不乱扔废弃物，不在禁烟场所吸烟。

（2）遵守公共秩序。不喧哗吵闹，排队遵守秩序，不并行挡道，不在公众场所高声交谈。

（3）保护生态环境。不踩踏绿地，不摘折花木和果实，不追捉、投打、乱喂动物。

（4）保护文物古迹。不在文物古迹上涂刻，不攀爬触摸文物，拍照摄像遵守规定。

（5）爱惜公共设施。不污损客房用品，不损坏公用设施，不贪占小便宜，节约用水用电，用餐不浪费。

（6）尊重别人权利。不强行和外宾合影，不对着别人打喷嚏，不长期占用公共设施，尊重服务人员的劳动，尊重各民族宗教习俗。

（7）讲究以礼待人。衣着整洁得体，不在公共场所袒胸赤膊；礼让老幼病残，礼让女士；不讲粗话。

（8）提倡健康娱乐。抵制封建迷信活动，拒绝黄、赌、毒。

特别提醒：

不要跟不认识的人交谈，或帮他们看、提行李物品，特别是在出入境关口，哪怕对方是孕妇或老人，千万不要发扬相互帮助的美德，以免引起不必要的麻烦。

(二)香港主要旅游景点简介

香港有"东方之珠"的美誉,人口约713万(2012年),总面积为1070平方千米,是全球人口最密集的地区之一。香港可分为四个部分:香港岛、新界、九龙和离岛。九龙是位于北边港口的半岛,香港岛的面积为78平方千米,是香港主要的金融商业区,但只占全香港陆地面积的7%,新界的面积约为980平方千米,相当于香港陆地面积的91%。离岛共包括262个岛屿,最大的离岛大屿山几乎是香港岛的两倍之大。

香港自中国秦朝起明确成为那时的"中原"王朝领土(狭义的中原,指今河南一带。广义的中原,指黄河中下游地区),公元前214年(秦始皇二十三年),中国秦朝派军平定百越,置南海郡,把香港一带纳入其领土,属番禺县管辖。从此时起直至清朝,随着中原文明向南播迁,香港地区得以逐渐发展起来。中国元朝时香港属江西行省,在香港西南的屯门及广州的外港又设巡检司,并驻军防止海盗入侵,拱卫广州地区。直至19世纪后期清朝战败后,才分批被割让及租借给英国受殖民统治。

1. 香港迪士尼乐园

香港迪士尼乐园位于大屿山,环抱山峦,与南中国海遥遥相望,是一座融合了美国加州迪士尼乐园及其他迪士尼乐园特色于一体的主题公园。香港迪士尼乐园包括四个主题区:美国小镇大街、探险世界、幻想世界、明日世界。每个主题区都能给游客带来无尽的奇妙体验。

到访香港迪士尼乐园的游客会首先在美国小镇大街展开他们的旅程。美国小镇大街是根据典型的美国小镇设计而成,富于怀旧色彩,所展现的时代正是由电灯取替煤气灯以及汽车代替马车的年代。这些怀旧设计带领游客进入神奇王国,让他们体验乐园内不同的世界。

2. 香港会议展览中心

香港会议展览中心位于湾仔博览道1号,是该区最新建筑群中的代表者之一。除了做大型会议及展览用途之外,这里还有酒店两间、办公大楼和豪华公寓各一幢。而它的新翼则由填海扩建而成,内附大礼堂及大展厅数个,分布于三层建筑之中,是世界最大的展览馆之一。

3. 香港杜莎夫人蜡像馆

香港杜莎夫人蜡像馆位于香港太平山顶凌霄阁,是专门展览名人蜡像的博物馆。其中展出了世界各地名人及知名影星，如成龙的蜡像，是内地旅客游港必到之地。

香港蜡像馆共分多个展区，包括魅力香江、风云人物、世界首映、体坛猛将和乐坛巨星。在魅力香江内，游客可以在酒吧中与香港著名电影女星张柏芝把酒共欢，与"舞台皇者"郭富城在台上共舞。此外，游客亦可模仿滨崎步穿上不同的时尚配饰，戴上最潮流的发型。

4. 浅水湾

浅水湾是香港最高尚的住宅区之一，位于香港岛南部，是香港最具代表性的美丽海湾，同时也是香港最受欢迎及交通最方便最具代表性的泳滩，是游人必到的著名风景区。浅水湾海滩绵长，滩床宽阔，且水清沙细，波平浪静。沙滩上中国古典色彩的镇海楼公园里有天后娘娘、大慈大悲观音神像，还有长寿桥等胜景。临海的茶座，则是欣赏红日西沉，涛声拍岸的好地方。

5. 太平山顶

海拔554米的太平山顶俗称扯旗山，是香港岛之巅，也是俯瞰维多利亚港景色的最佳地点，游览香港的第一焦点。白天和夜晚的山顶风景各有不同，不论你是不是个浪漫的人，也一定要安排到太平山赏夜景，赏景最佳的地点在凌霄阁的观景台、缆车总站旁的狮子亭，入夜的香港会让你念念不忘。

6. 兰桂坊

兰桂坊位于香港中环区的一条呈L形的上坡小径。是由德己立街、威灵顿街、云咸街、安里、仁寿里及荣华里构成的一个聚集大小酒吧与餐馆的中高档消费区，深受年轻一代、外籍人士及游客的欢迎，是香港的特色旅游景点之一。

兰桂坊酒吧街缘起于20世纪70年代初期，港府在中西区开始进行市区重建。当时一位意大利籍商人在这里开设了一间意大利服装店及餐厅。部分在中环上班的"优皮士"，下班后想找一个地方聊天，这家餐厅便成为他们欢乐时光的聚集处。其后，兰桂坊渐渐成为一处有品位的消闲之地，酒吧、饮食店及娱乐场所越开越多。

随着兰桂坊附近酒吧及餐厅的发展，云咸街交界与荣华里一段的德己立街，也被纳入兰桂坊的范围。在香港，除了豪华酒店以外还有很多独立经营的酒吧。香港不大，酒吧不少。富有小资情调的兰桂坊，灯红酒绿的湾仔骆克道，流光溢彩的九龙尖沙嘴，都是酒吧集中的区域。喜欢泡吧的朋友如果每天晚上泡一家酒吧，每天选取的酒吧都不同，单是兰桂坊、湾仔、尖沙嘴，估计三个月也玩不完。不过名气最大、最富有特色的酒吧区，非兰桂坊莫属。

由中环地铁站毕打街出口沿上山的路径步行，约10分钟即可达中央警署、外国记者会及兰桂坊。走到兰桂坊，气氛马上和中环截然不同，这条用石卵铺设的小路，洋溢欧陆情调，两旁酒吧、餐厅林立。大多数酒吧从中午营业到凌晨一时或更晚。英式及澳式酒吧，日式卡拉OK酒廊都全日供应小吃。每当夜幕低垂时，许多香港的年轻时髦新一代喜欢到这里的迪斯科舞厅畅聚，也为小街增添了另一种独特而刺激的气氛。至今，兰桂坊已由一条小巷发展成一个富西方文化的地区。

7. 庙街

庙街位于香港九龙油麻地，是香港一条富有特色的街道，同时也是香港最负盛名的夜市。很多电影都曾以该条街道取景。庙街以售卖平价货的夜市而闻名，被喻为香港的平民夜总会。

清朝时期，庙街的中段建有一座天后庙，即油麻地天后庙，庙街因而得名。另外，由于庙街的性质与旺角的女人街相似，而到访的人则以男性为主，故亦有"男人街"的称号。香港年轻一辈，多以"老庙"作为庙街的俗称。

庙街早于1887年的九龙地图上已有记录。当时庙街分为两段，以油麻地天后庙为界，以北一段被称为"庙北街"，以南一段则称为"庙南街"。由20世纪20年代开始，天后庙对面的广场(俗称"榕树头")，开始发展成大笪地式的休憩场地，带动了庙街附近不少贩卖杂物及小食摊档的存在。广场对面一带的街道众坊街(英文为Public Square Street，以前曾译为"公众四方街")，也是由这个广场得名的。

1968年，当时的香港政府拟在天后庙广场的附近兴建梁显利社区服务中心，引起该处经营的200多个流动小贩对搬迁安排的不满。在油麻地街坊会及香港警方协调下，政府决定在庙街及上海街近榕树头一带划出摊位做安置之用，但须经过抽签分配。

1975年3月，当时的香港市政局在庙街划出"小贩认可区"，使庙街原有的小贩得到有系统的管理。庙街的"小贩认可区"包括文明里至众坊街一段，以及甘肃街至南京街一段，共有近600多个划定位置供小贩摆卖。摊位本来在傍晚开始营业，1998年中部分的营业时间更改由中午开始。

(三)澳门主要旅游景点简介

澳门回归后，全称为中华人民共和国澳门特别行政区。澳门在先秦属百越地，从秦朝

情境四 港澳台游计调

起就属于中国领土，属南海郡。澳门在隋朝时属宝安县，南宋时属香山县，元代属广州路，明清属广州府。1553年，葡萄牙人从明朝广东地方政府取得澳门居住权，经过四百多年欧洲文明的洗礼，东西文化的融合共存使澳门成为一个风貌独特的城市，留下了大量的历史文化遗迹。澳门北邻珠海，西与珠海市的湾仔和横琴对望，东与香港相距60千米，中间以珠江口相隔。澳门是一个自由港，也是世界四大赌城之一。1999年12月20日中国政府恢复对澳门行使主权，澳门回归之后，经济迅速增长，比往日更繁荣，是一国两制的成功典范。其中著名的轻工业、美食、旅游业、酒店和娱乐场所使澳门长盛不衰，澳门成为亚洲最发达、最富裕的地区之一。澳门也是世界上人口密度最高的地区之一。

1. 大三巴牌坊

大三巴牌坊是最具代表性的"澳门八景"之一，位于炮台山下，左临澳门博物馆和大炮台名胜，为天主之母教堂(即圣保禄教堂)的前壁遗址，曾浴火重生。其建筑糅合了欧洲文艺复兴时期与东方建筑的风格而成，体现出东西艺术的交融、雕刻精细、巍峨壮观。1835年的一场大火几乎烧毁了整个教堂，只剩下一面石墙，即现在的大三巴牌坊。

2. 澳门渔人码头

澳门渔人码头主要分为三个特色区域：唐城、东西汇聚、励骏码头。唐城是一幢仿唐朝建筑风格的中式城楼，城楼内以购物商场为主，集各地潮流商品以至高级食府。东西汇聚糅合了东方传统观念与西方建筑风格的设计特色，区内设施包罗万象，无论是小朋友喜欢的机动游戏、多用途表演及会展场地，还是电子游戏及购物中心，均应有尽有。观音像位于人工岛上，青铜观音像由葡萄牙女雕塑家设计，在中国铸造，观音莲花宝座是一所佛教文化中心。

3. 普济禅院

普济禅院又名观音堂，是澳门三大古刹之一，建于明朝末年，距今约有370多年的历史。其规模宏大、历史悠久、占地广阔、建筑雄伟。

从外观看，禅院墙顶屋椽均用琉璃瓦铺砌，正门顶上装饰有奇花异草、游鱼祥龙等祥瑞之物。主体建筑分为三殿。一进山门，迎面即是庄严宏伟的大雄宝殿，殿中供奉着三宝佛像，皆为丈八金身，佛像庄严。从大雄宝殿西行，依次是天后殿、地藏殿、龙华堂、静乐堂；东行则是关帝殿、藏经楼等建筑。主殿观音殿中供奉观音大士莲台，樟木雕塑。

4. 氹仔岛

氹仔岛位于澳门半岛以南,面积为 6.2 平方千米。东西向、狭长形,形如一条鲸鱼,东西有大氹山、小氹山,中部为一大片淤积及填海而成的平地。面积为 4.1 平方千米(占澳门地区总面积 22.8%),人口有 7000 多人。与澳门之间有两条长 2.5 千米及 4.5 千米的大桥相连。建筑宏伟壮观的赛马会和澳门大学,均矗立在氹仔岛上。氹仔与澳门半岛之间的两座大桥是嘉乐庇总督大桥和友谊大桥。嘉乐庇总督大桥长度为 2.6 千米,友谊大桥长度为 4.4 千米。

5. 妈阁庙

妈阁庙为澳门最著名的名胜古迹之一,初建于明弘治元年(1488 年),距今已有五百多年的历史。妈阁庙原称妈祖阁,俗称天后庙,位于澳门的东南方,枕山临海、倚崖而建,周围古木参天、风光绮丽。其主要建筑有大殿、弘仁殿、观音阁等殿堂。庙内主要供奉道教女仙妈祖,又称天后娘娘、天妃娘娘,人称其能预言吉凶,常于海上帮助商人和渔人化险为夷,消灾解难,于是,福建人与当地人商议在现址立庙祀奉。

小　　结

本子情境主要介绍港澳台三地主要旅游景点知识,目的是为了在了解景点的前提下,更加科学合理地进行线路的设计和计调操作流程的操作。

思考与能力训练

1. 港澳台游线路设计要点。
2. 港澳台游计调操作流程。
3. 港澳通行证办理程序。
4. 请填写附录中相关的任务单和评量表。

情境五

国际游计调

【教学目标】

知识目标：掌握出境计调的操作流程；熟悉出境操作注意事项；掌握入境计调的操作流程；熟练审核出境游客的签证材料；掌握突发事件的处理。

能力目标：能够拟定入境旅游接待计划；能够进行团队出境计调操作；能够进行入境团队计调操作。

素质目标：具有爱国主义精神；对客人和境外旅行社较强的责任心；与境外团队友好合作精神和旅游产品开发创新意识；求同存异；灵活处理境外突发事件的应变能力。

【核心概念】

出境计调操作　入境计调操作　突发事件处理

案例导入

《中国出境旅游发展年度报告2017》发布

——中国旅游研究院国际所蒋依依博士

2017年10月13日,《中国出境旅游发展年度报告2017》在北京发布。我院国际所所长蒋依依博士代表课题组分享了报告的核心观点和主要数据。

该报告由中国旅游研究院组织专家团队编写,是自2003年以来连续出版的第十三本出境旅游研究报告。基于长时间跟踪与深度调研,报告清晰、直观地展现了2016年出境旅游市场的总体状况、客源地产出特征、目的地消费行为与满意状况,并就2017年发展趋势提出建议,同时分析了中国赴"一带一路"沿线国家与欧洲地区旅游市场的特征。

报告指出,出境旅游的综合作用,使其不仅成为国家形象构建的软实力,更成为"一带一路"倡议等大国战略的硬基础。

报告显示,总量上中国出境旅游市场与消费增长趋势放缓,结构上出国游的比例提升显著、赴"一带一路"沿线国家游客量增长明显,客源产出上经济增长是出境旅游的主要推动因素,西部地区与"新一线"市场活跃度进一步上升,目的地消费行为显示出从"买买买"到"游游游"的转变迹象,满意度上中国游客对各目的地总体及旅游服务质量的评价较高。

从总量上来看,2016年中国出境旅游市场总量与消费增长都呈现出趋缓的态势。我国出境旅游市场达到1.22亿人次,出境旅游花费1098亿美元,同比增长4.3%~5.07%,我国历年出境旅游人次如图5-1所示。

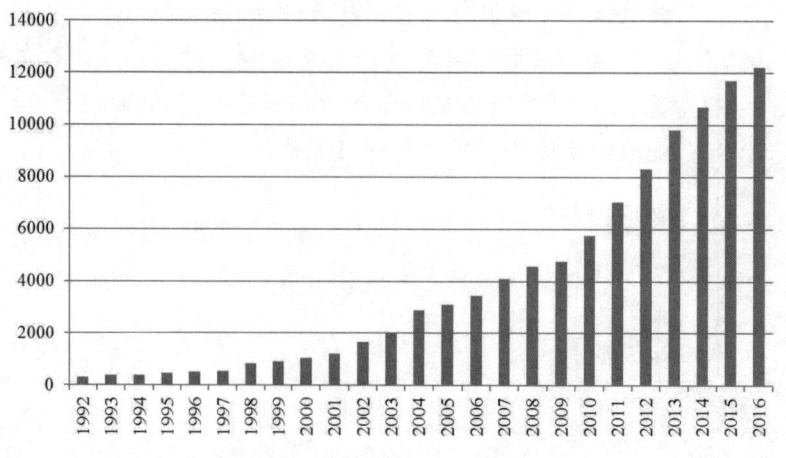

图5-1 我国历年出境旅游人次(万人次)

情境五　国际游计调

从客源产出上看，经济增长是出境旅游的主要推动因素，西部地区与"新一线"市场活跃度进一步上升。除了签证便利度等因素的影响之外，客源地的国民收入水平变化在很大程度上影响着出游意愿与出游形式，研究显示人均可支配收入与出境人次数的相关度最高。虽然各省(区、市)出游力从东到西仍然表现为6∶2∶1的递减形态，但西部地区爆发出强大的旅游消费潜力，云南、四川、青海、内蒙古、新疆等省份旅游消费增长速度较快。随着国际航班、签证中心的新增，杭州、成都、南京、天津、武汉、重庆、厦门等"新一线"城市出境游客的增长速度较快，消费能力也比肩上海、北京、广州、深圳等一线城市。

从目的地消费行为上看，中国游客的消费方式正在实现从"买买买"到"游游游"的理性转变。调查结果显示首次出境旅游的游客居多，游览观光和休闲度假是出境旅游的主要目的，如图5-2所示。对出游频率和决策重要程度的调查结果表明，出境旅游仍然是人们普遍难以决策的重大消费选择。女性市场明显高于男性市场，出境游客大都是和家人或朋友一起结伴而行，在选择境外旅游目的地时注重景点、旅游地的吸引力，如图5-3所示。多数游客愿意通过旅行社安排境外旅游活动，在选择旅行社时注重知名度和诚信度，如图5-4所示。选择半自助游、私家团的游客比例正在提升，说明中国游客不再满足于固定的路线与行程，对于弹性时间的要求正在增加。未参团的出境游客大都通过网络完成航班、酒店与旅游线路的预订。中高端群体占据主流，花费在5000～20000元的游客约占75%，游客青睐于选择中等价位酒店和经济型酒店。出境游花费的主要项目为购物、参团费用、餐饮和景点门票等。尽管购物仍然为花费最高的项目，但购物比重的收缩，反映出消费行为从"买买买"到"游游游"理性转变的迹象，如图5-5所示。

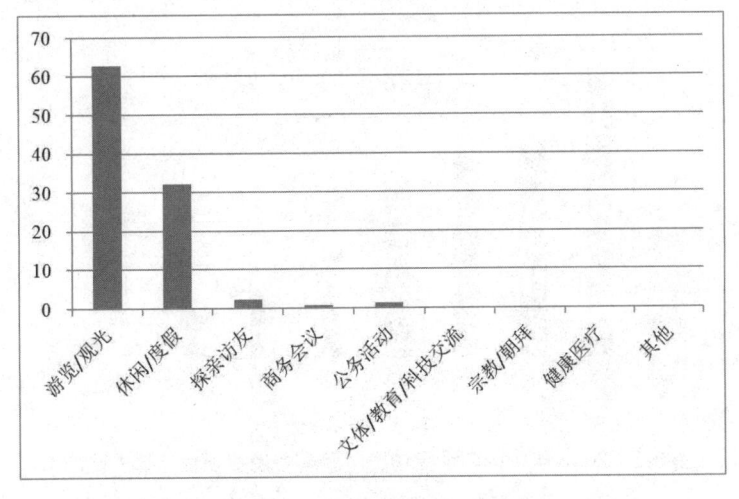

图5-2　2016年中国内地受访者出游目的(%)

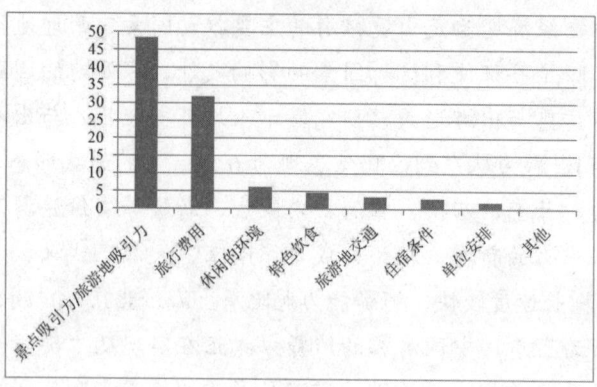

图 5-3　2016 年中国内地受访出境游客选择线路的影响因素分布(%)

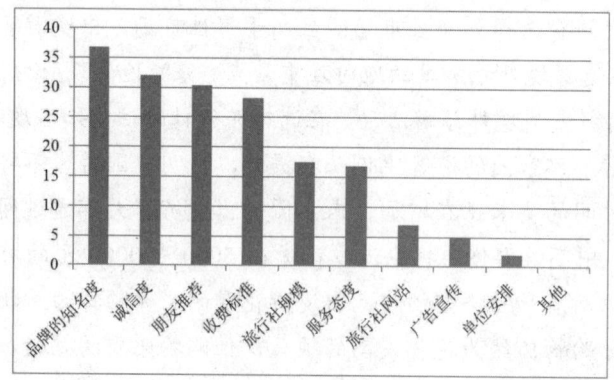

图 5-4　2016 年中国内地受访出境游客选择旅行社的影响因素(%)

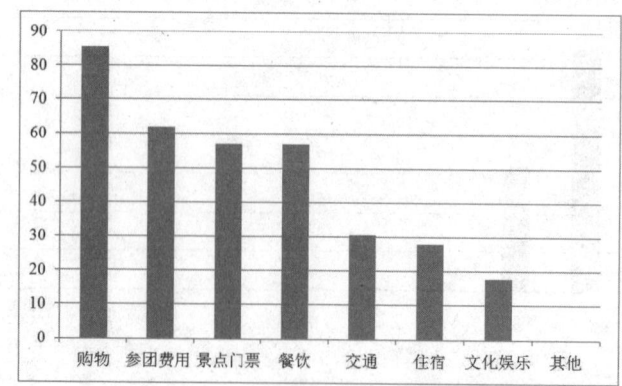

图 5-5　2016 年中国内地受访出境游客各消费项目选择占比(%)

(资料来源：国家旅游局数据中心)

情境五　国际游计调

从游客满意度上看，中国游客无论是对旅游服务质量的满意度还是对目的地的总体满意度都较高。出国游客满意度各季度都持续稳定"基本满意"水平。2016年，样本国家游客满意度从高到低依次是：新加坡、新西兰、美国、日本、韩国、澳大利亚、印尼、越南、加拿大、法国、柬埔寨、德国、南非、意大利、泰国、英国、马来西亚、西班牙、俄罗斯、菲律宾、阿根廷、印度、巴西、蒙古。2016年，各个样本国家的游客满意度指数整体上有所提高，其中，新加坡、新西兰、美国、日本等国家的游客满意度稳定在前列，越南、柬埔寨、南非等国家的游客满意度指数上升幅度较大。

报告认为，对目的地经济社会贡献较多的中国市场日益受到重视，加上宏观经济、基础设施、市场政策等内部发展环境持续完善，中国公民出境旅游需求将进一步释放。随着市场发展的成熟，旅游需求多样化趋势将更加明显。分享经济、支付手段等新技术和新政策将有效地扩大旅游供给。建议国家层面进一步促进出境旅游与"一带一路"倡议对接，目的地以提升中国游客满意度为目标进一步增强吸引力，中国企业"走出去"与出境旅游市场发展相结合。

《中国出境旅游发展年度报告》作为中国旅游研究院"1+8+X"年度报告书系之一，坚持将前瞻性的政策导向、扎实的市场调研、严谨的数据分析、深入的热点透视相结合，是目前研究中国出境旅游市场方面最为权威、信息量最为丰富的年度性研究报告，长期以来受到国际组织、旅游行政主管部门、相关企业、科研机构的高度关注。

（资料来源：中国旅游研究院）

子情境一　出境游计调业务操作流程

一、下达任务

为拓展业务，贵社现设计日本东京、富士山、名古屋深度六日游线路。线路见表5-1。
(1) 现有询价的客人，请负责接待。
(2) 有24位客人已经决定参加此旅游项目，请负责计调工作。
(3) 出行日期2019年1月4日至7日，于哈尔滨出境。

表 5-1 东京、富士山、名古屋深度六日游

日期	都市名	交 通	行 程	餐 饮
第一天	哈尔滨 名古屋	9C8617 (11:25—16:00)	中部空港：哈尔滨太平国际机场集合，乘坐春秋航班直飞名古屋 饭店：四星酒店	三餐自理
第二天	名古屋 —富士山	专用车	白川乡(约 60 分)：白川乡内建造有"合掌造"(茅草的人字形木屋顶)式的民宅，110 多栋连成一片，1995 年被指定为联合国教科文组织的世界文化遗产。"合掌造"指的是将两个建材合并成叉手三角形状且用稻草芦苇来铺屋顶，在白川地区又被称为"切妻合掌造"，其特征是两边的屋顶像是一本打开的书，呈一个三角形状，这也是因白川地区雪茫的自然条件而发展出来的。合掌村的得名，来自于其建筑型式，呈"人"字形的屋顶如同双手合握一般，于是房子被称为"合掌造"，而村庄就被叫作"合掌村"了。合掌村中散落着各种民家、民宿和饮食店。在能够体验到日本的原始风景的合掌村中一边慢悠悠地散步一边体会心灵治愈的乐趣 飞驒高山三之町古街(约 60 分)：风情万种的町家内、酿酒厂、味噌厂、杂货店、咖啡店、餐馆、土特产店鳞次栉比。边走边品尝飞驒牛肉、高山拉面等当地有名的小吃。如果走累了，也可以选择人力车来享受微风拂面的感觉。 高山阵屋(外观)：金森氏左迁后，高山成为德川幕府的直辖地区，代官、郡代(约官名)等在此设置了办公机构，以管理飞驒地区的行政。这个办公场所(日语称"役所")，被称为"高山阵屋"，官员们在此下达命令、通知以及办理纳贡事宜等 饭店：四星酒店或温泉酒店	早餐：酒店 中餐：小吃 晚餐：日式料理

情境五　国际游计调

续表

日期	都市名	交通	行　程	餐　饮
第三天	松本—富士山—甲府地区	专用车	松本城(约 45 分)：松本城是在文禄(1592—1593)时代建造而成的五层六阶的天守阁，城内是日本国内现存最古老的建筑，天守阁被指定为日本国宝，城堡也被指定为日本的史迹。经历 400 年风雪的松本城天守阁从战国时代到现在妥善地被保存下来。 富士山五合目(约 30 分)：富士山跨越山梨县和静冈县，海拔 3776 米，是日本最高山峰，其优美的风貌在国外也被广泛地认作是日本的象征，被登录为世界文化遗产。这个富士山五合目中有餐厅、卖店、邮局，可以近距离地感受富士山。*视天气情况可能更换为富士山一合目，如遇五合目封山或大规模堵车，则改为前往富士山资料馆(VISITOR CENTER)，敬请谅解。 忍野八海(约 30 分钟)：所谓"忍野八海"，其实是富士山的雪水流经地层过滤而成的八个清泉。忍野八海以其优美的自然环境闻名，池水波光粼粼，与美丽的富士山合为一体，美不胜收，吸引无数摄影家不远千里前来取景。忍野八海为国家指定的天然纪念物 饭店：四星酒店或温泉酒店	早餐：酒店 中餐：日式料理 晚餐：自理
第四天	甲府地区—新宿—银座—浅草	专用车	综合免税店(约 60 分)：(ALEXANDER&SUN 或观光公社) 银座 LAOX(约 60 分)店内集合了日本制造的贵重饰品、传统工艺品、化妆品、家电等种类繁多的商品 浅草寺(约 60 分)：628 年建造，是东京都内最古老的寺院。寺里的浅草观音被很多人所信仰，国内外每年前来参拜的人数高达 3000 万人。作为曾经是江户文化发展的起源中心，现在也能看到残存下的痕迹，雷门大灯笼在全国赫赫有名 秋叶原 LOX(约 40 分)：日本东京的秋叶原是日本最大的电器一条街，也是世界最大的电器、动漫一条街，更是东京的一个象征。以位于秋叶原站西侧的中央道为中心，在秋叶原其东西宽 400 米、南北长 800 米的范围内，汇集了 800 多家专门销售家用电器和计算机等电器产品的商店，且价格便宜。其中，还有数家 DFS 专门为外国人提供免税商品，代办托运手续，十分方便。令人眼花缭乱的电器产品和最新电子产品展销以及熙来攘往的各色人群，构成了秋叶原独有的风景 饭店：四星酒店或温泉酒店	早餐：酒店 中餐：日式料理 晚餐：自理

续表

				早餐：酒店
第五天	关东地区—中部—中部国际空港	专用车	御殿场奥特莱斯(约 120 分)：拥有大约 210 间品牌店以及餐厅。位于能看见世界文化遗产富士山的广阔自然环境中，在蕴含北美历史的街道内散步的同时享受一天购物的乐趣 珍珠御宝免税店(约 60 分)：陈列着各种名贵的珊瑚饰品和工艺品，您可以自由挑选	早餐：酒店 中餐：日式料理 晚餐：自理
			饭店：四星酒店或温泉酒店	
第六天	中部国际空港—哈尔滨	9C8618 (07:45—10:30)	中部国际空港，乘坐春秋航班返回温暖的家哈尔滨，结束愉快的旅途	

费用包含：

往返国际机票、日本四星酒店标准双人间、行程中所列一日三餐、旅游用车、景点门票(不包括自费项目)、中文导游、旅行社责任险。

费用不包含：

护照费、个人消费，境外司机和导游小费(每位客人 RMB120 元/人)、饭店单人间差价(RMB350 元/晚/人)、因私自离团所产生的离团费(RMB500 元/天/人)特殊要求费用以及交通延阻、罢工及人力不可抗拒的因素所引致的额外费用。

特别声明：

因航班调整或签证手续等原因，旅行社保留对出团线路、出团日期变更之权利；如遇当地公共假期、节日、气候状况等意外状况，上述行程次序及景点可能临时变动、修改或更改。敬请谅解。

日本移民局有对入境客人不予入境的权力，一旦有不能入境的客人所产生的一切费用由本人自行承担。

二、填写任务单

任务单如表 5-2 所示。

情境五　国际游计调

表 5-2　日本六日游计调业务操作

小组成员：		指导教师：
项目名称：		模拟地点：

工作岗位分工：

工作场景：

1. 为拓展业务，请贵社现设计日本六日游线路。
2. 现有询价的客人，请负责接待。
3. 有 24 位客人已经决定参加此旅游项目，请负责计调工作。
4. 出行日期 2019 年 1 月 4 日—7 日，于哈尔滨出境

教学辅助设施	模拟旅行社真实工作环境，配合相关教具
项目描述	通过对出境游的操作，引导学生对目的地国家主要旅游资源设计线路，由学生完成以下主要环节：线路设计、报价、销售、计划调度、总结汇总等工作
项目资讯重点	主要考查学生对线路产品本身的了解、计调业务的熟悉程度和突发事件的处理
项目能力分解目标	要求学生将知识和技能运用到本次旅游活动的各个环节，完成： 了解日本概况、特色文化及主要旅游资源，做出风情游的特色线路设计。 根据客人的具体情况落实相应计调工作。 根据老师所给计调流程进行相应程序的操作(以情境模拟的形式进行)
突发事件	团队到达日本后，无地陪接机，请问这时计调人员和领队应如何处理。 客人到达酒店后，抱怨房间太小，晚餐质量太差，如何解决。 游览第三天，突然降大雨，不能顺利进行旅游活动，计调人员如何解决，在出团前计调人员应做好哪些预防措施
小组实施过程记录	

三、任务整体评价考核点

(1) 国际游操作内容和操作程序及注意事项。

(2) 突发事件的处理。

四、相关知识点

(一)策划、设计出境旅游产品

出境旅游是指旅游者参加组团社组织的前往旅游目的地国家(地区)的旅行和游览活动。随着我国经济的迅速发展,人民的生活水平和质量有所提高,出境旅游成为时尚。因此,出境组团社计调的工作任务更重要,责任更重大。

出境计调的操作流程和国内组团计调的操作流程大致一样,但由于出境旅游操作存在语言和通信上的差异,所以应该特别细致,防止上当受骗。

出境旅游计调人员根据客源特点和旅游目的地实际情况,设计出适合市场需求和可操作的旅游线路产品,并对线路产品进行定价。

产品设计、定价完成后,交由销售人员,如有计划行程变更、价格变动、目的地国家(地区)有突发事件,需要及时通知前台和营业部。

对入境团队来说,在进行产品设计前,要对我国主要客源国概况有所了解,如表 5-3 所示,根据客人喜好设计产品,安排行程。

表 5-3 我国主要客源国概况

国家 项目	英 国	德 国	法 国
全名	大不列颠及北爱尔兰联合王国	德意志联邦共和国	法兰西共和国
气候	温带海洋	温带海洋	温带海洋
主要民族	英格兰人、威尔士人、苏格兰人、爱尔兰人	德意志人	法兰西
通用语	英语	德语	法语
主要宗教	基督教新教	基督教新教、天主教	天主教
首都	伦敦	柏林	巴黎
国花	玫瑰	矢车菊	玫瑰、鸢尾花
国树	夏栎	橡树	无
国鸟	红胸鸲	白鹳	云雀、高卢鸡
标志建筑	威斯敏斯特宫	柏林勃兰登堡门	埃菲尔铁塔
货币	英镑	欧元	欧元
忌讳	墨绿、黑、红、山羊、大象、孔雀、黑猫、蝙蝠、菊花	谈论政治、个人隐私、白、黑、棕、四人交叉式谈话	送菊花、康乃馨等黄色花、送红花、用英语交流
主要景点	白金汉宫 温莎堡 圣保罗大教堂 大英博物馆	科隆大教堂 巴登—巴登 特里尔古城	巴黎圣母院 埃菲尔铁塔 卢浮宫 凡尔赛宫

情境五　国际游计调

续表

国家\项目	西班牙	意大利	俄罗斯
全名	西班牙王国	意大利共和国	俄罗斯联邦
气候	气候不一	地中海式气候	大陆性气候
主要民族	卡斯蒂利亚人	意大利人	俄罗斯人
通用语	西班牙语	意大利语	俄语
主要宗教	天主教	天主教	东正教
首都	马德里	罗马	莫斯科
国花	石榴花	雏菊	葵花
标志建筑	巴塞罗那圣家堂	古罗马斗兽场与万神庙	莫斯科红场
货币	欧元	里拉、欧元	卢布
忌讳	黄色、紫色、黑色、菊花	13、星期五	黑、兔子、黑猫、黄花、13、左、打听私事
主要景点	太阳海岸 家泰罗西亚海岸 加那利群岛	古罗马斗兽场与万神庙 威尼斯 比萨斜塔 维苏威火山 庞贝古城遗址	红场 克里姆林宫 艾尔米塔奇博物馆 索契

对出境团队来说，在设计行程时，要充分考虑当地特色和风土人情，让国人花钱出境旅游感觉物有所值，如案例 5-1 巴厘岛经典 6 日游。

案例中的线路特色是：风情巴厘、天堂之岛。在金巴兰海滩欣赏落日，享受烛光晚餐与海鲜烧烤；去海神庙和乌鲁瓦图断崖聆听古老的传说，感受异国风土人情；在乌布赏梯田风光，于艺术村追寻艺术的踪迹。阳光下，在印度洋的怀抱里冲浪或潜水；涛声中，度过一个慵懒而惬意的下午。更有各种 SPA 为您消除烦恼和压力，使身心得到放松。巴厘岛为您准备好了最美好的阳光、海滩和最热情的微笑，期待为您增添最温馨的回忆。

巴厘岛经典 6 日游

行程安排：

第一天　北京—巴厘岛

首都国际机场乘机前往中转地，转飞巴厘岛。

第二天　巴厘岛

游览京打马尼火山口的巴都湖风景区，沿途可参观木雕村、手工蜡染的制作工艺、金银雕刻中心。下午前往圣泉庙游览，池中不断涌出泉水，据说可医治百病，不妨试一试。

随后前往乌布皇宫参观，乌布区为人文汇集、欧美人士最喜爱的地方，可漫步于乌布传统市场，体验巴厘岛村落之美。

第三天　巴厘岛

前往巴厘岛著名的南湾海滩度假区，您可乘坐玻璃底船观赏海底的珊瑚，也可用面包吸引鱼群前来抢食。在海龟岛上可欣赏到各种奇珍异兽，如大嘴鸟、蝙蝠、海龟等。随后前往参观闻名于世、肃立在海中的海神庙的优美风景，此神庙屹立于海中，是为了保佑巴厘岛居民世世代代平平安安而建，是祭拜海之守护神的神庙。

第四天　巴厘岛

可选择"银快号全日游"或躺在沙滩上，享受阳光沙滩，感受热带风情，体验巴厘岛的魅力。

第五天　巴厘岛—北京

可乘坐马车游览这充满传统印度教建筑的城镇，参观咖啡工厂、土特产店，前往巴厘岛著名的洋人街——KUTA区，以及由世界各国形形色色的观光客群聚的库达(KUTA)区，购买全印度尼西亚所有最具代表性的精致手工艺品、美食等。晚上送机经中转地转机返回北京。

第六天　北京

抵达北京，结束这次愉快之旅。

(二)审核资料

出团计划制订完毕后，销售人员通过各种渠道收集到的客人资料，在前台做好销售统计后，客人的资料会转到计调，因此审核资料是计调人员非常重要的工作。要注意证件的时效性、证照是否相符、出游动机、担保人情况，并加以提示说明。

还未办理护照及签证的游客，由申请人本人携带以下申请材料到公安局入境管理处办理护照或通行证：①身份证和户口本原件和复印件；②两张2寸彩色护照照片(公安局照)；③政审盖章后的出国申请表。

审核游客提交的个人资料：个人登记表、有效期半年以上的护照(通行证)、参团签证材料及四张2寸彩色护照照片。

审核完资料后，如果发现问题要及时通知游客。将旅游团队进行分类，建立团队文档，在文档中要备有准确的行程单、客人名单及联系方式、接待社信息等资料。

(三)送签

护照(通行证)办理好后，游客交齐全额团费签订旅游合同、协议。计调人员确定前台人员与游客签订的出境旅游合同及出行线路、提交资料准确无误后，统一办理签证及出境手续。申请签证个人资料表见表 5-4。

表 5-4　申请签证个人资料表

姓名		性别	
出生地		出生日期	
学历		民族	
婚姻状况		职务	
年收入		在职时间	
家庭住址	(中文)		
	(英文)		
邮政编码		家庭电话	
护照号码		护照种类	
身份证号		身份证签发机关	
E-mail		手机	
身份证签发日期		身份证有效期	
父亲姓名		母亲姓名	
父亲出生日期		母亲出生日期	
是否有同行人员，如果有请注明并说明关系：			
是否出过国或申请过出国签证？是否曾被拒签？请说明情况：			

在职人员及退休人员填写以下内容：(退休人员可以不填写单位情况)

工作单位	(中文)		
	(英文)		
单位地址	(中文)		
	(英文)		
单位邮政编码		单位电话	
单位负责人姓名		负责人的职务	
配偶姓名		配偶出生日期		配偶出生地	
配偶单位名称			
配偶职务		配偶单位电话	
子女姓名		子女出生日期	

未成年人及学生填写以下内容：

学校名称	(中文)
	(英文)
学校地址	(中文)
	(英文)
学校邮政编码		学校电话	
校长或系领导姓名		所填领导的职务	

备注：1. 填写上述内容要完整、字迹清晰；2. 电话号码前请注明区号。
本人声明：以上所填内容完全属实，否则本人接受被取消申请资格并由本人承担因此造成的所有风险和损失！
申请日期：　　年　月　日

(四)查看要求

游客在报名出游时,可能会提出一些特殊或个人的要求。计调人员在审核参团资料及与销售人员沟通时,了解客人的特殊要求,审查是否在可以满足的范围内以及会产生的影响和后果等都要做充分评估,不能盲目答应,避免日后带来不必要的麻烦。

(五)选择航班

出境团基本都是选择飞机作为交通工具,因此计调人员在选择航班时,要对价格、性能及航班时间进行综合比较,同时还要考虑出境地点和入境地点,包括区间交通工具的选择都要配合游程的时间和舒适度。交通工具选择合理、价格公道、团队运作顺利,则自然皆大欢喜。

(六)实施出境旅游计调操作

操作只需按照出境计调"五掌握一规范"的操作流程进行就可以了。团队出发前,通过说明会等方式教育团员遵守国外的法律以及旅游相关规定等。需要提醒的是,一切业务往来均以书面确认为准,所有的操作单要做备份,细小的更正也要重新落实,否则因疏忽带来的损失将不可估量。

出境计调五掌握:护照、填卡、签证、国情、汇率。

掌握护照的种类,哪些是商务护照,哪些是旅游的,哪些是港澳台通行证。尤其注意证照一定要相符,护照有效期一定要在半年以上。

掌握填卡填表,清楚常用出入境表格的样式和用途,以及表格上一些常用英文的中英文意思等,以免出错造成不必要的麻烦。

掌握签证的主要种类:落地签、商务签、旅游签、居住签各有不同,同时要记住相互间的签证流程、签证方法、签证需要用到的资料和文件,以及签证使馆的地址、电话、联系人,建立一个专门的文档,以备工作方便。(出境签证常识见专栏 5-1)

掌握旅游目的地国家的国情,包括旅游政策、法规、民族、宗教信仰、主要旅游景点、门票、酒店、合作单位、中国驻外使馆的联络方法等。

掌握人民币和主要国家汇率的变化,包括关注旅游目的地国家使用的币种以及人民币的流通情况。

情境五 国际游计调

(七)委派海外领队

海外领队是指受国家旅游行政管理部门批准的,可以经营出境旅游业务的旅行社的委派,全权代表该旅行社带领旅游团在境外从事旅游活动的工作人员。带领国内游客出国游览,在机场及飞机上为游客提供各种帮助,并与目的地国地接导游配合,完成游览任务,监督接待服务质量等。

(八)出团前准备工作

在旅游团出境前,计调人员还应该做以下几方面工作。

校验机票、检查出入境名单、检查是否购买个人旅游意外险、与领队交接团队资料、召开出国说明会。

(九)全程跟踪

出境团队和国内团队发生的问题不同,国内团队沟通得当容易化解矛盾,而出境团队一旦出了问题可能就不是小事,组团社"远水救不了近火",全要依靠接待方的努力和协作。因此在团队行进过程中进行全程跟踪监控是必要的。

(十)结账归档

出境接待有地域和汇率的变化,出境计调人员在回馈信息与质量监督上一定要多留神、多询问,遇到问题要及时解决,要按照约定方式进行款项的结清和团队资料的整理归档。

专栏 5-1

出境签证常识

1. 什么是签证

签证是一个主权国家国内或驻国外主管机关在本国或外国公民所持的护照或其他旅行证件上的签注、盖印,表示允许其出入本国国境或者经过国境的手续,也可以说是颁发给他们的一项签注式的证明。

2. 签证的作用

签证是一个主权国家为维护本国主权、尊严、安全和利益而采取的一项措施。签证是一个主权国家实施出入本国国境管理的一项重要手段。一个国家的公民如果希望到其他国家旅行、定居、商贸、留学等,除必须拥有本人的有效护照或旅行证件外,另一个必备的条件,就是必须获得前往国家的签证。否则,是不可能成行的。

3. 签证的种类

签证一般按出入境性质分为:出境签证、入境签证、出入境签证、入出境签证、再入境签证和过境签证等六种类别。有的国家(地区)根据申请签证者的入境事由,把颁发的签证分为:外交签证、公务签证、移民签证、非移民签证、礼遇签证、旅游观光签证、工作签证、留学签证、商务签证以及家属签证等。

目前,世界上大多数国家的签证分为:外交签证、公务(官员)签证和普通签证。我国现行的签证有外交签证、礼遇签证、公务签证和普通签证等四种。

(1) 移民签证和非移民签证。依据申请人的入境目的,签证可分为移民签证和非移民签证。获得移民签证的,是指申请人取得了前往国的永久居留权,在居住一定时期后,可成为该国的合法公民。而非移民签证则可分为商务、劳务、留学、旅游、医疗等几个种类。

(2) 反签证。是指由邀请方为来访人员在前往国国内的出入境管理部门办好签证批准证明,再连同申请人的护照、申请表格等材料呈递该国驻华使领馆。驻华使领馆凭批准材料,在申请人护照上签证,无须请示国内相关部门。一般说来,获得反签就意味着入境获得批准,护照送交前往国驻华使馆后也不用等太长的时间。目前实行反签的国家大多在亚洲,如日本、韩国、印度尼西亚、新加坡、马来西亚等。

(3) 口岸签证。是指在前往国的入境口岸办理签证(又称落地签证)。一般说来,办理口岸签证,需要邀请人预先在本国向出入境管理部门提出申请,批准后,将批准证明副本寄给出访人员。后者凭该证明出境,抵达前往国口岸时获得签证。

目前,对外国公民发放口岸签证的国家,主要是西亚、东南亚、中东及大洋洲的部分国家。

(4) 另纸签证。另纸签证也是签证的一种形式,一般签证多为在护照内页上加盖签章或粘贴标签,而另纸签证是在护照以外单独签注在一张专用纸上,它和签注在护照上的签证具有同样的作用,但必须和护照同时使用。

(5) 互免签证。互免签证是随着国际关系和各国旅游事业的不断发展,为便利各国公民之间的友好往来而发展起来的,是根据两国间外交部签署的协议,双方公民持有效的本国护照可自由出入对方的国境,而不必办理签证。互免签证有全部互免和部分互免之分。

(6) 过境签证。当一国公民在国际上旅行,除直接到达目的地外,往往要途经一二个国家才能最终进入目的地国境。这时不仅需要取得前往国家的入境许可，而且还必须取得途经国家的过境许可，这就称为过境签证。关于过境签证的规定，各国不尽相同。不少国家规定，凡取道该国进入第三国的外国人，不论停留时间长短，一律需要办理签证。按照国际惯例，如无特殊限制，一国公民只要持有有效护照、前往国入境签证或联程机票，途经国家均应发给过境签证。

4. ADS 签证

ADS(Approved Destination Status)签证的中文解释是"被批准的旅游目的地国家"。加注 ADS 签证后仅限于在被批准的旅游目的地国家一地旅游，此签证在目的地国家境内不可签转，不可延期。持有这种签证的人必须团进团出。持中国因私护照的申请者通过一家由中华人民共和国国家旅游管理部门(中国国家旅游局)认可的旅行社申请签证，被认可的旅行社可为参团旅行者申请签证。

5. 中国公民申办外国旅游签证的程序

中国国家旅游局中国公民申办外国旅游签证，无论是委托旅行社代办，还是自己办理，一般都需要经过下列几个程序。

(1) 递交有效的中国护照；

(2) 缴验与申请事由相适应的各种文件；

(3) 填写外国签证申请表格，同时缴付本人照片；

(4) 同前往国驻华大使馆或领事馆官员会见(有些国家不需要)；

(5) 大使馆或者领事馆，将填妥的各种签证申请表格和必要的证明材料，呈报本国内务部门审查批准，有少数国家的使领馆有权直接发给签证，但仍须转报国内备案；

(6) 前往国家的主管部门进行必要的审核后，将审批意见通知驻华使领馆；

(7) 申请者向有关国家的驻华使领馆缴纳签证费用，也有些国家根据互免签证费协议不收费；

(8) 外国使领馆对送交申请签证的护照一般有以下要求：送交外国驻华使领馆的护照有效期必须在 6 个月以上，持照人必须在护照上签名。

专栏 5-2

出境操作十准备

1. 语言准备

出境 OP(Operation，计调)人员由于受第三国语言的限制，为了更好地达到语言上的沟通和操作上的便利，OP人员必须熟练掌握旅游目的地国家的语言。

2. 法规法律的准备

由于目的地国家的法律法规与我国有不尽相同之处，掌握和了解该国的旅游法规是出境OP人员必备的技能之一。

3. 宗教与风俗习惯准备

世界上很多著名的旅游国家及旅游城市之所以吸引游人前往，是由于其民族风格、风俗习惯及宗教信仰的独特魅力，留在历史长河中的谜团和名胜古迹充满神秘的诱惑。比如亚洲泰国的人妖、印度的佛教、非洲的埃及金字塔、南非的好望角、中东的耶路撒冷、欧洲的古堡与风情等。作为出境OP人员，熟悉旅游目的地国家的习惯与风俗，对于制订线路、策划产品、介绍线路等将会带来意想不到的效果。

4. 交通的准备

说到交通，对出境OP人员来说，泛泛称呼航线为"交"，城市间距离为"通"。利用航线、选择航班、取舍航线成为出境OP人员策划线路的首要技能。利用得好，经济实惠利润高，有市场竞争力；未加注意和利用，将会造成成本过高利润低，在市场竞争中也会处于被动和劣势。

5. 汇率的准备

什么是汇率，简单地说，就是人民币与美元或其他国家(或地区)主要流通货币之间不断变化而产生的利率。利率变化导致的差额有时是巨大的。

例如，出境OP人员组一个团去境外旅游。在组团时与对方确定的接待费用为10000元/人，而出行当天，接待国或地区的币种升值了2%，则组团社的成本明显加大，接待费用变为10200元/人，人均多支出200元，这个时候应该采取延缓支出以求平衡。当接待国的币种汇率下降了，或人民币升值了，这个时候应该赶紧汇款，这样可以控制支出费用，起到节约成本、扩大利润的目的。反之，出境OP人员接待境外旅游团时也要利用好对己方有益的利率变化。因此，操作出境团或入境团的OP人员平常就应该多关注汇率的变化，尤其是接待国或客源国的政策与经济，乃至突发事件，这是很重要的。

6. 公共假期的准备

国外的法定假期和旅游季节与我国有所不同，出境OP人员平时应关注时事、新闻，包括欧洲国家经常会有的罢工行动导致旅游无法接待的情况，OP人员在策划线路和制订出团计划时如考虑到此方面的因素就不会陷入被动的境地。

7. 信息变化的准备

随着我国经济的发展、国际地位的提高，很多国家和地区与我国建立开放口岸合作关系，甚至采取许多举措鼓励国人前往他国旅游促进当地旅游业与经济的发展。国人出国旅游往往会通过第三国中转，比如前往中国香港特别行政区、泰国来中转航线。这种信息变化对于一个敏锐的出境 OP 人员来说是一种机遇，如果及时捕捉用于线路策划上，多有获益。尤其在"机加酒"航空套餐活动中更加明显。在国内我们见到的多是一些针对港澳台地区或者东南亚航空公司的"机加酒"产品，而在中国香港特别行政区则不同。由于香港多年来一直是全球经济贸易中心，很多国家和地区在香港均设有航线及营业处、代理机构，多关注香港以及想去的地区和国家，搜索一下他国的航线，就会有更多收获。

8. 签证出境的准备

签证出境是出境 OP 人员必学技能。各国的签证期与手续、方式及收费标准不同，因此作为出境 OP 人员必须对我国以及旅游目的地国家的签证熟练掌握，便于操作中的准备。比如去泰国，实行落地签，即游客不需在国内签证、审批，只要持有有效护照购买机票，下飞机后在泰国机场航站填表、盖章入签即可。只不过，出境 OP 人员勿忘提醒游客，不要忘了给泰国航站人员一些小费(随意)，否则会延长你的入境时间。又比如，从 2007 年开始，我国游客去英国旅游，将实行指纹签证，假如办理顺利签证后，游客下次再前往旅游，将会简化不少程序。

9. 审核资料的准备

出境 OP 人员在工作第一天，就应该养成平稳的心态。审核游客的资料是一项心细严肃的事情，马虎不得。护照或者证件有效期必须在半年以上，要有明确的目的地和动机，证照上的填写内容一定不能有涂改，担保书要有依据，中英文对照内容不能潦草随意，一旦粗心造成退签，也会给旅行社带来不便。由于 OP 计调的失误可能会导致游客终身无法出国旅游，因此计调在审核时要千万细心，按部就班地规范审核。

10. 正确掌握出入境卡填表的准备

了解并掌握、正确填写出入境卡是每个出境 OP 人员的基本准备。其实只要掌握常用中英文对照便简单易学。

掌握以上 10 种出境 OP 人员准备，对从事出入境 OP 的工作十分有意义。

小　　结

本子情境主要介绍国内游客出境游计调人员的操作流程和注意事项，通过学习和实际演练，学生可以自主进行线路设计、团队操作。

子情境二　入境游计调业务操作流程

一、下达任务

××旅行社收到来自法国巴黎旅行社发来的传真(见表 5-5)，请根据传真内容进行入境游计调操作。

表 5-5　巴黎传真

收件人旅行社：××旅行社	发件日期：2018 年 6 月 8 日
收件人姓名：××	共 1 页　第 1 页
发件人旅行社： 法国巴黎旅行社	发件人姓名：Lisa 女士

××女士：

　　您好！我社定于 2018 年 6 月 18 日向中国发一团队，计划 18 人。预乘坐 CA3867 航班于法国当地时间 22:20 起飞，到达北京为当地时间 6 月 19 日晚 18:00，预计在中国逗留十天，于 6 月 19 日在上海返回法国，请安排北京、西安、杭州、黄山、上海五地游，按境外豪华团接待标准报价。

　　谢谢！

二、填写任务单

任务单如表 5-6 所示。

表 5-6　任务单

小组成员：		指导教师：	
任务名称：		模拟地点：	
任务描述	了解境外团队成员信息，设计体现中国独特风景魅力的线路产品		
任务资讯重点	1. 线路设计； 2. 团队入境后计调操作		
小组成果展示			

三、任务整体考核评价点

(1) 了解法国人性格特点和旅游需求。
(2) 了解当地风土人情和当地禁忌。
(3) 根据游客特点，结合我国旅游资源特点设计线路。
(4) 按照入境计调工作程序进行操作。

四、相关知识点

我国入境游计调操作流程与国内游操作流程相似，但由于语言、距离、通信上的制约，以及客源国的政策、签证、汇率、交通、文化、政治局势、自然因素等一系列原因，在进行团队计调操作上，会有一些特殊注意事项。

(一)报价

根据对方询价编排线路，以"旅行社线路报价单"提供相应价格信息进行报价。

组团报价=地接报价+大交通价+保险+毛利

地接报价=房价+餐价+车价+门票+导游+保险+毛利

(1) 房价：房价一般根据等级不同，分为豪华间、标准间、经济间，房间设施可分为带独立卫生间、空调彩电(标准以上)，或公共卫生间、公共浴室(经济)。

(2) 餐价：一般也分为四个大等级。按照每人每天报价，可分为 50 元/人天、45 元/人天、40 元/人天、35 元/人天，尤其注意三星级以上高星级酒房价一般含早餐(中式早餐、西式早餐)。

(3) 车价：可整车报价，也可按人报价，一般为进口空调车、国产空调车。

(4) 门票：按照景点门市价报价，应标明为景点第一门票价格。

(5) 导服费：根据等级和人数不同分别报价，一般为 20 元/人天、25 元/人天、30 元/人天、35 元/人天，或 200 元/团/天、300 元/团/天。

(6) 大交通费用及订票费：大交通一般指火车、轮船、飞机。机票不收取订票费，各航空公司对团队都有优惠政策，火车卧铺订票费一般为 30 元/张，硬座旺季 5~10 元/张(入境团队一般不安排硬座)。

(二)计划登记

接到境外组团社书面预报计划，将团号、人数、国籍、抵/离机(车)、时间等相关信息登录在当月团队动态表中。如遇对方口头预报，必须请求对方以书面方式补发计划，或在我方确认书上加盖对方业务专用章并由经手人签名，回传作为确认文件。

(1) 旅游团的基本情况：团名、团号、组团社名称、团队人数、团队类别、服务等级、自订和代订项目、用餐、客房要求、地陪要求、全陪要求、组团社联系人姓名及联络方式、接待各方联系人的姓名及联络方式。

(2) 日程安排：游览日期、出发城市和抵达城市，各城市间交通工具及离开和抵达时间，在各地所安排的主要参观游览项目、餐饮、风味品尝、文娱活动及其他特殊要求，住宿名单(境外客人一般不安排同性同住一间房间，除非有特殊要求)。

(3) 游客名单：姓名、性别、国籍、生日、护照号码、分房要求。

(三)编制团队动态表

编制接待计划，将人数、陪同数、抵/离航班(车)、时间、住宿酒店、餐厅、参观景点、地接旅行社、接团时间及地点、其他特殊要求等逐一登记在《团队计划表》中。

(四)计划发送

向各有关单位发送计划书，逐一落实。

(1) 用房。根据团队人数、要求，以传真方式向协议酒店或指定酒店发送《订房计划书》并要求对方书面确认。如遇人数变更，及时做出《订房修订单》，以传真方式向协议酒店或指定酒店发送，并要求对方书面确认；如遇酒店无法接待，应及时通知组团社，经同意后调整至同级酒店。

(2) 用车。根据人数、要求安排用车，以传真方式向协议车队发送《订车计划书》并要求对方书面确认。如遇变更，及时做出《用车修订单》，以传真方式向协议车队发送，并要求对方书面确认。

(3) 用餐。根据团队人数、要求，以传真或电话向协议餐厅发送《订餐计划书》；如遇变更，及时做出《用餐修订单》，以传真方式向协议餐厅发送，并要求对方书面确认。

(4) 地接社。以传真方式向协议地接社发送《团队接待通知书》并要求对方书面确认；如遇变更，及时做出《接待修订单》，以传真方式向协议地接社发送，并要求对方书面确认。

(5) 返程交通。仔细落实并核对计划，向票务人员下达《订票通知单》，注明团号、人数、航班(车次)、用票时间、票别、票量，并由经手人签字；如遇变更，及时通知票务人员。

(五)计划确认

逐一落实完毕后(或同时)，编制接待《确认书》，加盖确认章，以传真方式发送至组团社并确认组团社收到。

(六)编制预算

编制团队《预算单》。注明现付费用、用途。送财务部经理审核，填写《借款单》，与《预算单》一并交部门经理审核签字，报总经理签字后，凭《预算单》《接待计划》《借款单》向财务部领取借款。

(七)下达计划

编制《接待计划》及附件。由计调人员签字并加盖团队计划专用章。通知导游人员领取计划及附件。附件包括：名单表、向协议单位提供的加盖作业章的公司结算单、导游人员填写的《陪同报告书》、游客(全陪)填写的《质量反馈单》、需要现付的现金等，票款当面点清并由导游人员签收。

(八)编制结算

填制公司《团队结算单》，经审核后加盖公司财务专用章。于团队抵达前将结算单传真至组团社，催收款项。

(九)报账

团队行程结束，通知导游员凭《接待计划》《陪同报告书》《质量反馈单》和原始票据等及时向部门计调人员报账。计调人员详细审核导游填写的《陪同报告书》，以此为据填制《团费用小结单》及《决算单》，交部门经理审核签字后，再交财务部并由财务部经理审核签字，总经理签字，向财务部报账。

(十)登账

部门将涉及该团的协议单位的相关款项及时登录到《团队费用往来明细表》中，以便核对。

(十一)归档

整理该团的原始资料,每月底将该月团队资料登记存档,以备查询。

小　　结

本子情境主要介绍国际游客入境游计调操作流程和注意事项,通过学习和实际演练,学生可以自主进行线路设计、入境团队计调操作。

子情境三　我国主要出境旅游目的地景点及线路简介

一、下达任务

请根据我国主要出境旅游目的地的旅游景点特色,进行线路设计。

二、填写任务单

任务单如表5-7所示。

表5-7　任务单

小组成员:		指导教师:	
任务名称:		模拟地点:	
任务描述	了解我国出境旅游目的地旅游景点的特色,设计线路		
任务资讯重点	主要考查学生对我国旅游目的地景点的了解,并能够进行线路设计		
小组成果展示			

三、任务整体评价考核点

(1) 了解我国旅游目的地主要景点特色。
(2) 了解当地风土人情和当地禁忌。
(3) 根据国情和景点特色,能够自行设计有新意的旅游线路。

四、相关知识点

截至2016年底,中国公民出境旅游目的地总数达到151个国家和地区。国际旅游区域一般分为:亚洲、欧洲、北美、澳洲、非洲五大部分。

(一)亚洲旅游区

我国公民一般常去的亚洲旅游区国家主要有东南亚诸国和韩国、日本、印度、尼泊尔等与中国接壤的国家。

1. 亚洲旅游区常规旅游线路(见表5-8)

表5-8 泰国+新加坡+马来西亚9晚10日游

日 期	行程安排
第一天	于首都国际机场集合,乘机前往花园国家——新加坡。抵达后入住酒店休息
第二天	早餐后前往东南亚著名的旅游度假胜地圣淘沙(1小时),游览新加坡最高峰花芭山,俯瞰新加坡全景,观赏离岛风光,眺望世界繁茂海港景观(40分钟),之后参观珠宝中心(约1小时),百货店(约45分钟),午餐后,参观著名的DFS免税店(约1小时),然后过关前往马来西亚首都吉隆坡(车程约5小时)
第三天	早餐后,驱车前往参观国家皇宫(外观)、独立广场(40分钟),参加马来西亚自费项目——太子城首相官邸(外观)、水上清真寺(外观)、太子广场、国油双峰塔(2小时),然后前往珠宝免税店(约1小时)——手表店(约1小时),之后前往东南亚的度假胜地——云顶高原(车程约2小时),途中参观锡器工厂(约1小时),再前往雪兰莪文化寨享用马来香料鸡手捉饭,同时观赏独家赠送绚丽马来民族舞蹈表演(30分钟),可以与热情的马来姑娘来个合照留念。云顶高原度假胜地集户外乐园、室内游乐场、饭店、迪斯科舞厅于一体,可在此摆脱尘嚣、尽情欢笑。最后送吉隆坡酒店休息
第四天	早餐后,乘车前往马六甲(车程约3小时),游览三保井、三宝庙、葡萄牙门、圣保罗教堂、荷兰红屋、荷兰广场等(约1小时30分);参观当地的土特产店(约45分钟)、巧克力工厂(约45分钟),晚餐后,返回酒店休息

续表

日期	行程安排
第五天	机场集合乘机前往泰国首都曼谷，抵达后，美女鲜花接机，专车接入酒店休息，养精蓄锐以备后面精彩的行程
第六天	酒店享用豪华早餐后前往参观大皇宫，汇集了泰国建筑、绘画、雕刻和装潢艺术的精粹，玉佛寺与大皇宫相邻，是全泰国唯一没有僧侣住持的佛寺，但供奉着一座价值连城的国宝——玉佛，该玉佛是由整块翡翠雕成的；前往安南国会殿堂，泰国五世皇宫廷的代表性建筑，原为七世皇时代国会所在地，现在泰皇后诗丽吉将皇室收藏的国宝，以及全国最精华的艺术品陈列其中，并开放给民众参观。午餐在金皇宫国际自助餐厅享用，精心制作的菜品琳琅满目。午餐后，参观进口意大利最大的大理石建筑阿南达沙玛空皇家御会馆，此会馆是因五世皇在访问欧洲时非常欣赏意大利的建筑，回国后聘请意大利著名建筑设计师专门为国王打造了这栋精美的建筑杰作。随后登昭帕耶公主号夜游湄南河，欣赏湄南河两岸五彩缤纷的灯光及古色古香的夜色，并在船上品尝丰盛的豪华晚餐。夜游湄南河后前往曼谷国际五星级酒店休息
第七天	豪华早餐后，驱车前往曼谷的泰国国家"安心旅游认证"之皇家珠宝中心，此处一直不断推出最符合潮流款式且实用兼具的珠宝，来满足不同年龄层、不同需求的客户，您可放心在此处随意选购。接着前往皮革展示中心，自由选购由鳄鱼皮或珍珠鱼皮制成的格式皮包皮具。参观后享用六人一锅泰式豪华火锅——大头虾、肥牛、当季鲜蔬菜及潮州贡丸应有尽有。午餐后，驱车前往泰国南部有着东方夏威夷之称的著名海滨度假胜地——芭提雅。抵达后，首先展开丛林骑大象+马车游之旅，在丛林田野中骑在大象背上领略独特风光，之后乘坐马车环绕田野。参观后前往芭提雅三大奇观：七珍佛山仿佛一斧劈开半山，镶上金粉金箔的大壁佛；九世皇庙是当今国王最爱的庙宇；国宗舍利是庙中供奉着高僧的舍利子。接下来前往泰国最具特色的东芭乐园，此为景色秀丽的乡间度假胜地，园内有大型表演场，可观看泰国传统民俗歌舞表演，独特的泰拳表演及精彩有趣的大象(跳舞、作画、踢足球)表演。之后参观投资庞大的暹罗王朝 4D 立体 360°超大银幕表演，此表演讲述泰国皇室历史从古至今的由来。例如，使用立体声、光、电、合震动等来演绎大城王朝时期与缅甸海战时的实景。晚餐特别安排享用芭提雅 A-ONE 酒店海鲜烧烤自助餐——泰国虾、螃蟹等各式海鲜无限量供应，泰国海鲜吃个够
第八天	早餐后，前往泰国著名的海洋公园沙美岛展开精彩的沙美岛一日游，特别准备了沙滩躺椅，可在此享受日光浴，更可投身大海享受悠闲的海岛风光、放松自我、尽享这世外桃源带来的温馨假期！返回芭提雅之后前往《杜拉拉升职记》实景拍摄地四合镇水乡游览，此处充满了浓郁纯朴的泰国乡村文化气息，一幢幢古色古香的木雕风格泰屋，围建于迂回的河道上而形成风情独特的水上人家。返回酒店享用晚餐。餐后为您安排泰式古法按摩，消除疲惫，精神焕发

续表

日　期	行程安排
第九天	早餐后，自由活动，午餐自理。午餐后前往燕窝中心，选购北部特产蜂蜜乳及南部特产燕窝。之后返回曼谷用晚餐。之后前往著名的国际连锁超五星级度假酒店——曼谷BANYAN TREE悦榕庄酒店并享受一晚豪华套房带来的奢华感官体验，曼谷悦榕庄位于曼谷市中心，酒店的所有套房都经过精心设计，充分展示了泰国传统文化与现代装饰相互交融的精髓。这栋61层高的建筑物以楼顶露天Vertigo餐厅和Moon吧而闻名。来到曼谷悦榕庄，体验传说中泰国的热情好客以及悦榕庄一流的服务。办理入住后可前往酒店著名的52层酒吧享受一杯精心准备的饮料，站在曼谷市中心的制高点一边品尝美味的饮料一边欣赏曼谷迷人的夜色，奢华的酒店及迷人的夜色让人惊叹不已
第十天	酒店早餐后，前往参观皇家毒蛇研究中心，选购用各种蛇类提炼而成的补身蛇药。之后前往曼谷最大最新的国际免税中心KING POWER，您可在此处闲逛并购买最经济实惠的烟酒、名牌服饰、手表、香水、家电等，午餐享用KING POWER国际海鲜自助餐，餐后前往机场办理登机手续，搭乘国际航班返回北京

2. 亚洲旅游区主要旅游景点简介

1) 新加坡圣淘沙

圣淘沙原来的名字叫作死亡岛，因为那里以前发生过一场瘟疫，只有极少数的人活下来，后来某位王子在那儿建了一座宫殿，人们又渐渐地回到了岛上，并取了一个好听的名字——圣淘沙。

圣淘沙位于新加坡本岛南部，离市中心0.5千米。岛上青葱翠绿，有引人入胜的探险乐园、天然幽径、博物馆和历史遗迹等，让人远离城市喧嚣。爱海的人，可以沿着沙滩享受轻松的水上活动。而热爱自然的人，圣淘沙也有天然人行道——龙道、海底世界、胡姬花园、蝴蝶园、世界昆虫博物馆。在历史景点方面，有西乐索炮台、海事博物馆和新加坡万象馆。

2) 马来西亚国家博物馆

马来西亚国家博物馆为国立综合性博物馆，在吉隆坡市西郊，1963年开放，马来西亚吉打州式传统设计，门口两幅巨大的镶嵌壁画，是以马来西亚的历史和文化为主题。馆内陈列了许多精制的工艺品和出土文物及与自然、历史、艺术和民俗有关的物品、动物标本，还有蜡像展示历代的服饰和民俗。

3) 泰国皇宫

大皇宫是曼谷市内最辉煌的建筑群。它是由执政至今的拉玛王朝第一代皇帝在公元

1782 年开始兴建的,占地约 1000 平方米,是泰国王室的专用佛堂。由于现在的泰王拉玛九世已不住在这座宫内,因此泰国这座"故宫"便开放一部分供游人参观。大皇宫真是金光灿烂,美不胜收。尤其大皇宫的建筑风格,得细细品味,因为它是中西合璧,更融合了泰国、欧洲及中国建筑的精华。

参观皇宫着装要求:上衣没有特别要求,下身就较为严格,男士的裤子要没过脚踝,女士的裤子过脚踝或裙子过膝盖。皇宫的看管人员会抽查。

(二)欧洲旅游区

欧洲有 45 个国家和地区,自然和人文旅游资源众多,线路组合灵活多变。一般初次去欧洲旅游的人喜欢走欧洲 10 国或 11 国游。有过欧洲旅游经历的旅游者,一般喜欢走一国或几国深度游、自由行。

1. 欧洲旅游区常规旅游线路(见表 5-9)

表 5-9　德、法、荷、比、卢、瑞 9 日游

日期	行程安排
第一天	广州乘坐中国南方航空公司的豪华客机,于次日抵达"风车王国"荷兰阿姆斯特丹
第二天	抵达后,游览阿姆斯特丹,它是一座地势低于海平面 1～5 米的"水下城市",城里河网密布,有"北方威尼斯"之称。以前整个城市的房屋都是以木桩打基,城市就像架在无数个木桩之上。游人体味古建筑、古文化意蕴的同时,可以感受高度的现代文明。17 世纪富商的宅邸鳞次栉比,听着教堂的钟声,仿佛时光倒流,使人有回到黄金时代的错觉。之后继续阿姆斯特丹的市区游览,参观风车村和木鞋厂(约 45 分钟),水坝广场(约 15 分钟)。阿姆斯特丹的钻石打磨技术也驰名于世(特别赠送荷兰库肯霍夫公园——郁金香花展门票)。前往游览比利时的首都——布鲁塞尔,它有着号称全欧最美丽的大广场(Grand Place)(约 30 分钟),王宫(车览经过)在布鲁塞尔公园的附近,驻有皇家卫队。王宫规模虽然不大,但 14 世纪的建筑外观相当庄严美观。欣赏布鲁塞尔第一公民——小于莲的铜塑像(约 15 分钟)。后游览原子球塔(约 15 分钟),它是位于建国百年纪念公园中,将一个铁分子模型放大为两千亿倍大的建筑物,由铁架将九个铝制的大圆球组合,是个超现实的现代化建筑。游览结束后入住酒店
第三天	早餐后,游览卢森堡大公国,在卢森堡的宪法广场(约 20 分钟)还可以观赏世界著名的风景区——卢森堡大峡谷。在宪法广场上凭栏眺望,有一座连接峡谷两边高地的大桥,这就是有名的阿道夫大桥。阿道夫大桥是卢森堡的市标之一,建于 19 世纪末至 20 世纪初,桥高 46 米、长 84 米,是一座由石头砌成的高架桥。前往德国金融商业中心法兰克福,游览保罗教堂和罗马广场(约 30 分钟)等。并到 TOBOSST、APOLLO 免税店选购著名的德国刀具、名牌服饰等(约 55 分钟)。德国特色啤酒屋,自 1644 年啤酒屋就一直广受欢迎,至今仍以啤酒、菜肴、地道音乐、豪饮作乐的气氛,以及当地人所穿的短皮裤驰名于世。之后入住酒店

情境五 国际游计调

续表

日期	行程安排
第四天	早餐之后乘车前往瑞士,前往被联合国教科文组织列入世界文化遗产瑞士小镇——因特拉肯(城市游览约 1 小时)。这是一个拥有浓郁英国风情的湖边小镇,如世外桃源一般的宁静祥和。途中欣赏图恩湖与布里恩茨湖的美景,眺望欧洲屋脊——少女峰。除了欣赏美景,您可以到 OMEGA、KIRCHHOFER(约 1 小时)挑选瑞士名表。游览结束后入住酒店
第五天	早餐后,继续因特拉肯小镇游览。游览结束后前往法国小镇入住酒店
第六天	早餐后,驱车前往法国巴黎。之后参观巴黎卢浮宫(约 1.5 小时),它是世界上最著名、最大的艺术宝库之一,是举世瞩目的艺术殿堂和万宝之宫。同时,卢浮宫也是法国历史上最悠久的王宫,里面的珍藏肯定让您眼界大开。随后前往巴黎,巴黎老佛爷百货(约 1.5 小时)自由购物。游览结束后入住酒店
第七天	早餐后,游览有"花都"美誉的巴黎,无论是其城市规划、建筑还是文化艺术均可显示其一国之都的风范。穿过流光溢彩的香榭丽舍大道(约 20 分钟),直达拿破仑标榜功绩的凯旋门(车览经过),星星大道如彩带铺展。协和广场(车览经过)曾经的腥风血雨不复存在,埃及方尖碑直插云天。之后前往建于 1886 年,目前仍是巴黎最有名地标巴黎埃菲尔铁塔外观拍照(约 15 分钟)。随后团队登上法国最高楼蒙帕纳斯 56 层大楼(1 个小时,含上下楼),360 度俯瞰巴黎全景,花都秀色一览无余。参观法国 FRAGONARD 香水博物馆(约 30 分钟)。游览结束后入住酒店
第八天	早餐后,前往机场,乘南方航空公司的豪华专机返回广州
第九天	所有团员回程段的登机卡及护照原件要交使馆/领事馆办理返程确认。(法国领事馆最新规定:团员回国 72 小时内务必办理回程消签工作)

2. 欧洲旅游区主要旅游景点简介

1) 法国巴黎凯旋门

欧洲最大的凯旋门——法国巴黎凯旋门。

1836 年 7 月 29 日,法国巴黎凯旋门建成。

巴黎凯旋门坐落在巴黎市中心夏尔·戴高乐广场(又称星形广场)中央,是拿破仑为纪念他在奥斯特利茨战役中大败奥俄联军的功绩,于 1806 年 2 月下令兴建的。它是欧洲 100 多座凯旋门中最大的一座。

巴黎凯旋门高约 50 米,宽约 45 米,厚约 22 米。四面各有一门,中心拱门宽 14.6 米。门上有许多精美的雕刻。内壁刻的是曾经跟随拿破仑东征西讨的数百名将军的名字和宣扬拿破仑赫赫战功的上百个胜利战役的浮雕,外墙上刻有取材于 1792—1815 年法国战史的巨幅雕像。所有雕像各具特色,同门楣上花饰浮雕构成一个有机的整体,俨然是一件精美动人的艺术品。这其中最吸引人的是刻在右侧(面向田园大街)石柱上的"1792年志愿军出发远征",即著名的《马赛曲》的浮雕,是世界美术史上占有重要的一席之地的不朽艺术杰作。

1920年11月,在凯旋门的下方建造了一座无名烈士墓。墓是平的,里面埋葬的是在第一次世界大战中牺牲的一位无名战士,他代表着在大战中死难的150万法国官兵。

凯旋门内设有电梯,可直达50米高的拱门。人们亦可沿着273级螺旋形石梯拾级而上。上去后可以看到一座小型的历史博物馆。馆内陈列着许多有关凯旋门建筑史的图片和历史文件,以及介绍法国历史上伟大人物拿破仑生平事迹的图片和558位随拿破仑征战的将军的名字。另外设有两间配有英法两种语言解说的电影放映室,专门放映一些反映巴黎历史变迁的资料片。在博物馆的顶部是一个平台,游人们从这里可以远眺巴黎,鸟瞰巴黎圣母院、协和广场的卢克索方尖碑、雄伟的埃菲尔铁塔和圣心教堂等巴黎名胜。俯视凯旋门下由环形大街向四面八方伸展出的十二条放射状的林荫大道。这些大道就像一颗明星放射出的灿烂光芒,因而,凯旋门又称"星门"。十二条大道中,最著名的为香榭丽舍大道、格兰德大道、阿尔美大道、福熙大道等。

2) 英国白金汉宫

白金汉宫(Buckingham Palace),英国的王宫。建造在威斯敏斯特城内,位于伦敦詹姆士公园的西边,1703年为白金汉公爵所建而得名,最早称白金汉屋,意思是"他人的家"。

皇宫是一座四层正方体灰色建筑,悬挂着王室徽章的庄严的正门,是英皇权力的中心地。四周围上栏杆,宫殿前面的广场有很多雕像,以及由爱德华七世扩建完成的维多利亚女王纪念堂,胜利女神金像站在高高的大理石台上,金光闪闪,像要从天而降,维多利亚女王像上的金色天使,代表皇室希望能再创造维多利亚时代的光辉。宫内有典礼厅、音乐厅、宴会厅、画廊等六百余间厅室。此外,占地辽阔的御花园花团锦簇、美不胜收。若皇宫正上方飘扬着英国国王旗帜,则表示女王仍在宫中;如果没有的话,那就代表女王外出。如今女王的重要国事活动,如召见首相和大臣、接待和宴请来访的外国国家元首或政府首脑、接受外国使节递交国书等都在该宫举行。此外,来英国进行国事访问的国家元首也在宫内下榻。王宫由身着礼服的皇家卫队守卫。白金汉宫的拥有者是伊丽莎白二世,生于1926年,是乔治六世的长女。

3) 意大利比萨斜塔

比萨斜塔(意大利语:Torre pendente di Pisa 或 Torre di Pisa)是意大利比萨城大教堂的独立式钟楼,于意大利托斯卡纳省比萨城北面的奇迹广场上。广场的大片草坪上散布着一组宗教建筑,它们是大教堂(建造于1063年—13世纪)、洗礼堂(建造于1153年—14世纪)、钟楼(即比萨斜塔)和墓园(建造于 1174 年),它们的外墙面均为乳白色大理石砌成,各自相对独立但又形成统一罗马式建筑风格。比萨斜塔位于比萨大教堂的后面。

4) 威尼斯

威尼斯是一个美丽的水上城市,它建筑在最不可能建造城市的地方——水上,威尼斯的风情总离不开"水",蜿蜒的水巷,流动的清波,它好像一个漂浮在碧波上浪漫的梦,诗情画意久久挥之不去。这个城市有一度曾握有全欧最强大的人力、物力和权势。威尼斯的历史相传开始于公元 453 年;当时威尼斯地方的农民和渔民为逃避酷嗜刀兵的游牧民族,转而避往亚德里亚海中的这个小岛。威尼斯外形像海豚,城市面积不到 7.8 平方千米,却由 118 个小岛组成,177 条运河蛛网一样密布其间,这些小岛和运河由大约 350 座桥相连。整个城市只靠一条长堤与意大利大陆半岛连接。

5) 维也纳国家歌剧院

维也纳国家歌剧院(Wiener Staatsoper)是世界上最著名的歌剧院之一,也是"音乐之都"维也纳的主要象征,素有"世界歌剧中心"之称。她坐落在维也纳老城环行大道上,原是皇家宫廷剧院,其前身是 17 世纪维也纳城堡广场木结构的包厢剧院。1861 年,由奥地利著名建筑师西克斯鲍和谬尔设计督造,于 1869 年 5 月 15 日建成开幕,首场演出的是莫扎特的歌剧《唐·璜》。1955 年 11 月 5 日重新开幕,演出了贝多芬的歌剧《费得里奥》。整个剧院的面积有 9000 平方米,观众席共有六层,楼上楼下共有 1642 个座椅,背后还有 567 个站位,三层还有 100 多个包厢。剧场正中是舞台,总面积为 1508 平方米,包括 3 部分:前台、侧台和后台。舞台总高度为 53 米、深度为 50 米。舞台能自动回旋、升降、横里开阔。乐池也很宽大,可容纳 110 人的乐队。歌剧院拥有 2 个芭蕾舞练习厅和 3 个剧团练习厅、1 个 364 平方米的彩排舞台、10 个独唱演员练习室、1 个大型风琴室,还有几十个演员化妆室。歌剧院还配有一个电视电台转播室,剧场内各个位置都可收进荧光屏中。

3. 北美洲旅游区主要旅游景点简介

1) 夏威夷

夏威夷有 8 个主要岛屿,还有 124 个小岛,都是火山喷发形成的。但我们一般去夏威夷,其实就是去几个主要的岛屿,甚至有些人只去欧胡岛,欧胡岛,即檀香山(Honolulu),所有的国际航班均降落在这个岛上),Waikiki 是世界闻名的人工沙滩和商业街区。在冬季,这里有世界上最具挑战性的海浪。珍珠港就是位于欧胡岛上的海港。茂宜岛有沙滩、雨林、火山公园,活动丰富,水上运动的圣地,这里有世界上最好的浮潜及潜水地点,这里的风浪运动场所也是世界上数一数二。岛内的 MountHaleakala 上的 mammoth 火山口、美丽的

HanaValley 及 WailuaCove 瀑布也提供了陆上的观光点。

2) 拉斯维加斯(LasVegas)

拉斯维加斯(LasVegas)是美国内华达州的最大城市，以赌博业为中心的庞大的旅游、拉斯维加斯购物、度假产业而著名，是世界知名的度假胜地之一。从一个巨型游乐场到一个真正有血有肉、活色生香的城市，拉斯维加斯在 10 年间脱胎换骨。每年来拉斯维加斯旅游的 3890 万旅客中，来购物和享受美食的占了大多数，专程来赌博的只占少数。内华达州这个曾经被人讥刺为"罪恶之城"的赌城，已经逐步成熟，成为一个真正的城市了。

在这个多元化的城市里，除了小赌一番，这个城市也提供非常豪华的度假酒店、世界一流的大型表演、廉价但高级的晚餐、世界级的高尔夫球场、离赌城不远的水上活动场所和儿童游乐场等。

3) 纽约

纽约市是一座全球化的大都市，也是世界级城市。并直接影响着全球的媒体、政治、教育、娱乐以及时尚界。纽约与英国伦敦、日本东京并称为世界三大国际大都会。

由于联合国总部设于纽约，因此被世人誉为"世界之都"。纽约市还是众多世界级博物馆、画廊和演艺比赛场地的所在地，使其成为西半球的文化及娱乐中心之一。纽约全市由五个区组成：曼哈顿(Manhattan)、布鲁克林(Brooklyn)、皇后区(Queens)、布郎克斯(Bronxs)和斯塔滕岛(StatenIsland)。城市标志：自由女神像。

纽约著名十大旅游景点：帝国大厦、自由女神像、中央车站、艾利斯岛移民博物馆、洛克菲勒中心、史泰登岛渡轮、大都会博物馆、现代艺术博物馆、自然历史博物馆、中央公园等。

4) 黄石公园

黄石国家公园(Yellowstone National Park)简称黄石公园。是世界第一座国家公园，成立于 1872 年。黄石公园位于美国中西部怀俄明州的西北角，并向西北方向延伸到爱达荷州和蒙大拿州，面积达 8956 平方千米。

黄石公园地处素有号称"美洲脊梁"的落基山脉，是美国国家公园，位于美国(The United States of America)西部北落基山和中落基山之间的熔岩高原上，绝大部分在怀俄明州的西北部。

5) 尼亚加拉瀑布

尼亚加拉瀑布位于加拿大安大略省和美国纽约州的交界处，是北美东北部尼亚加拉河上的大瀑布，是美洲大陆最著名的奇景之一，也是世界七大奇景之一。尼亚加拉瀑布一直吸引人们到此度蜜月、走钢索横越瀑布或者坐木桶漂游瀑布。美丽独特的自然景观渐渐成为尼亚加拉瀑布引人入胜的地方。

尼亚加拉瀑布是一幅壮丽的立体画卷，从不同的角度观赏，有不同的感受。面对大瀑布，人们一荡胸怀，在大自然这个惊天动地的杰作之中，增几分天地正气，减几许尘寰猥琐。由于水量大，溅起的浪花和水汽有时高达 100 多米，人稍微站得近些，便会被浪花溅得全身是水，若有大风吹过，水花可吹及很远，如同下雨。冬天时，瀑布表面会结一层薄薄的冰，那时，瀑布便会寂静下来。当阳光灿烂时，产生折射效果，便会营造出一座甚至好几座七色的彩虹。见过大瀑布彩虹的人很久都不会忘记它的魅力，因为在那一刻，人们体味到了壮阔恢宏、瑰丽多姿的生活。

6) 旺市

旺市为加拿大安大略省的一座城市，位于多伦多以北的约克区，亦是大多伦多地区的一部分，1971 年设镇，于 1991 年升格成旺市。这座城市为大多伦多地区第五大城市，加拿大第 17 大城市。

旺市最知名的博物馆为加拿大足球名人堂和博物馆，名人堂以展示为加拿大足球事业做出杰出贡献的球员为主，博物馆的馆藏约 5000 件，展出球员所获得的奖杯、奖章等。奇幻乐园为加拿大第一个主题公园，同时也是最大、最受欢迎的乐园，因而人们经常将之誉为"加拿大的迪士尼乐园"，园内设有 200 多种有趣的游玩项目。爬行动物园(Reptilia)面积可达 1400 平方米，为加拿大最大的爬行动物园，生活有 53 种大型爬行动物，包括鳄鱼、扁颈眼镜蛇、蟒蛇、七彩斑斓-蛙、响尾蛇等。

4. 澳大利亚旅游区主要旅游景点简介

1) 布里斯班

布里斯班(Brisbane)是澳大利亚第三大城市，全国最大海港，昆士兰州首府，主要工商业中心。位于布里斯班河下游两岸，市中心距河口 25 千米。西面已和伊普斯威奇连成一片，东面则扩至自雷德克利夫与雷德兰之间的沿海岸地区，面积 2494 平方千米。人口约 112 万。大分水岭以西的达令低丘草地，是小麦、亚麻、羊和奶制品产地。新利班区(Sunnybank)南区有华埠、亚洲百货商圈，又称"小台北"；邻近格里菲斯大学内森主校区河滨步道(Riverside)有跳蚤市场；布里斯班国际机场是澳东地区前往热带地区的中转站，搭乘火车可以直达凯恩斯、黄金海岸、阳光海岸、春溪国家公园等旅游胜地。另外，布里斯班亦是驱车直通澳大利亚内陆第二大城图翁巴甚或前往昆士兰西南部的要冲。布里斯班只要丢出来一个名字就足够响亮了——"黄金海岸"！

2) 大堡礁

大堡礁(Great Barrier Reef)是世界上最大、最长的珊瑚礁群,位于南半球,它纵贯于澳洲的东北沿海,北起托雷斯海峡,南到南回归线以南,绵延伸展共有 2011 千米,最宽处 161 千米。它是世界七大自然景观之一,也是澳大利亚人最引以为自豪的天然景观,又被称为"透明清澈的海中野生王国"。心形岛为大堡礁赢得了"百分百求婚成功率",岛上的教堂也是全世界最忙的教堂。大堡礁有 2900 个大小珊瑚礁岛,自然景观非常特殊,在落潮时,部分的珊瑚礁露出水面形成珊瑚岛,在礁群与海岸之间形成一条极方便的交通海路。风平浪静时,游船在此间通过,船下连绵不断的多彩、多形的珊瑚景色,就成为吸引世界各地游客来猎奇观赏的最佳海底奇观。

3) 黄金海岸

著名的昆士兰黄金海岸位于澳大利亚的东部沿海,是一处绵延 42 千米、由数十个美丽沙滩组成的度假胜地。这里等于"浪漫+刺激",是华纳电影城的电影场景大还原,有海底世界的海豚表演,梦幻世界的嘉年华,这里绝对是个"忘忧岛"。在黄金海岸冲浪也是一项对游人极具吸引力的水上活动,此外,可以到天堂农庄(Paradise Country)去体验澳洲最原始的生活方式,在户外喝着茶欣赏当地人剪羊毛的表演,与牧羊犬赶羊。

小 结

此子情境主要是对国际旅游区的主要旅游景点进行简要介绍,目的是让学生们在进行线路设计时,了解景点常识,以便更好地进行科学线路设计。

思考与能力训练

一、简答题

1. 护照的种类有哪些?
2. 欧洲旅游区的主要旅游景点有哪些?
3. 国际游中国内组团计调工作程序。
4. 请填写附录中相关任务单和评量表。

情境五 国际游计调

二、实训题

实训 1

美国名校历史文化游 14 天

哈尔滨某高中组织学生对美国名校进行访问旅游,请负责接待。

任务 请按以上要求做好线路设计和相应活动安排,迅速给出报价。

按出境计调接待工作流程进行,小组自行设计情节,进行仿真模拟。

具体行程安排参考

第一天 上海—东京—旧金山 (1109+5131 英里)13 小时左右。

行程:乘坐美西北航班经东京转机,飞往美国西海岸城市旧金山,抵达后由我社专人代表负责接机,并安排入住当地酒店休息,调整时差。

用餐:中式午餐/中式晚餐。

住宿:Days Inn 或同级。

第二天 旧金山。

行程:上午,参观斯坦福大学(被《美国新闻与世界报道》评为全美第 5 名明星级大学,全美学术排第一。根据 1995 年的资料,斯坦福大学 1300 多位教授中,有 10 位诺贝尔奖得主,5 位普利策奖得主,142 位美国艺术科学院院士,84 位国家科学院院士和 14 位国家科学奖得主。并且该校有 67 位学生获得过罗德奖学金(克林顿总统曾经获得,被选送到牛津深造的那种奖学金)。下午,先参观英特尔博物馆,后参观旧金山市标志性建筑物——金门大桥,游览渔人码头和艺术宫等。

用餐:早餐/中式午餐/中式晚餐。

住宿:Days Inn 或同级。

第三天 旧金山—明尼阿波利斯—波士顿(1586+1121 英里) 6.5 小时左右。

行程:早晨乘机离开旧金山经明尼阿波利斯转机,飞往美国众多著名学府所在地波士顿,抵达后专人接机,送入酒店休息。

用餐:早餐。

住宿:Holiday Inn 或同级。

第四天　波士顿。

行程：上午，参观著名的哈佛大学(美国最早的私立大学之一，有先有哈佛，后有美利坚之说；历史上，哈佛大学的毕业生中共有6位曾当选为美国总统。他们是约翰•亚当斯(美国第二任总统)、拉瑟福•海斯、西奥多•罗斯福、富兰克林•罗斯福和约翰•肯尼迪。哈佛大学的教授团中总共产生了34名诺贝尔奖得主。下午，参观著名的麻省理工学院(是美国培养高级科技人才和管理人才，从事科学与技术教育与研究的一所私立大学。其林肯实验室、计算机科学及人工智能实验室、媒体实验室和斯隆管理学院十分著名。有59位诺贝尔奖得主曾在麻省理工学院学习或工作过)。

用餐：早餐/中式午餐/中式晚餐。

住宿：Holiday Inn 或同级。

第五天　波士顿—纽约(204英里) 4小时左右。

行程：早上乘车前往纽约，途中参观著名的耶鲁大学(著名私立大学，在美国历史最悠久的大学中排行第三)。目前，中国学生是耶鲁最大的外国留学生团体，以至于现任校长理查•德莱温不无感慨地说，"失去中国学生，耶鲁将黯然失色。"傍晚抵达纽约，入住酒店。

用餐：早餐/中式午餐/中式晚餐。

住宿：Holiday Inn 或同级。

第六天　纽约。

行程：上午，参观普林斯顿大学，作为全美第四古老的学府，它拥有著名的学者和世界领先的核能实验室以及450万册藏书。众多学科中以数学、哲学和物理最为有名(伟大的爱因斯坦就在这所大学中度过其生命中最后22年的宝贵时光，著名的华人科学家杨振宁教授也曾在此学习过)。下午，参观联合国总部大厦、华尔街股票交易所和纽约中央公园等。

用餐：早餐/中式午餐/中式晚餐。

住宿：Holiday Inn 或同级。

第七天　纽约。

行程：上午，访问哥伦比亚大学，了解该校特色及招生情况(它位于纽约市中心，于1754年成立，属美国常青藤八大盟校之一，1997年的学术排名为美国前10名)。哥伦比亚大学的教育偏重智力开发和综合培养,众多学科中以医学、法律和MBA最为有名。下午,游览自由女神岛、第五大道、百老汇大街和时代广场等。

  用餐:早餐/中式午餐/中式晚餐。

  住宿:Holiday Inn 或同级。

  第八天 纽约—费城—华盛顿 (109+139英里) 5 小时左右。

  行程:上午,驱车前往费城,这里是美国独立的发源地,著名的《独立宣言》就诞生在这里。参观独立宫和自由钟等历史文物。下午,参观美国白宫和国会大厦。

  用餐:早餐/中式午餐/中式晚餐。

  住宿:Comfort Inn 或同级。

  第九天 华盛顿。

  行程:上午,参观美国国家自然博物馆,学习自然知识及相关词汇。下午,游览美国宇航馆,学习航天知识及相关词汇。

  用餐:早餐/中式午餐/中式晚餐。

  住宿:Comfort Inn 或同级。

  第十天 华盛顿。

  行程:上午,参观著名的乔治城大学(它创建于1789年,是美国最古老的大学之一)。古老的建筑和严谨的校风。在众多学科中以现代项目管理学位教育和专业证书培训最为有名。美国前总统克林顿、菲律宾总统阿罗约等名人都是乔治城大学的校友。下午,来到风景秀丽的波多马克河畔,参观华盛顿纪念碑、林肯纪念堂、杰弗逊纪念堂,以及越战纪念碑,了解美国战争历史。

  用餐:早餐/中式午餐/中式晚餐。

  住宿:Holiday Inn 或同级。

  第十一天 华盛顿—洛杉矶 (394+1984英里) 6.5 小时左右。

  行程:早晨乘机飞往西海岸城市洛杉矶,抵达后游览迪士尼乐园,其节目内容之丰富、精彩,不胜枚举。有360°立体电影、白雪公主城堡、小小世界、恐怖鬼屋、非洲蛮荒探险、加勒比海海盗船、潜水艇、著名的立体电影,以及刺激万分的云霄飞车、太空山。更可与法柜奇兵(INDIANA JONES)一起去历险及寻宝!新奇有趣,令您永难忘怀!

  用餐:早餐/中式晚餐。

  住宿:Crystal Park 或同级。

第十二天　洛杉矶。

行程：全日游览全世界最大的电影制片厂——"好莱坞环球影城"。造访好莱坞，仿佛置身神奇的电影银幕世界中。让您亲身体会"回到未来""侏罗纪公园""火科技""ET""终结者Ⅱ""水世界""木乃伊墓穴"，以及乘坐环影城游览车进行摄影棚巡礼。然后游览好莱坞明星大道、文氏中国戏院等。

用餐：早餐/中式午餐/中式晚餐。

住宿：Crystal Park 或同级。

第十三天　洛杉矶—东京(5459 英里) 11.5 小时左右。

行程：早餐后乘搭国际航班，经东京转机返回上海。

用餐：早餐。

住宿：飞机上。

第十四天　东京—上海(1109 英里) 2.5 小时左右。

行程：抵达上海，结束愉快的旅行。

报价

价格：RMB 29800 元/人　　单人房差：USD 45/每夜/每间

以上报价包含：

1. 美国签证费及签证服务；

2. 境外国际和境内段机票及税金；

3. 城市间交通，旅游观光用车；

4. 行程中所列的旅游景点门票(环球影城、自由女神、联合国)；

5. 每日膳食(正餐以中餐为主或中式自助，桌餐为六菜一汤)，内路段飞机上、转机和飞机上除外；

6. 全程入住三星级酒店，双人标准间；

7. 专职中文司机兼导游服务；

8. 旅游意外人身保险。

以上报价不包含：

1. 护照相关费用。

2. 邀请函，公务活动，公务活动期间翻译费用。

3. 美国每日工作时间为平均 10 小时，司机及导游超时加班费另付。

情境五　国际游计调

4. 行程以外的任何额外附加费用；个人一切杂费，包括洗衣费、电话费、理发、饮料、烟酒、付费电视、行李搬运费等私人费用；个人消费所引起的小费；出入境的行李海关课税，超重行李的托运费、管理费等。

5. 司机和导游小费(每天6美金/人)。

6. 在境外期间，除出团前3天提前说明外，客人放弃用餐，不予退款。

7. 在境外期间，中途擅自离团、退团，费用不退。

备注：

1. 如遇人数变更，航空公司票价变更，大型展会及周末期间，价格有所调整！我社保留因特殊情况适当调整行程的权利！机场候机/转机时间内用餐由客人自理！以上行程为参考行程，请以最终确认为准！

2. 不可抗拒的客观原因和非我公司原因(如天灾、战争、罢工等)或航空公司航班延误或取消、领馆签证延误等特殊情况，我公司有权取消或变更行程，一切超出费用(如在外延期签证费、住、食、交通费、国家航空运价调整等)我公司有权追加差价。

3. 敬请各位客人尊重当地习俗，每人每天付6美金小费。

4. 如因客人自身原因导致出入境出现问题，我公司不承担任何责任。

实训2

哈尔滨有一个22人团要在7月中旬走韩国和日本连线旅游。请问大概需要几天往返？主要有哪些景点？请设计一个线路，并做出一个完整的行程报价和安排。

实训3

目前亚洲的海岛自由行一般有哪些大岛？请具体就一个岛屿的情况进行说明，并设计一条线路，计算行程报价。

实训4

请搜集其他国际旅游市场主要旅游景点知识，并设计出旅游线路。

附录　旅行社计调评量表

附件1　国内游计调实作评量表

<table>
<tr><td colspan="5" align="center">国内游计调实作评量表</td></tr>
<tr><td colspan="2">姓名：</td><td>班级：</td><td colspan="2">日期：</td></tr>
<tr><td colspan="5">小组名称：</td></tr>
<tr><td colspan="2">个人贡献度：</td><td colspan="3">单元总分</td></tr>
<tr><td colspan="5">各位同学：
　　本单元国内游计调主要是考查对旅行社计调岗位的认知培训，并收集哈尔滨主要旅游景点、饭店、餐饮信息。能完成自由人或散客来本地旅游、本地游客赴外地旅游委托的单项业务操作。设计国内游线路，建立多层次、多渠道的采购协作网络。
【任务一】：贵社在哈尔滨某商务酒店前厅内设立了门市，每天有外地游客来询问黑龙江旅游线路，请根据黑龙江省实际情况，设计三个不同旅游线路。
【任务二】：外来函电处理
请根据"评量尺规"，完成以上两个任务，第一个任务完成满分40分，第二个任务完成满分60分。</td></tr>
</table>

任务项目	评量项目				合计
	职业精神	能力目标	知识总结	语言表达与创新度	
【任务一】：计调材料收集					
【任务二】：外来函电处理					

单元一　国内游计调任务一评量尺规

此评量尺规应用于本单元学习成果的整体性实作评量，为评量主要的学习成果国内游计调任务一准备

尺度向度	10分	8分	6分	4分
职业精神	出勤、学习态度、敬业精神、团队精神较强	出勤、学习态度、敬业精神、团队精神良好	出勤、学习态度、敬业精神、团队精神一般	出勤、学习态度、敬业精神、团队精神较差
能力目标	学习能力，文化理解能力，立体思维能力较强	学习能力，文化理解能力，立体思维能力良好	学习能力，文化理解能力，立体思维能力一般	学习能力，文化理解能力，立体思维能力较差
知识总结	思路清晰，知识总结完整全面、准确	思路较清晰，知识总结较为全面、准确	思路较模糊，知识总结较为片面，存在部分错误	思路模糊，知识总结不全面、不准确
语言表达与创新度	语言表达流畅、准确，有感染力，创新性较强	语言表达较流畅、较准确，有一定感染力，有一定创新性	语言表达一般、较平淡，无创新性	语言表达不流畅、不准确，平淡，无创新性

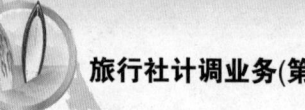

附件2 "单元一 国内游计调任务二"作业评量表

[外来函电处理实作评价]——课堂任务评量表

姓名：　　　　　组别：　　　　　小组名称：

各位同学：

请针对下列评量项目并参照以下"评量标准"，选择"A、B、C、D、E"自行评定学习作业成绩，此评量表结合小组评定和老师复评，期末汇总到实作评量成绩中。

级别 项目	A(25～30分)	B(21～24分)	C(11～20分)	D(6～10分)	E(0～5分)
函电撰写	正确无误地理解外来函电内容，回复函电的内容表达明确，逻辑清楚，构架完整	正确无误地理解外来函电内容，回复函电的内容表达尚可，逻辑正确，构架完整	可以理解外来函电内容，回复函电的内容表达部分不明，逻辑需要加强	需要与对方反复确认后才理解外来函电内容，回复函电的内容表达不清，逻辑欠佳，缺乏部分构架	无法说明任何主题
报价计算	可以根据对方要求，迅速完成相应服务单项报价的计算，并能根据实际情况，给出合理的总体折扣	可以根据对方要求，迅速完成相应服务单项报价的计算，并能根据实际情况，给出总体折扣	可以根据对方要求，完成相应服务单项报价的计算，并能算出总体报价	可以完成相应服务单项报价的计算	不能够分析问题，无解决方案

评量项目	小组互评与老师复评(A至E)	
	小组互评	老师
1. 函电撰写：30%		
2. 报价计算：30%		
总分		

附件3　港澳台游计调实作评量表

<table>
<tr><td colspan="4">港澳台游计调实作评量表</td></tr>
<tr><td>姓名：</td><td>班级：</td><td colspan="2">日期：</td></tr>
<tr><td colspan="4">小组名称：</td></tr>
<tr><td colspan="2">个人贡献度：</td><td>单元总分</td><td></td></tr>
<tr><td colspan="4">各位同学：
　　本单元港澳台游计调主要考查学生对港澳台政策法规知识的掌握；港澳台交通、住宿、餐饮、参观游览、文娱、购物、签证办理、旅游保险业务等方面业务知识。能够进行港澳通行证的办理程序；能够根据人民币与目的地国家(地区)的汇率进行外币兑换。
　　经过上一个单元的学习和实训，这个单元的任务难度会有所加大，老师的参与会减少，学生的主动性会加强。除了基本业务的操作外，还会在任务中加上一些突发事件和其他业务的训练。
【任务一】：设计台湾、香港、澳门地区旅游线路(可附纸)。
【任务二】：1. 根据散客的需要，将不同的台湾游和港澳游组合成一个产品进行销售和计调工作。
　　2. 贵旅行社现接到一团队客人，共计36个大人，两个婴儿，五个小孩，四个中学生，他们欲前往港澳地区进行为期6天的旅游，现请帮助进行组团计调业务操作。
请根据"评量尺规"，完成以上两个任务，第一个任务完成满分40分，第二个任务完成满分60分。</td></tr>
</table>

单元二　港澳台游计调 任务一线路设计评量表

姓名：	班级：	小组名称：		日期：	
评量项目			评量结果		
		自评		老师	
作业内容完成情况(40分)					
作业评量尺规(40分)					
符号、向度	A(10分)	B(8分)	C(6分)	D(4分)	E(0分)
1.资料收集情况(10分)	主要旅游城市、主要景区、民族民俗、风物美食等内容完整，阐述具体	主要旅游城市、主要景区、民族民俗、风物美食等内容较完整，阐述较具体	主要旅游城市、主要景区、民族民俗、风物美食等内容欠完整，阐述欠具体	主要旅游城市、主要景区、民族民俗、风物美食等内容不完整，阐述不具体	没写作业
2.PPT制作(10分)	图片精确，文字精练，布局合理，结构完整	图片、文字、布局、结构任一项不达要求	图片、文字、布局、结构任二项不达要求	图片、文字、布局、结构任三项不达要求	没完成
3.语言表达能力(10分)	讲述流畅，语速适宜，用字精准，注重听众	讲述、语速、用字、听众任一项不达要求	讲述、语速、用字、听众任二项不达要求	讲述、语速、用字、听众任三项不达要求	没完成
4.团队协作情况(10分)	沟通高效，任务分配合理，合作顺利	沟通有效，任务分配适当，合作顺畅	沟通平淡，任务分配适当，合作一般	团队成员之间不能合作	没完成

附件4

港澳台游计调　任务二港澳台计调操作评量表

姓名：　　　　　组别：　　　　　小组名称：

各位同学：

请针对下列评量项目并参照以下"评量标准"，选择"A、B、C、D、E"自行评定学习作业成绩，此评量表结合小组评定和老师复评，期末汇总到实作评量成绩中。

级别 项目	A(25~30分)	B(21~24分)	C(11~20分)	D(6~10)	E(0~5分)
散客操作	正确无误理解外来函电内容，回复函电的内容表达明确，逻辑清楚，构架完整，线路设计合理新颖，报价计算准确、快速；各种单据填写准确、干净、无误、完整；归档科学	正确无误理解外来函电内容，回复函电的内容表达尚可，逻辑正确，构架完整，线路设计合理新颖，报价计算准确；各种单据填写准确、无误、完整；归档科学	可以理解外来函电内容，回复函电的内容表达部分不明，逻辑需要加强，线路设计合理，报价计算准确；各种单据填写准确、完整；归档	需要与对方反复确认后才理解外来函电内容，回复函电的内容表达不清，逻辑欠佳，缺乏部分构架，线路设计有欠缺，报价计算时间长，单据填写不完整，没有归档	无法按说明完成任务
团队操作	正确无误理解外来函电内容，回复函电的内容表达明确，逻辑清楚，构架完整，线路设计合理新颖，报价计算准确、快速；各种单据填写准确、干净、无误、完整；归档科学	正确无误理解外来函电内容，回复函电的内容表达尚可，逻辑正确，构架完整，线路设计合理新颖，报价计算准确；各种单据填写准确、无误、完整；归档科学	可以理解外来函电内容，回复函电的内容表达部分不明，逻辑需要加强，线路设计合理，报价计算准确；各种单据填写准确、完整；归档	需要与对方反复确认后才理解外来函电内容，回复函电的内容表达不清，逻辑欠佳，缺乏部分构架，线路设计有欠缺，报价计算时间长，单据填写不完整，没有归档	无法按说明完成任务

评量项目	小组互评与老师复评(A~E)	
	小组互评	老师
1. 散客操作：30%		
2. 团队操作：30%		
总分		

附件5 国际游计调实作评量表

国际游计调实作评量表

姓名：	班级：	日期：

小组名称：	
个人贡献度：	单元总分：

各位同学：

　　本单元主要考查学生对我国主要客源国和出境国政策法规知识掌握，主要出境旅游国家和客源国交通、住宿、餐饮、参观游览、文娱、购物、签证办理、旅游保险业务等方面业务知识。

　　经过上两个单元的学习和实训，这个情境的操作任务难度是最大的，老师几乎不参与少，完全发挥学生的主动性。除了基本业务的操作外，还会在任务中加上一些突发事件和其他业务的训练。

【任务一】：出团通知单撰写(30 分)。

【任务二】：1. 欧洲、美洲、南亚主要旅游线路设计(40 分)。

　　2. 请小组根据自己设计的线路，为此团队安排相应的行程和接待计划。团队性质：品质团；住宿标准：四星或同等标准；团队人数：26 人，包括一名全陪(30 分)。

请根据"评量尺规"，完成以上两个任务，第一个任务完成满分 30 分，第二个任务完成满分 70 分。

[出境出团通知单撰写实作评价]——课堂任务评量表

姓名：	组别：	小组名称：

各位同学：

　　请针对下列评量项目并参照以下"评量标准"，选择"A、B、C、D、E"自行评定学习作业成绩，此评量表结合小组评定和老师复评，期末汇总得到实作评量成绩中。

级别 项目	A(25~30 分)	B(21~24 分)	C(11~20 分)	D(6~10)	E(0~5 分)
出团通知单撰写	思路清晰，知识总结全面准确	思路较清晰，知识总结较为全面准确	思路较模糊，知识总结较为片面，存在部分错误	思路模糊，知识总结不全面不准确	没有完成作业

评量项目	小组互评与老师复评(A~E)	
	小组互评	老师
出团通知单撰写：30%		

附件6 评量项目：国际旅游线路设计

姓名：		班级：		小组名称：		日期：	
评量项目：国际旅游线路设计				评量结果			
				自评		老师	
作业内容完成情况(40 分)							
作业评量尺规(40 分)							
符号、向度	A(10 分)		B(8 分)	C(6 分)	D(4 分)		E(0 分)
资料收集情况(10 分)	主要旅游城市、主要景区、民族民俗、风物美食等内容完整，阐述具体		内容较完整，阐述较具体	内容欠完整，阐述欠具体	内容不完整，阐述不具体		没写作业
PPT 制作(10 分)	图片精确，文字精练，布局合理，结构完整		任一项不达要求	任二项不达要求	任三项不达要求		没完成
语言表达能力(10 分)	讲述流畅，语速得宜，用字精准，注重听众		任一项不达要求	任二项不达要求	任三项不达要求		没完成
团队协作情况(10 分)	沟通高效，任务分配合理，合作顺利		沟通有效，任务分配适当，合作顺畅	沟通平淡，任务分配适当，合作一般	团队成员之间不能合作		没完成

附件7　评量项目：国际游团队计调操作

国际游计调　任务二国际游计调操作评量表					
姓名：　　　　组别：　　　　小组名称：					
各位同学： 　　请针对下列评量项目并参照以下"评量标准"，选择"A、B、C、D、E"自行评定学习作业成绩，此评量表结合小组评定和老师复评，期末汇总得到实作评量成绩中。					
级别 项目	A(25~30分)	B(21~24分)	C(11~20分)	D(6~10)	E(0~5分)
团队操作	正确无误理解外来函电内容，回复函电的内容表达明确，逻辑清楚，构架完整，线路设计合理新颖、报价计算准确、快速；各种单据填写准确、干净、无误、完整；归档科学	正确无误理解外来函电内容，回复函电的内容表达尚可，逻辑正确，构架完整，线路设计合理新颖、报价计算准确；各种单据填写准确、无误、完整；归档科学	可以理解外来函电内容，回复函电的内容表达部分不明，逻辑需要加强，线路设计合理、报价计算准确；各种单据填写准确、完整；归档	需要与对方反复确认后才理解外来函电内容，回复函电的内容表达不清，逻辑欠佳，缺乏部分构架，线路设计有欠缺，报价计算时间长，单据填写不完整，没有归档	无法按说明完成任务

评量项目	小组互评与老师复评(A~E)	
	小组互评	老师
团队操作：30%		
总分		

扫一扫 中华人民共和国旅游法(节选)

参 考 文 献

[1] 孙奕. 旅行社计调业务[M]. 上海：上海交通大学出版社，2011.

[2] 师清波. 旅行社经营与管理[M]. 北京：中国铁道出版社，2012.

[3] 张建融. 旅行社运营实务[M]. 北京：中国劳动社会保障出版社，2009.

[4] 魏凯. 导游基础知识[M]. 上海：上海交通大学出版社，2011.

[5] 周晓梅. 旅行社经营管理[M]. 重庆：重庆大学出版社，2008.

[6] 郭春慧. 旅行社计调实务[M]. 上海：复旦大学出版社，2010.

[7] 周晓梅. 计调部操作实务[M]. 北京：旅游教育出版社，2008.

[8] 熊晓敏. 旅行社OP计调手册[M]. 北京：中国旅游出版社，2007.

[9] 王杨. 旅行社经营管理实务[M]. 北京：清华大学出版社，2009.